武汉统计年鉴
WUHAN STATISTICAL YEARBOOK

2019

(总第31期,NO.31)

武 汉 市 统 计 局
WUHAN MUNICIPAL STATISTICS BUREAU
国家统计局武汉调查队
STATE STATISTICAL BUREAU WUHAN INVESTIGATION TEAM

中国统计出版社
China Statistics Press

图书在版编目(CIP)数据

武汉统计年鉴. 2019 / 武汉市统计局, 国家统计局武汉调查队编. -北京 : 中国统计出版社, 2019.12
ISBN 978-7-5037-8920-5

Ⅰ. ①武… Ⅱ. ①武… ②国…Ⅲ. ①统计资料-武汉-2019-年鉴 Ⅳ. ①C832.631-54

中国版本图书馆 CIP 数据核字(2019)第 183084 号

武汉统计年鉴-2019

作　　者 / 武汉市统计局　国家统计局武汉调查队
责任编辑 / 钟　钰
装帧设计 / 潘正琼
出版发行 / 中国统计出版社有限公司
地　　址 / 北京市丰台区西三环南路甲 6 号
邮政编码 / 100073
电　　话 / 邮购(010)63376909　书店(010)68783171
网　　址 / http://www.zgtjcbs.com
印　　刷 / 武汉市仁达印刷厂
经　　销 / 新华书店
开　　本 / 890mm×1240mm 1/16
字　　数 / 1023 千字
印　　张 / 24
版　　别 / 2019 年 12 月第 1 版
版　　次 / 2019 年 12 月第 1 次印刷
定　　价 / 300.00 元

如有印装差错,由本社发行部调换。

《武汉统计年鉴—2019》编辑部

Editorial Department of Wuhan Statistical Yearbook—2019

编 辑 说 明

一、《武汉统计年鉴－2019》以大量数据，全面、系统地反映了武汉市2018年经济、科技和社会发展情况，是一本信息密集的资料性年刊和工具书。

二、全书内容由统计公报等12部分组成。包括综合、核算，人口与劳动统计，工业、能源消费，农业，固定资产投资与建筑业，公用事业，公共交通及邮电，贸易、外经、旅游，财政金融和保险，物价指数和人民生活，科技、教育、文化，分区资料等方面的数据和区主要统计资料。为便于读者正确使用统计资料，篇首加注了简要说明，篇末附有主要统计指标解释。

三、本年鉴辑入的统计数据，以2018年为主，重点指标还列出了中华人民共和国成立以来主要历史年份的统计数据。部分资料来自抽样调查。

四、根据最新掌握的统计资料以及国家新的统计制度之规定，本年鉴对过去发表的一些重要统计资料重新予以核实，对部分历史数据进行了调整。因此，读者在使用历史资料时，凡与本年鉴有出入的，均以本年鉴为准。

五、本年鉴各表中，有关对全表的注解均在该表的上方，对表中部分指标的注解则在该表的下方。

六、资料中所使用的度量衡单位均采用国际标准计量单位。

七、本年鉴表中的使用符号说明："－"表示无数据；"…"表示数据不足本表最小单位；"空格"表示该项统计指标数据不详或无该项数据；"#"表示其中的主要数据；"＊"或"①"表示本表下有注解。

八、本年鉴中的部分数据由于单位取舍不同产生的计算误差均未作机械调整。

EDITORS NOTES

Ⅰ.*Wuhan Statistical Yearbook -2019* is an annual statistical publication with dense information. It comprehensively and systematically reflects the achievements of Wuhan economic, technological and social development in 2018 making use of a large number of statistical data.

Ⅱ. This annual publication contains twelve parts such as features, including General Survey, Population and Employment, Industry、Consumption of energy, Agriculture, Investment in Fixed Assets, Public Utilities, Transportation、Post and Telecommunications, Trade、International Cooperation、Tourism, Finance、Banking and Insurance, Price Indices and People's Livelihood, Science and Technology、Education、Culture, and Main Statistical Information on the administrative areas of Wuhan. There are brief introductions at the beginning of each part so that readers are able to use correctly statistical data in it. In addittion, Explanatory Notes on Main Statistical Indicators are provided at the end of each section.

Ⅲ. Most of the statistical data in this yearbook is based on all kinds of 2018's reports. The statistical data of main historic years since 1949 for some key indicators are listed in it. Some of the data are from sample survey.

Ⅳ. According to the up - to - data statistical information and the newnational stipulation conncerned, some data in this yearbook has been revised after verifying a number of important statistical data released in the past. Therefore, readers should use data in this yearbook in case that it is not in accord with this yearbook.

Ⅴ. The notes concerning the whole table are placed at the upper part of the book, while the notes concerning the individual indicators are at the bottom of the table.

Ⅵ. The units of measurement used in this book are international standard measurement ones.

Ⅶ. Notations used in this book: " - " indicates no data in the item; "…" indicates that the figures are not large enough to be measured with the smallest unit in the table; the blank indicates that the data aren' t available; "#" indicates the major items in the tabel; " * " indicates "see the footnotes below".

Ⅷ. The calculating errors of some data in this yearbook caused by the unit conversion aren' t adjusted mechanically.

目　　录
Content

三、工业、能源消费

INDUSTRY ADN ENERGY CONSUMPTIONS

四、农　业

AGRICULTURE

五、固定资产投资与建筑业

INVESTMENT IN FIXED ASSETS CONSTRUCTION

六、公用事业
URBAN PUBLIC UTILITIES

七、公共交通、邮电
PUBLIC TRANSPORTATION, POST AND TELECOMMUNTCATIONS

八、贸易、外经、旅游业
DOMESTIC TRADE, FOREIGN TRADE, ECONOMIC COOPERATION AND TOURISM

十二、分区资料

STATISTICS FOR DISTRICT

特　　载

FEATURE ARTICLES

2018年武汉市国民经济和社会发展统计公报

2018年，在市委市政府坚强领导下，全市上下以习近平新时代中国特色社会主义思想为指导，全面贯彻党的十九大精神和习近平总书记视察湖北重要讲话精神，牢记"四个切实"殷殷嘱托，坚持稳中求进工作总基调，统筹稳增长、促改革、调结构、惠民生、防风险，加快推进"三化"大武汉和国家中心城市建设，国民经济总体平稳、稳中有进，高质量发展迈出坚实步伐，取得良好开局。

一、综合

初步核算，全年实现地区生产总值14847.29亿元，比上年增长8.0%。其中，第一产业增加值362.00亿元，增长2.9%；第二产业增加值6377.75亿元，增长5.7%；第三产业增加值8107.54亿元，增长10.1%。三次产业构成为2.4∶43.0∶54.6。按常住人口计算，全市人均地区生产总值135136元，比上年增长6.4%。全市单位GDP能耗继续保持下降态势，年初确定的3.7%的下降目标顺利完成。

人口：年末全市常住人口1108.1万人，比上年末增加18.81万人，其中城镇常住人口889.69万人，占总人口比重（常住人口城镇化率）为80.29%，比上年末提高0.25个百分点。年末全市户籍人口883.73万人。全年户籍出生人口11.94万人，出生率13.74‰；死亡人口4.79万人，死亡率5.51‰；自然增长率8.23‰。

表1　2018年年末人口数及其构成

指　　标	年末数（万人）	比上年增长（%）
常住总人口	1108.10	1.7
户籍总人口	883.73	3.5
其中：城镇	646.93	4.5
乡村	236.80	1.1
其中：男性	450.08	3.4
女性	433.65	3.7

市场：全市新登记市场主体19.12万户，比上年增长5.2%，其中，新登记私营企业9.46万户，新登记个体工商户9.12万户。

就业：全年城镇新增就业21.9万人，比上年增长10.4%。年末城镇登记失业率2.14%，比上年末下降0.7个百分点。

价格：全年全市居民消费价格比上年上涨1.9%。工业生产者出厂价格上涨3.8%。工业生产者购进价格上涨5.4%。固定资产投资价格上涨5.6%。12月份武汉新建商品住宅价格同比上涨10.8%。

新经济：全年三大战略性新兴产业中，智能制造产业总产值比上年增长18.8%，生命健康、信息技术产业营业收入分别增长19.2%和21.5%。全年规模以上服务业中，旅游服务业营业收入比上年增长23.6%，体育服务业增长21.2%，生产性服务业增长21.2%，科技服务业增长20.1%。全年战略性新兴产业投资比上年增长24.3%，高技术制造业投资增长56.5%，工业技改投资增长28.9%。全年限上无店铺业态实现零售额635.15亿元，比上年增长34.4%。限上住餐业通过互联网实现餐饮收入增长3.6倍。

脱贫攻坚：全年实现贫困村出列87个，脱贫人数2.16万人。

二、农业

全年农林牧渔及服务业增加值380.45亿元，比上年增长3.2%。主要农产品中，粮食产量94.14万吨，下降0.7%；蔬菜产量766.84万吨，增长3.8%；生猪出栏246.57万头，下降2.0%；家禽出笼3820.34万只，增长2.3%；禽蛋产量9.03万吨，增长3.0%；水产品总产量44.31万吨，增长1.5%。全市各类新型农业经营主体1.8万家，增长4.3%。乡村休闲游综合收入157亿元，增长27.7%。涉农电商交易额1079亿元，增长18.6%。

三、工业和建筑业

工业：全年全部工业增加值5076.21亿元，比上年增长5.9%。规模以上工业增加值增长5.7%。全年规模以上工业企业主营业务收入13696.0亿元，比上年增长2.5%。全部从业人员平均数70.2万人，下降3.2%。

全年规模以上工业中，农副食品加工业增加值比上年增长7.7%，烟草制品业增长5.0%，石油、煤炭及其他燃料加工业下降1.3%，化学原料和化学制品制造业增长7.5%，医药制造业增长9.4%，非金属矿物制品业增长3.7%，黑色金属冶炼和压延加工业下降0.3%，金属制品业增长4.1%，汽车制造业下降1.1%，电气机械和器材制造业增长7.4%，计算机、通信和其他电子设备制造业增长12.5%，电力、热力生产和供应业增长13.9%。

表2　2018年主要工业产品产量及其增长速度

产品名称	单位	产量	比上年增长(%)
生铁	万吨	1572.61	1.2
钢材	万吨	1744.86	3.0
汽车	万辆	170.52	-10.1
城市轨道车辆	辆	294.00	42.7
卷烟	万箱	255.17	0.8
原油加工量	万吨	801.85	1.2
发电量	亿千瓦时	254.64	11.1
机制纸及纸板(外购原纸加工除外)	万吨	59.02	-10.9
房间空气调节器	万台	1842.86	5.5
工业自动调节仪表与控制系统	万台(套)	4.26	43.3
化纤长丝机织物	万米	4858.00	36.9
布	万米	5478.99	-0.3
服装	万件	8924.75	-12.6
饮料	万吨	390.71	6.7
显示器	万台	1167.97	9.2
光电子器件	亿只	1.57	23.1
化学药品原药	吨	19136	7.9
乙烯	万吨	88.40	2.0
光缆	万芯千米	6739.29	0.6
水泥	万吨	1031.23	-1.6
手机	万台	3771.07	-9.8
电子计算机整机	万台	1111.45	-13.7
金属密封件	万件	3865.53	31.7

建筑业：全年全市具有资质等级的总承包和专业承包建筑业企业1548户，实现建筑业总产值9194.29亿元，比上年增长14.0%。

四、固定资产投资和房地产开发

固定资产投资：全年固定资产投资(不含农户)比上年增长10.6%。按产业分，第一产业投资下降35.6%；第二产业投资增长12.1%，其中工业投资增长12.1%；第三产业投资增长10.4%，其中基础设施投资增长11.1%。按构成分，建筑安装工程投资增长11.6%，设备工器具购置增长3.2%，其他费用增长10.8%。全年民间投资增长11.8%，占固定资产投资的比重为51.9%。

房地产开发：全年房地产开发投资比上年增长3.5%。其中，住宅投资增长6.3%，办公楼投资下降13.5%，商业营业用房投资增长20.9%。

保障性住房建设：全年分别完成城中村改造、棚户区改造2.36万户、2.85万户。保障性住房投资220.27亿元，建成保障性住房3.79万套。

五、市场消费

全年社会消费品零售总额6843.90亿元，比上年增长10.5%。按商品形态分，商品零售额6196.09亿元，增长10.4%；餐饮收入647.81亿元，增长10.7%。按销售类值分，限额以上单位21大类商品中，通讯器材类零售额增长33.9%，日用品类增长27.3%，家用电器和音像器材类增长23.1%，中西药品类增长21.6%，汽车类增长3.2%。

六、对外经济和招商引资

对外经济：全年武汉地区进出口总额2148.40亿元，比上年增长11.0%。其中，进口873.20亿元，增长12.2%；出口1275.20亿元，增长10.2%。一般贸易进出口1552.90亿元，增长19.3%；加工贸易进出口391.30亿元，下降12.8%。全年对外承包工程及劳务合作营业额46.68亿美元，比上年增长19.0%。

招商引资：全年实际利用外资109.27亿美元，增长13.3%。新引进世界500强企业10家，累计达到266家。

七、财政、金融和保险

财政：全年一般公共预算总收入2900.24亿元，比上年增长9.3%，其中地方一般公共预算收入1528.70亿元，增长11.0%。在地方一般公共预算收入中，税收收入1294.21亿元，增长9.8%。一般公共预算支出1929.54亿元，增长12.3%。

金融：年末全市金融机构(含外资)本外币存款余额26331.62亿元，比年初增加1832.21亿元。年末全市金融机构(含外资)本外币贷款余额28270.77亿元，比年初增加4323.01亿元。

年末总部设在武汉的金融机构28家。在汉设立或筹建后台服务中心的金融机构33家。上市公司77家,比上年增加9家,其中境外上市公司20家,境内上市公司57家。

保险:全年实现保险保费收入621.02亿元,比上年增长12.1%。其中,财产险保费收入170.06亿元,人身险保费收入450.96亿元。全年各类保险赔付支出159.70亿元,增长23.8%。其中,财产险赔付84.8亿元,增长27.1%;人身险赔付74.87亿元,增长20.2%。

八、交通运输、邮电通信和旅游

交通运输:全年社会物流总额3.63万亿元,比上年增长9.3%。实现物流业增加值1315.35亿元,增长8.8%。全年完成货运量62517.88万吨,比上年增长9.2%;货物周转量3654.73亿吨公里,增长8.8%。中欧(武汉)国际班列到达国家29个,比上年增加3个;中欧(武汉)国际班列到达城市76个,比上年增加10个。

表3 2018年分行业固定资产投资(不含农户)增长速度

行业	比上年增长(%)
农、林、牧、渔业	-34.0
采矿业	1351.9
制造业	12.3
电力、燃气及水的生产和供应业	8.7
建筑业	16.7
批发和零售业	63.1
交通运输、仓储和邮政业	-5.7
住宿和餐饮业	76.2
信息传输、软件和信息技术服务业	244.0
金融业	109.2
房地产业	6.8
租赁和商务服务业	21.0
科学研究和技术服务业	47.4
水利、环境和公共设施管理业	8.4
居民服务和其他服务业	-93.4
教育	128.0
卫生和社会工作	74.5
文化、体育和娱乐业	176.0
公共管理、社会保障和社会组织	-2.4

表4 2018年各种运输方式完成货物运输量及其增长速度

指标	单位	绝对数	比上年增长(%)
货物运输量	万吨	62517.88	9.2
铁路	万吨	7372.80	5.6
水运	万吨	16491.33	7.8
航空	万吨	19.85	23.7
公路	万吨	38633.90	10.4
货物周转量	亿吨公里	3654.73	8.8
铁路	亿吨公里	1145.30	8.3
水运	亿吨公里	1752.93	9.3
航空	亿吨公里	5.93	99.9
公路	亿吨公里	750.56	7.8
货物吞吐量	万吨	10340.54	3.0

全年旅客运输量28638.88万人,比上年下降1.6%。旅客运输周转量1232.52亿人公里,下降0.1%。

表5　2018年各种运输方式完成旅客运输量及其增长速度

指标	单位	绝对数	比上年增长（%）
旅客运输量	万人	28638.88	-1.6
铁路	万人	18220.30	5.8
航空	万人	1551.58	5.8
公路	万人	8867.00	-14.8
旅客周转量	亿人公里	1232.52	-0.1
铁路	亿人公里	956.60	-0.2
航空	亿人公里	208.94	5.3
公路	亿人公里	66.99	-13.3

年末全市民用汽车拥有量312.3万辆，比上年增加37.3万辆。全年出入境259.0万人，比上年增加53.5万人。

年末轨道交通线路长354.6公里，比上年增长23.6%。全年地铁运营总里程304.6公里，增长28.5%。轨道交通客运量104054.2万人次，增长12.8%，占公共交通客运量比重41.9%。

邮电通信：全年完成邮政业务总量192.4亿元，比上年增长28.0%。邮政业完成快递业务收入91.6亿元，增长12.9%。全年完成电信业务总量707.9亿元，增长120.8%。新增移动电话交换机容量160万户，达到1906万户。年末移动电话用户达到1684.4万户，移动电话普及率上升至154.6部/百人。互联网用户495.7万户，比上年末增长13.5%。年末固定宽带用户普及率25.1%，移动宽带用户普及率77.6%。

旅游：年末A级旅游景区46个，比上年增加7个；星级以上宾馆62家。全年接待国内游客28512.47万人次，比上年增长10.9%，国内旅游收入3037.55亿元，增长12.6%。入境游客276.23万人次，增长10.4%，国际旅游收入18.83亿美元，增长11.3%。全年发放“武汉人游武汉”旅游惠民券101万张。

九、教育和科技

教育：全年在校研究生13.8万人，比上年增长8.6%；本专科在校生96.9万人，增长2.3%；中等职业教育在校生8.1万人，下降3.9%；普通中学在校生32.8万人，增长4.0%；小学在校生57.9万人，增长8.2%；幼儿园在校生31.8万人，增长5.3%。全年新改扩建公益普惠性幼儿园54所，新改扩建中小学31所，新增学位6万个。

科技：全年武汉地区科技研究机构111个，中国科学院院士31人，中国工程院院士36人。全年创投资本总额1337.9亿元，比上年增长9.1%。重大科技成果就地转化1072项，签约总金额371.4亿元；技术合同认定登记17541项，技术合同成交额722.54亿元，比上年增长19.8%。全年“四上”高新技术企业实现高新技术产值超万亿，比上年增长16.1%；高新技术增加值增长13.5%。

全年专利申请量60511件，授权量32397件，比上年增长21.7%和26.9%；发明专利申请量29095件，授权量8807件，增长25.2%和4.3%。每万人发明专利拥有量34件。PCT国际专利申请量1475件，增长21.1%。

十、文化、卫生和体育

文化：年末共有公共图书馆2个，藏书452.7万册，接待读者459.10万人次；博物馆10个，接待观众543.58万人次；群众艺术馆、文化馆1个，艺术表演团体8个，新排上演剧目12台，获国家奖4个。全年共有电影院线16条，电影院129家，放映电影197万场，比上年增长14.0%，观影人数4467.00万人次。

卫生：年末共有卫生事业机构6340个，床位9.59万张，比上年末增加0.42万张。每千人拥有医院病床7.48张。卫生技术人员10.67万人，比上年末增加0.42万人；其中执业（助理）医师3.82万人，护师、护士5.35万人。每千人拥有医生3.42人。全年甲乙类法定传染病报告发病率180.00人/10万人。公民无偿献血22.5万人。人均期望寿命81.3岁。

体育：年末共有体育场馆155个，等级运动员发展人数472人。全年举办国际国内赛事活动20场。我市运动员共获得2个世界冠军，2个国家冠军。全年体育彩票销售额36.49亿元。

十一、居民生活和社会保障

居民生活：全年全市居民人均可支配收入42133元，比上年增长9.0%。按常住地分，城镇居民人均可支配收入47359元，比上年增长9.1%。农村居民人均可支配收入22652元，比上年增长8.5%。

全年全市居民人均消费支出28307元，比上年增长9.5%。按常住地分，城镇居民人均消费支出31201元，增长9.3%；农村居民人均消费支出17520元，增长10.8%。全市居民恩格尔系数27.8%，其中城镇为27.7%，农村为28.8%。

社会保障：年末参加城镇职工基本养老、基本医疗、失业、工伤和生育保险人数分别为453.84万人、456.40万人、229.00万人、287.11万人和250.75万人，分别比上年末增加27.68万人、9.82万人、18.34万人、6.61万人和5.45万人。社会保险新增扩面98.14万人。中心城区最低工资标准1750元，新城区最低工资标准1500元。企业退休人员基本养老金人均上调160元。

全年城市低保对象救助标准715元，比上年提高45元，全市享受城镇居民最低生活保障人数6.20万人。全年农村低保对象救助标准580元，比上年提高80元，全市享受农村居民最低生活保障人数7.10万人。全年新改扩建社区老年人服务中心668家，新建农村老年人互助照料活动中心532家。

十二、资源、公用事业和城市环境

资源：全市土地面积8569.15平方公里，耕地保有量3013平方公里。全年液化石油气供气总量18.1万吨，天然气供气总量21.5亿立方米。全年水资源总量33.53亿立方米，供水总量13.47亿吨，居民生活用水量6.5亿吨。全年新增排水干网9590公里，新增污水处理能力21.0万吨/日。新增抽排能力400.0立方米/秒。水功能区水质达标率81.8%，比上年提高2.3个百分点。全年用电量580.34亿千瓦时，比上年增长11.7%。其中，全行业用电466.40亿千瓦时，增长10.5%；城乡居民生活用电113.94亿千瓦时，增长17.3%。

公用事业：全年开工建设海绵城市42.2平方公里。新改扩建城区公共厕所345座。全年公众食品药品安全满意率78.1%，比上年提高2.8个百分点。全年亿元GDP生产安全事故死亡率0.028，下降0.4个百分点。道路交通事故死亡人数650人，下降19.7%。

城市环境：全年化学需氧量排放量12.47万吨，比上年下降3.3%；二氧化硫排放量6.96万吨，下降0.9%；氨氮排放量1.50万吨，下降3.9%；氮氧化物排放量10.65万吨，下降3.5%。全年环境空气细颗粒物(PM2.5)和可吸入颗粒物(PM10)年均浓度值分别为49微克/立方米和73微克/立方米，比上年下降5.8%和14.1%。全年空气质量优良天数246天，空气质量优良率69.9%。

全市建成区绿地面积22408.23公顷，比上年增长3.5%。人均公园绿地面积9.61平方米，森林覆盖率达15.07%。全年新增绿地758.23万平方米，新建绿道116.8公里，新建公园4个。公园总数81个，总游人量10497.6万人次。

注：

1、本公报所列数据为快报数，最终核实数以当年《武汉统计年鉴》为准。

2、城镇职工基本养老保险参保人数统计口径有所调整，包含退休人员。

一、综合、核算

GENERAL SURVEY

资料整理人员：潘正琼　余　晖　陈　阳　王　蒙　王　涵　张　雯　田　甜
张晓勇　刘　洁　肖从新　杨　凡　吴华章

STAFF FOR DATA PROCESSING:

Pan Zhengqiong　Yu Hui　Chen Yang　Wang Meng　Wang Han　Zhang Wen　Tian Tian
Zhang Xiaoyong　Liu Jie　Xiao Congxin　Yang Fan　Wu Huazhang

简要说明

本篇资料由武汉市行政区划与自然状况、国民经济综合资料和国民经济核算资料三部分组成。

行政区划与自然状况涵盖了全市版图面积、人口规模、气象情况等。其中行政区划及群众自治组织、版图面积由民政局整理提供;户数、人口数由市公安局按行政区户籍人口变动情况汇总整理提供;人口密度由市统计局人口处根据人口数与土地面积之比计算整理;气象资料由武汉市气象局提供。

国民经济综合资料是抽取全书的精华,是通过对各篇章主要统计指标及其速度、结构、比例和效益等的加工计算,来反映国民经济和社会发展的总体情况。

国民经济核算资料中城市生产总值数据是市统计局核算处根据不同产业部门、不同支出构成的特点和资料来源情况而采用不同方法计算的。本年鉴公布的国民经济核算资料,最后一年数据是初步核实数;如果遇到普查年,在能够获得更详细的基础资料的情况下,生产总值的历史数据也会发生变动。

Brief Description

The data in this chapter involve administrative division and natural conditions, comprehensive data on national economy, data on national accounts of Wuhan city.

Administrative division and natural conditions include land area, population scale and meteorological data of Wuhan city. Data on administrative division and land area are prepared by Wuhan Civil Affairs Bureau. Households and population are prepared by Wuhan Public Security Bureau according to changes of population of household register. Population density is prepared and collected by population department of Wuhan Statistics Bureau in line with ratio of population number and land area. Meteorological data are provided by Wuhan Weather Bureau.

Comprehensive data on national economy highlight the overall situation of economic and social development by processing key statistical indicators including growth, structure, ratio and efficiency data derived from other chapters.

The data on GDP are calculated by national accounts department of Wuhan Statistics Bureau with various approaches in the light of various sectors, various expenditure structure and data sources. Data on national accounts of the latest year published in the yearbook are preliminary. When it comes to census year, the historical data on GDP will also be revised, on condition that more detailed data can be obtained.

1－1 土地面积、人口密度、户数、人口数
LAND AREA, POPULATION DENSITY, HOUSEHOLDS AND POPULATION

地区 District		土地面积（平方公里）LandArea (sq. km)	人口密度（人/平方公里）Population Density (person/sq. km)	2018年户籍人口 户数（户）Households (household)	2018年户籍人口 年末人数（人）Population (person)	2017年户籍人口 户数（户）Households (household)	2017年户籍人口 年末人数（人）Population (person)	2018年常住人口（万人）Resident Population (10000 persons)
全市	Whole City	8569.15	1293	3210727	8837299	3108846	8536517	1108.10
江岸区	Jiang'an	80.28	11992	299938	764636	290871	741784	96.27
江汉区	Jianghan	28.29	25794	203148	507789	198991	496289	72.97
硚口区	Qiaokou	40.06	21685	212084	533730	210079	528604	86.87
汉阳区	Hanyang	111.54	5955	272263	678739	255492	631185	66.42
武昌区	Wuchang	64.58	19864	383633	1097617	359006	1044072	128.28
青山区	Qingshan	57.12	9259	168192	460506	152736	426289	52.89
洪山区	Hongshan	573.28	2926	382862	1124363	376830	1073545	167.73
东西湖区	Dongxihu	495.34	1181	126801	335592	120045	312834	58.48
汉南区	Hannan	287.05	473	43669	116343	42251	114288	13.58
蔡甸区	Caidian	1093.17	697	151943	466731	150611	461772	76.16
江夏区	Jiangxia	2018.31	477	240942	632165	234189	611436	96.20
黄陂区	Huangpi	2256.70	448	405324	1151159	399236	1133207	101.19
新洲区	Xinzhou	1463.43	622	319928	967929	318509	961212	91.06

注：1、人口密度按常住人口计算。

2、行政区户籍人口户数中：江汉区含水上分局76户，汉阳区含武汉经济技术开发区63854户，武昌区含东湖生态旅游风景区17555户，洪山区含东湖新技术开发区160013户。

3、行政区户籍人口中：江汉区含水上地区0.72万人，汉阳区含武汉经济技术开发区18.65万人，武昌区含东湖生态旅游风景区4.15万人，洪山区含东湖新技术开发区48.51万人。

4、行政区常住人口中：武昌区含东湖风景区1.91万人，洪山区含东湖新技术开发区38.55万人、东湖风景区6.74万人和武汉化工区4.63万人，蔡甸区含武汉开发区29.50万人，江夏区含东湖新技术开发区25.37万人。

Note: 1. Population density is calculated according to resident population.

2. The households of Jianghan district includes 76 households of Water Bureau. The households of Hanyang district includes 63854 households of Wuhan Economic and Technological Development Zone. Wucang district includes 17555 households of East Lake Ecotourism Scenic Zone, Hongshan district includes 160013 households of East Lake High－Tech Development Zone.

3. The registered population of Jianghan district includes 7.2 thousand people of Water Bureau. Hanyang district includes 186.5 thousand people of Wuhan Economic Technological Development Zone, Wucang district includes 41.5 thousand people of East Lake Ecotourism Scenic Zone, Hongshan district includes 485.1 thousand people of East Lake High－Tech Development Zone.

4. The resident population of Wuchang district includes 19.1 thousand people of East Lake Ecotourism Scenic Zone. Hongshan district includes 385.5 thousand people of East Lake High－Tech Development Zone, 67.4 thousand people of East Lake Ecotourism Scenic Zone, 46.3 thousand people of Wuhan Chemical Industry Park. Caidian district includes 295.0 thousand people of Wuhan Economic and Technological Development Zone. Jiangxia district includes 253.7 thousand people of East Lake High－Tech Development Zone.

1－2　行政区划及群众性自治组织(2018)
ADMINISTRATIVE DIVISION AND GRASSROOTS UNITS(2018)

单位:个　　(Unit)

地区 District	乡政府 Township Governments	镇政府 Town Governments	街办事处 Subdistrict Offices	社区居委会 Community Committees	村民委员会 Villagers′ Committees
全市 Whole City	3	1	156	1377	1805
江岸区 Jiang′an			16	144	4
江汉区 Jianghan			13	108	
硚口区 Qiaokou			11	130	1
汉阳区 Hanyang			11	116	
武昌区 Wuchang			14	141	1
青山区(武汉化工区) Qingshan (Wuhan Chemical Indurstry Park)			10	85	32
洪山区 Hongshan	1		13	170	3
东西湖区 Dongxihu			11	70	
武汉经济技术开发区(汉南区) Wuhan Economic Technological Development Zone(Hannan)			4	54	50
蔡甸区 Caidian	1		11	51	283
江夏区 Jiangxia			15	66	268
黄陂区 Huangpi	1		15	79	590
新洲区 Xinzhou		1	12	72	546
东湖高新区 East Lake High－Tech Development Zone				75	26
东湖生态旅游风景区 East Lake Ecotourism Scenic Zone				16	1

1－3 气　象　情　况
METEOROLOGICAL DATA

指标名称 Index Name	计量单位	2014	2015	2016	2017	2018
年平均气温(℃) Annual Average Temperature(℃)	摄氏度	16.7	16.8	17.3	17.3	17.3
年平均最低气温(℃) Annual Average Lowest Tmperature(℃)	摄氏度	12.8	13	13.5	13.4	13.4
年平均最高气温(℃) Annual Average Highest Temperature(℃)	摄氏度	21.8	21.8	21.9	22.3	22.4
年极端最低气温(℃) Annual Utmost Lowest Temperature(℃)	摄氏度	－6.4	－5.2	－9.4	－5	－8.8
最低气温日期(日/月) Utmost Lowest Temperature Day	(日/月)	11/2	17/12	25/1	18/12	31/12
年极端最高气温(℃) Annual Utmost Highest Temperature(℃)	摄氏度	37.1	36.4	38.4	39.7	38.6
最高气温日期(日/月) Utmost Highest Temperature Day	(日/月)	22/7 4/8	29/6	31/7	27/7	21/7

1－4 分月气象情况(2018年)
METEOROLOGICAL DATA OF MONTH (2018)

月份 Month		当月平均气温(℃) Average Temperature(℃)	当月日照时数(小时) Sunshine Hours (hour)	当月降雨天数(天) Number of Rainy Days (day)	当月降雨量(毫米) Volume of Precipitation (mm)
一　月	January	2.1	74.1	13	88.1
二　月	February	5.9	117.9	5	40.2
三　月	March	12.9	115	15	136.3
四　月	April	18.7	160.9	7	109.3
五　月	May	23.6	115.7	14	214.5
六　月	June	26.6	207.5	10	64
七　月	July	30.3	248.5	11	116.2
八　月	August	29.4	252.9	12	94.7
九　月	September	24.3	157.8	9	40.3
十　月	October	17.1	178.4	7	20.5
十一月	November	11.9	124.7	13	99.8
十二月	December	5.2	47.8	15	86.5

1-5 国民经济和社会发展总量指标
AGGREGATE INDICATORS ON NATIONAL ECONOMIC AND SOCIAL DEVELOPMENT

指标名称 Index Name	总量指标 Aggregate Data				
	2014	2015	2016	2017	2018
人口与就业 Population and Employment					
人　口 Population					
年末户籍总人口数(万人) Registered Population at the Year - end(10 000 persons)	827.31	829.27	833.85	853.65	883.73
男性人口(万人) Male(10 000 persons)	423.04	423.63	425.45	435.27	450.08
女性人口(万人) Female(10 000 persons)	404.27	405.64	408.40	418.38	433.65
乡村人口(万人) rural population(10 000 persons)	268.03	243.56	235.66	234.30	236.80
城镇人口(万人) urban population(10 000 persons)	559.26	585.71	598.19	619.35	646.93
就　业 Employment					
从业人员数(万人) Employment(10 000 persons)	530.44	544.92	550.37	564.08	610.72
#城镇非私营单位从业人员数(万人) Staff and Workers(10 000 persons)	205.74	207.28	213.26	219.90	247.25
宏观经济 Macroeconomy					
国民核算 National Accounts					
生产总值(亿元) Gross Domestic Product (100 million yuan)	10025.93	10547.67	11531.42	13090.81	14928.72
第一产业(亿元) Primary Industry(100 million yuan)	302.17	305.35	342.20	359.60	362.00
第二产业(亿元) Secondary Industry(100 million yuan)	4222.72	4360.74	4579.29	5053.35	5579.42
第三产业(亿元) Tertiary Industry(100 million yuan)	5501.04	5881.58	6609.93	7677.86	8987.31
物价指数 Price Index					
居民消费价格指数(上年=100) Consumer Price Index(Preceding year=100)	101.9	101.4	102.4	101.9	101.9
商品零售价格指数(上年=100) Retail Price Index(Preceding year=100)	100.5	100.0	101.3	100.1	101.4
能　耗 Energy Gonsumption					
单位 GDP 能耗上升或下降(±%) The Reduced Rate of Unit GDP Energy Gonsumption(±%)	-2.88	-5.95	-4.59	-4.85	-4.79

注:从 2015 年起,公安户籍数据调整统计口径,由原来的农业人口、非农业人口调整为乡村人口、城镇人口。

Note: Data on household register of public security bureau have adjusted caliber since 2015 that former agricultrual and non - agricultural population are replaced with rural and urban population.

1-5 续 表 1 Continued 1

指标名称 Index Name	总量指标 Aggregate Data				
	2014	2015	2016	2017	2018
工　业 Industry					
规模以上工业总产值(亿元) Above - Scale Industrial Output Value (100 million yuan)	11764.59	12374.92	13159.09	14433.27	14422.86
主要工业产品产量 Output of Major Industrial Products					
纱(万吨) Yarn(10 000 tons)	13.97	14.37	3.84	3.93	3.87
布(万米) Cloth(10 000 metres)	10192.20	8412.10	7964.21	5495.59	5089.99
原油加工量(万吨) Grude Oil Processing (10 000 tons)	788.28	770.24	676.41	792.72	801.85
化学药品原药(万吨) Chemical Raw Medicine (10 000 tons)	1.34	1.67	1.64	1.77	1.26
中成药(万吨) Traditional Chinese Patent Medicine (10 000 tons)	4.21	4.37	4.44	4.92	6.44
显示器(万部) Monitors (10 000 units)	1636.59	1834.78	2183.94	1347.58	1168.07
生　铁(万吨) Pig Iron (10 000 tons)	1637.15	1515.49	1488.48	1554.59	1572.61
粗　钢(万吨) Steel (10 000 tons)	1842.76	1698.05	1647.66	1743.91	1792.04
钢　材(万吨) Steel Products (10 000 tons)	1725.50	1587.97	1562.95	1694.61	1753.05
汽　车(万辆) Automobile (10 000 units)	112.47	142.64	176.68	189.78	170.33
光　缆(万芯千米) Optical Cable (10 000 tons km)	3372.34	4223.81	5435.68	6699.57	6739.53
房间空气调节器(万台) Household Air Conditioner (10 000 units)	1441.50	1213.04	1206.38	1746.05	1842.86
规模以上的工业企业主要经济指标 Major Economic Indicators of Industrial Enterprises Above Designated Size					
固定资产合计(亿元) Total Fixed Assets (100 million yuan)	3720.55	3925.90	4199.03	4080.35	4043.84
利润总额(亿元) Pre - tax Profits (100 million yuan)	468.17	480.65	691.31	759.56	961.59

注:规模以上工业指年主营业务收入2000万元及以上法人工业企业。

Note: Industrial enterprises above designated size refer to corporate industrial enterprises with annual sales income of 20 mil yuan and above.

1-5 续 表 2 Continued 2

指标名称 Index Name	总量指标 Aggregate Data				
	2014	2015	2016	2017	2018
农 业 Agriculture					
乡村农林牧渔业从业人员(万人) Employment in Farming, Forestry, Animal Husbandry and Fishery (10 000 persons)	49.93	42.88	42.96	43.84	42.69
农林牧渔业总产值(亿元) Gross Output Value of Farming, Forestry, Animal Husbandry and Fishery (100 million yuan)	559.44	620.28	564.85	611.84	619.74
主要农产品产量 Output of Major Farm Products					
粮　　食(万吨) Grain(10 000 tons)	99.83	107.32	96.00	94.77	94.14
棉　　花(万吨) Cotton(10 000 tons)	3.21	2.83	1.35	1.28	1.17
油　　料(万吨) Oil - bearing Crops(10 000 tons)	13.74	13.17	13.12	13.71	13.36
蔬　　菜(万吨) Vegetables(10 000 tons)	670.01	702.52	717.62	739.00	766.84
水　　果(万吨) Fruits(10 000 tons)	9.21	9.71	10.08	11.25	12.85
肉猪出栏(万头) Slaughtered Hogs (10 000 heads)	289.97	278.34	263.31	251.57	246.57
家禽出笼(万只) Slaughtered Poultry (10 000 heads)	3835.96	3829.04	3751.97	3735.12	3820.34
禽　　蛋(万吨) Eggs(10 000 tons)	8.12	8.94	8.75	8.77	9.03
牛　　奶(万吨) Milk(10 000 tons)	1.73	2.02	1.60	2.33	0.95
水产品(万吨) Aquatic Products(10 000 tons)			44.14	43.65	44.31
固定资产投资 Investment in Fixed Assets					
全社会固定资产投资(亿元) Total Investment in Fixed Assets (100 million yuan)	7002.85	7725.26	7093.17	7871.66	
#工业投资(亿元) Industrial Investment (100 million yuan)	2606.32	2769.36	2117.05	2404.95	
房地产开发投资(亿元) Investment in Real Estate development (100 million yuan)	2353.63	2581.79	2517.44	2686.34	2780.01
建筑业 Construction					
建筑业总产值(亿元) Gross Output Value (100 million yuan)	5840.50	6016.26	6980.37	8067.78	91942.90
房屋建筑施工面积(万平方米) Floor Space of Buildings Under Construction (10 000 sq. m)	28609.06	35391.07	44516.58	50084.32	56063.87
房屋建筑竣工面积(万平方米) Floor Space Completed (10 000 sq. m)	10223.95	11958.87	13612.53	14635.43	15629.42

注:2016-2017年农林牧渔业产值数据根据第三次农业普查修订;2013-2017年主要农产品产量数据根据第三次农业普查修订。
Note: The gross output value of farming、forestry、animal husbandry and fishery from 2016-2017 are revised based on the third agricultural census; Output of major farm products from 2013-2017 are revised based on the third agricultural census.

1－5 续 表 3 Continued 3

指标名称 Index Name	总量指标 Aggregate Data 2014	2015	2016	2017	2018
交通运输 Transportation					
全社会旅客运输量(万人) Passenger Traffic in Transportation System (10 000 persons)	27899.48	27628.71	29177.15	29950.30	28638.88
铁　路(万人) Railway (10 000 persons)	14053.90	15083.90	16393.10	18074.30	18220.30
公　路(万人) Highway (10 000 persons)	12748.00	11381.26	11484.00	10410.00	8867.00
航　空(万人) Aviation (10 000 persons)	1097.58	1163.55	1300.05	1466.00	1551.58
全社会货物运输量(万吨) Freight Traffic in Transportation System (10 000 tons)	48529.99	48185.19	49981.81	57271.17	62517.88
铁　路(万吨) Railway (10 000 tons)	7683.20	6579.00	6744.20	6980.90	7372.80
公　路(万吨) Highway (10 000 tons)	28083.00	28495.59	28891.92	34981.98	38633.90
水　运(万吨) Waterway (10 000 tons)	12753.56	13099.71	14331.86	15292.25	16491.33
航　空(万吨) Aviation (10 000 tons)	10.23	10.89	13.83	16.04	19.85
邮电通信业 Postal and Telecommunication Services					
邮政业务总量(2010年不变价格)(亿元) Business Volume of Post(in 2010 constant price)(100 million yuan)	53.69	77.32	107.64	150.28	196.16
电信业务总量(2015年不变价格)(亿元) Business Volume of Telecommunication (in 2015 constant price)(100 million yuan)	207.02	279.39	180.14	321.19	707.90
函　件(万件) Number of Letters Delivered (10 000 pieces)	3357.57	3558.35	3364.27	3709.44	4174.76
包　件(万件) Number of Parcels (10 000 pieces)	35.84	38.31	32.54	30.74	23.95
固定电话用户数(万户) Resident Telephone Subscribers(10 000 subscribers)	254.79	249.03	221.73	208.82	175.10
移动电话用户数(万户) Mobile Telephone Subscribers(10 000 subscribers)	1644.18	1584.50	1518.86	1601.17	1684.40
互联网用户(万户) Internet Subscribers(10 000 subscribers)	390.32	463.49	398.9	429.86	495.70
国内商业 Domestic Trade					
社会消费品零售总额(亿元) Total Retail Sales of Consumer Goods(100 million yuan)	4788.39	5301.82	5843.66	6493.24	7169.70

注:邮政业务总量按2010年不变价格计算,邮政业务总量含快递业务;电信业务总量2014－2015年数据按2010年不变价格计算,2016－2018年数据按2015年不变价格计算。

Note:Business volume of post is calculated by 2010 constant price and it includes express delivery business;Data of 2014－2015's business volume of telecommunication is calculated by 2010 constant price, data of 2016－2018's is calculated by 2015 constant price.

1-5 续 表 4 Continued 4

指标名称 Index Name	总量指标 Aggregate Data				
	2014	2015	2016	2017	2018
对外经济贸易 Foreign Trade					
进出口总额(亿元) Total Imports and Exports(100 million yuan)	1624.20	1749.30	1570.10	1935.70	2148.40

#进口总额(亿元)
Imports(100 million yuan)
	777.00	804.90	664.30	778.20	873.20

出口总额(亿元) Exports(100 million yuan)	847.20	944.40	905.80	1157.50	1275.20
利用外资 Utilization of Foreign Capital					
实际利用外资(亿美元) Amount of Foreign Capital Actually Utilized(USD 100 million)	61.99	73.43	85.23	96.47	109.27
国际旅游 International Tourism					
接待入境旅客人数(万人次) Number of Inbound Tourists Received (10 000 persons)	170.58	202.35	224.94	250.31	276.75
国际旅游(外汇)收入(亿美元) International Tourism Foreing Exchange Earnings (USD 100 million)	9.34	13.37	15.15	16.93	18.97
财　政 Public Finance					
一般公共预算总收入(亿元) General Public Budget Revenue(100 million yuan)	1979.53	2231.67	2423.16	2677.66	2900.24
#地方一般公共预算收入(亿元) Local General Public Budget Revenue(100 million yuan)	1112.09	1245.63	1322.10	1402.93	1528.70
一般公共预算支出(亿元) General Public Budget Expenditure(100 million yuan)	1175.10	1338.05	1524.68	1718.62	1929.31
金融保险 Finance and Insurance					
金融机构本外币存款(亿元) Local and Foreign Currency Deposits of Financial Institutions (100 million yuan)	16268.71	19393.16	22196.21	24499.41	26331.62
金融机构本外币贷款(亿元) Local and Foreign Currency Loans of Financial Institutions (100 million yuan)	14463.40	17135.79	20754.87	23947.76	28270.77
保险公司保费收入(亿元) Premium Income of Insurance Companies(100 million yuan)	265.71	324.57	425.76	554.03	621.02
保险公司赔款及给付(亿元) Claim and Indemnity of Insurance Companies(100 million yuan)	75.33	99.50	122.90	129.04	159.70

1－5 续 表 5 Continued 5

指标名称 Index Name	总量指标 Aggregate Data				
	2014	2015	2016	2017	2018
教育、文化 Education and Culture					
教　育 Education					
在校学生数(万人) Students Enrollment(10 000 persons)	184.97	186.30	188.63	194.26	199.82
#普通高等院校(万人) Institutions of Higher Education(10 000 persons)	96.21	95.68	94.88	94.77	96.93
普通中学(万人) Regular Secondary Schools(10 000 persons)	30.66	30.28	30.83	31.57	32.84
中等职业学校(万人) Vocational Secondary Schools(10 000 persons)	11.32	10.81	10.49	11.32	10.02
小　学(万人) Primary Schools(10 000 persons)	44.45	47.39	50.26	53.46	57.87
专任教师数(万人) Full－time Teachers(10 000 persons)	12.54	12.53	12.55	12.80	12.95
#普通高等院校(万人) Institutions of Higher Education(10 000 persons)	5.65	5.72	5.78	5.83	5.90
普通中学(万人) Regular Secondary Schools(10 000 persons)	3.15	3.12	3.13	3.13	3.17
中等职业学校(万人) Vocational Secondary Schools(10 000 persons)	0.80	0.74	0.69	0.70	0.63
小　学(万人) Primary Schools(10 000 persons)	2.69	2.70	2.76	2.91	3.06
文　化 Culture					
出版社图书种数合计(种) Species of Books by Publishing House(species)	16043	15939	15105	13590	13419
#出版新图书(种) New Book Published(species)	9662	8932	7911	7404	6852
图书总印数(万册) Number of Books Printed(10 000 copies)	27193	26299.74	27044.43	22972.55	26834.91
家庭、生活、环境 Family, People's Livelihood and Environment					
家　庭 Family					
家庭总户数(万户) Total Number of Households(10 000 households)	288.02	297.10	302.12	310.88	321.07
城镇常住居民平均每户家庭人口(人) Average Household Size in Urban Areas(person)	2.64	2.66	2.65	2.66	2.92
农村常住居民平均每户家庭人口(人) Average Household Size in Rural Areas(person)	2.74	2.70	2.78	2.81	2.83

注：不包含研究生教育机构、成人教育高校及民办教育机构等。

Note: Postgraduate Education Institutions, Adult Education Colleges and Non－governmental Education Organizations are not included.

1-5 续 表 6 Continued 6

指标名称 Index Name	总量指标 Aggregate Data				
	2014	2015	2016	2017	2018
婚　姻 Marriages and Divorces					
结婚数(对) Number of Marriages(couples)	106949	99560	89242	90048	89562
离婚数(对) Number of Divorces(couples)	32181	31359	41211	48046	45559
生　活 Livelihood					
城镇常住居民人均可支配收入(元) Per Capita Disposable Income of Urban Residents(yuan)	33270.39	36436	39737	43405	47359
农村常住居民人均可支配收入(元) Per Capita Disposable Income of Rural Residents(yuan)	16160.14	17722.18	19152	20887	22652
城镇非私营单位就业人员平均工资(元) Average Wage of Employees in Urban Non-private Units(yuan)	59143	64407	70590	77726	85885
卫　生 Health Care					
医院、卫生院及社区卫生服务中心(个) Number of Hospitals(unit)	395	505	519	554	615
卫生事业床位数(张) Number of Beds in Health Institutions(unit)	72827	80726	87408	91635	95277
执业(助理)医师(人) Certified Assistant Doctors(person)	29523	32888	34730	36266	39566
市政建设 Municipal Construction					
排水管道长度(公里) Length of Sewer Drain Pipes(km)	9102.00	9202.00	9316.00	9350.00	8240.46
建成区绿化覆盖率(%) Coverage Rate of Green Area in Developed Area(%)	39.21	39.65	39.65	39.55	39.46
水厂综合生产能力(万吨/日) General Productive Capacity of Water Works(10 000 tons/day)	453.00	478.20	527.70	536.00	531.33
营运公共车辆(辆) Operating Public Vehicles(unit)	7767	8301	8970	9049	9710

注:2014 年城乡居民收入为一体化新口径数据。2014 年以前分别为城镇居民人均可支配收入和农民人均纯收入。
根据省统计局要求,自 2018 年开始,不公布全社会固定资产投资、工业投资绝对数。

Note:2014 urban and rural residents´income is the new caliber data. Before 2014, the indexes´names were per capita disposable income of urban residents and per capita net income of farmers.
according to the requirements of the Provincial Bureau of statistics, the absolute number of fixed asset investment and industrial investment of the whole society will not be published since 2018.

1-6 国民经济和社会发展主要结构指标
STRUCTURAL INDICATORS ON NATIONAL ECONOMIC AND SOCIAL DEVELOPMENT

单位:% (%)

指标名称	Index Name	2014	2015	2016	2017	2018
人口与就业	**Population and Employment**					
人　口	**Population**					
性别结构	Sex Structure					
男	Male	51.1	51.1	51.0	51.0	50.9
女	Female	48.9	48.9	49.0	49.0	49.1
城乡结构	Urban and Rural Structure					
乡村人口	rural population	32.4	29.4	28.3	27.4	26.8
城镇人口	urban population	67.6	70.6	71.7	72.6	73.2
就　业	**Employment**					
产业结构	Industrial Structure					
第一产业	Primary Industry	9.1	9.1	9.0	8.8	8.2
第二产业	Secondary Industry	38.6	38.4	38.0	37.1	37.0
第三产业	Tertiary Industry	52.3	52.5	53.0	54.1	54.8
宏观经济	**Macro Economy**					
国民核算	**National Accounts**					
生产总值产业结构	Industrial Structure					
第一产业	Primary Industry	3.0	2.9	3.0	2.7	2.4
第二产业	Secondary Industry	42.1	41.3	39.7	38.6	37.4
第三产业	Tertiary Industry	54.9	55.8	57.3	58.7	60.2
投　资	**Investment**					
固定资产投资结构	Investment Structure of Fixed Assets					
第一产业	Primary Industry	0.6	0.5	0.6	0.6	0.3
第二产业	Secondary Industry	37.7	37.0	32.2	32.1	25.9
第三产业	Tertiary Industry	61.7	62.5	67.2	67.3	73.8
利用外资	**Utilization of Foreign Capital**					
实际利用外资结构	Structure of Foreign Capital Actually Utilized					
外商直接投资	Direct Investment by Foreign Entrepreneurs	84.6	88.2	88.7	100.0	100.0
外商其他投资	Other Investment by Foreign Entrepreneurs	15.4	11.8	11.3	0.0	0.0

注:从2015年起,公安户籍数据调整统计口径,由原来的农业人口、非农业人口调整为乡村人口、城镇人口。

Note: Data on household register of public security bureau have adjusted caliber since 2015 that former agricultrual and non - agricultural population were replaced with urban and rural population.

1－6 续 表 Continued

指标名称 Index Name		2014	2015	2016	2017	2018
产业结构	**Industrial Structure**					
农　业	**Agriculture**					
农林牧渔业产值结构	Structure of Gross Output Value					
农　业	Farming	56.5	57.9	62.4	62.8	63.3
林　业	Forestry	1.6	1.6	1.8	1.7	1.9
牧　业	Animal Husbandry	22.7	21.8	13.8	12.0	10.8
渔　业	Fishery	15.6	14.8	16.7	16.9	16.7
农林牧渔服务业	Farming, Forestry, Animal Husbandry & Fishery Services	3.6	3.9	5.3	6.6	7.3
工　业	**Industry**					
规模以上工业总产值结构	Structure of Above Scale Industrial Output Value					
轻工业	Light Industry	23.1	26.2	22.8	24.4	24.5
重工业	Heavy Industry	76.9	73.8	77.2	75.6	75.5
运输业	**Transportation**					
货运量结构	Structure of Freight Traffic					
按运输方式分	By means of Transportation					
铁　路	Railway	15.8	13.7	13.5	12.2	11.8
公　路	Highway	57.9	59.1	57.8	61.1	61.8
水　运	Waterway	26.3	27.2	28.7	26.7	26.4
国际旅游	**International Tourism**					
来汉旅游人数结构	Structure of Tourists to Wuhan					
外国人	Foreigners	81.5	81.1	78.5	81.4	80.8
港澳台同胞	Compatriots form Hong Kong, Macao and Taiwan	18.5	18.9	21.5	18.6	19.2
教　育	**Education**					
在校学生结构	Structure of Student Enrollment					
普通高等学校	Institutions of Higher Education	52.0	51.4	50.3	48.8	48.5
普通中学	Regular Secondary Schools	16.6	16.3	16.3	16.3	16.4
中等职业及技工学校	Secondary vocational and technical schools	7.3	6.9	6.6	7.3	6.0
小　学	Primary Schools	24.0	25.3	26.7	27.5	29.0
盲、聋、哑学校	Schools for the Blind and the Deaf－mute	0.1	0.1	0.1	0.1	0.1
专任教师结构	Structure of Full－time Teachers					
普通高等学校	Institutions of Higher Education	45.1	45.7	46.0	45.5	45.6
普通中学	Regular Secondary Schools	25.1	24.9	24.9	24.4	24.5
中等职业及技工学校	Secondary vocational and technical school	8.1	7.7	6.9	7.2	6.1
小　学	Primary Schools	21.5	21.5	22.0	22.7	23.6
盲、聋、哑学校	Schools for the Blind and the Deaf－mute	0.2	0.2	0.2	0.2	0.2

注：运输业货运量结构中，航空运输量相对于其他三种方式运量极低，所占比重可以忽略不计。
Note：Freight traffic by air transportation is so small compared with other three means that its proportion can be negligible.

1-7 按经济类型分的国民经济比例关系
PROPORTIONS OF AGGREGATE INDICATORS BY TYPE OF OWNERSHIP

单位:% (%)

指标名称 Index Name	2014	2015	2016	2017	2018
规模以上工业总产值 Above Scale Industrial Output Value					
国有经济 State - owned	16.0	16.5	16.0	8.1	7.2
集体经济 Collective owned	0.3	0.3	0.2	0.1	0.1
外商及港澳台经济 Economy of foreign, Hong Kong, Macao and Taiwan	30.9	30.8	30.9	32.8	30.1
其　他 Other	52.8	52.4	52.9	59.0	62.6
全社会从业人员数 Employment					
国有经济 State - owned	17.0	15.7	15.4	15.0	14.6
集体经济 Collective owned	0.8	0.7	0.6	0.5	0.5
私营个体经济 Private Individuals	40.6	41.1	40.7	40.5	40.3
农村经济 Agriculture	15.4	15.3	15.2	15.0	14.0
其　他 Other	26.2	27.2	28.1	29.0	30.6

1-8 历年地区生产总值及构成
GROSS DOMESTIC PRODUCT AND ITS COMPOSITION OVER THE YEARS

本表按当年价格计算 Data in this table are calculated at current prices

年份 Year	地区生产总值（亿元）Gross Domestic Product (100 million yuan)	第一产业 Primary Industry	第二产业 Secondary Industry	第三产业 Tertiary Industry	构成（%）Composition (%)	第一产业 Primary Industry	第二产业 Secondary Industry	第三产业 Tertiary Industry	人均地区生产总值（元）Per Capita GDP (yuan)
1997	912.33	78.79	422.06	411.48	100.0	8.6	46.3	45.1	12000
1998	1001.89	75.85	449.72	476.32	100.0	7.6	44.9	47.5	12983
1999	1085.68	78.54	478.39	528.75	100.0	7.2	44.1	48.7	13862
2000	1153.37	82.17	482.27	588.94	100.0	7.1	41.8	51.1	14473
2001	1335.40	85.00	582.40	668.00	100.0	6.4	43.6	50.0	16501
2002	1467.80	90.40	635.50	741.90	100.0	6.2	43.3	50.5	17927
2003	1622.18	95.13	701.87	825.18	100.0	5.8	43.3	50.9	19538
2004	1882.24	102.23	825.78	954.23	100.0	5.4	43.9	50.7	22378
2005	2262.77	105.90	1025.87	1131.00	100.0	4.7	45.3	50.0	26567
2006	2668.87	110.21	1186.45	1372.22	100.0	4.1	44.5	51.4	30801
2007	3184.80	120.88	1398.18	1665.74	100.0	3.8	43.9	52.3	36068
2008	4064.62	133.32	1788.85	2142.45	100.0	3.3	44.0	52.7	45466
2009	4741.69	135.18	2024.99	2581.52	100.0	2.9	42.7	54.4	52481
2010	5458.35	151.81	2363.64	2942.91	100.0	2.8	43.3	53.9	57805
2011	6586.52	174.62	2993.25	3418.65	100.0	2.7	45.4	51.9	66512
2012	7752.52	260.57	3503.95	3987.99	100.0	3.4	45.2	51.4	76986
2013	8747.64	285.62	3938.70	4523.32	100.0	3.3	45.0	51.7	86014
2014	10025.93	302.17	4222.72	5501.04	100.0	3.0	42.1	54.9	97538
2015	10547.67	305.35	4360.74	5881.58	100.0	2.9	41.3	55.8	100714
2016	11531.42	342.20	4579.29	6609.93	100.0	3.0	39.7	57.3	107902
2017	13090.81	359.60	5053.35	7677.86	100.0	2.7	38.6	58.7	120880
2018	14928.72	362.00	5579.42	8987.31	100.0	2.4	37.4	60.2	135877

注：根据“四经普”结果，2005－2018年数据已进行历史数据修订。

Note: Data for 2005－2018 are revised based on the fourth national economic census.

1-9 历年地区生产总值指数
INDICES OF GROSS DOMESTIC PRODUCT OVER THE YEARS

上年=100

年份 Year	地区生产总值 Gross Domestic Product	第一产业 Primary Industry	第二产业 Secondary Industry	第三产业 Tertiary Industry	人均地区生产总值 Per Capita Gross Domestic Product
1996	116.0	108.2	115.1	118.8	114.2
1997	114.6	108.4	114.5	116.2	112.9
1998	111.2	99.0	110.4	114.6	109.5
1999	111.0	103.7	109.7	113.8	109.3
2000	112.0	104.4	112.5	112.6	110.0
2001	112.0	105.3	112.9	112.1	110.3
2002	111.8	103.9	112.3	112.4	110.5
2003	112.1	104.3	112.7	112.5	110.5
2004	114.5	105.2	116.7	113.7	113.0
2005	114.7	104.5	117.9	113.0	113.3
2006	114.8	104.0	118.0	112.9	112.8
2007	115.6	103.1	118.3	114.1	113.4
2008	115.1	103.0	117.6	113.6	113.7
2009	113.7	101.6	116.0	112.2	112.5
2010	114.7	104.5	117.5	112.4	109.7
2011	112.5	104.1	116.6	109.6	107.3
2012	111.4	104.5	112.8	110.5	109.5
2013	110.0	104.5	110.6	109.7	108.9
2014	109.7	105.0	110.2	109.4	108.5
2015	108.8	104.8	108.2	109.5	106.8
2016	107.8	105.3	105.8	109.5	105.7
2017	108.0	104.6	107.4	108.7	106.6
2018	108.0	104.7	105.4	110.1	106.5

注:根据"四经普"结果,2005-2018年数据已进行历史数据修订。

Note: Data for 2005-2018 are revised based on the fourth national economic census.

1－10 分行业地区生产总值及指数
GROSS DOMESTIC PRODUCT BY SECTOR AND ITS INDICES

项目 Item	地区生产总值（亿元）Gross Domestic Product (100 million yuan)		地区生产总值指数（上年＝100）Indices of Gross Dometic Product (preceding year＝100)	
	2018年	2017年	2018年	2017年
地区生产总值 Gross Domestic Product	14928.72	13090.81	108.0	108.0
按产业分: By Type of Industry				
第一产业 Primary Industry	362.00	359.60	104.7	104.6
第二产业 Secondary Industry	5579.42	5053.35	105.4	107.4
第三产业 Tertiary Industry	8987.31	7677.86	110.1	108.7
按行业分: By Sector				
农林牧渔业 Farming, Forestry, Animal Husbandry and Fishery	380.45	375.89	104.7	105.5
工　业 Industry	4278.29	3950.37	105.9	107.5
建筑业 Construction	1316.71	1116.71	103.8	107.2
批发和零售业 Wholesale and Retail Trade	1164.64	1073.06	105.2	105.7
交通运输、仓储和邮政业 Transport, Storage, Postal and Telecommunication Services	842.15	770.99	104.0	107.6
住宿和餐饮业 Hotel and Catering Services	324.26	298.85	104.8	105.9
金融业 Banking	1353.26	1187.90	105.5	108.3
房地产业 Real Estate	1623.60	1423.59	105.4	111.3
其他服务业 Others	3645.38	2893.45	118.1	109.4

注:根据“四经普”结果,已进行历史数据修订。

Note: Historical data has been revised based on the results of the fourth economic census.

主 要 统 计 指 标 解 释

生产总值 根据国家统计局规定，从2003年起，将各地区原来所称的国内生产总值改称为地区生产总值。它是一个地区所有常住单位在一定时期内生产活动的最终成果。生产总值有三种表现形态，即价值形态、收入形态和产品形态。从价值形态看，它是所有常住单位在一定时期内所生产的全部货物和服务价值超过同期投入的全部非固定资产货物和服务价值的差额，即所有常住单位的增加值之和；从收入形态看，它是所有常住单位在一定时期内所创造并分配给常住单位和非常住单位的初次分配收入之和；从产品形态看，它是最终使用的货物和服务减去净出口货物和服务的差额。在实际核算中，三种表现形态表现为三种计算方法，即生产法、收入法和支出法。三种方法分别从不同的方面反映生产总值的形成过程。

不变价格 指用同类产品的年平均价格作为固定价格来计算各年产品价值。按不变价格计算的产品价值消除了价格变动因素，不同时期对比可以反映生产的发展速度。新中国成立后，随着工农业产品价格水平的变化，国家统计局先后多次制定了全国统一的工业产品不变价格和农业产品不变价格，从1949年到1957年使用1952年工（农）业产品不变价格，从1957年到1971年使用1957年不变价格，从1971年到1981年使用1970年不变价格，从1981年到1990年使用1980年不变价格，从1990年开始使用1990年不变价格，从2001年开始使用2000年不变价格，从2006年到2010年使用2005年不变价格，从2011年到2015年使用2010年不变价格，从2016年开始使用2015年不变价格。

平均每年增长速度 在我国计算平均增长速度有两种方法，一种是习惯上经常使用的“水平法”，又称几何平均法，是以间隔期最后一年的水平同基期水平对比来计算平均每年增长（或下降）速度。另一种是“累计法”，又称代数平均法或方程法，是以间隔期内各年水平的总和同基期水平对比来计算平均每年增长（或下降）速度。

在一般正常情况下，两种方法计算的平均每年增长速度比较接近，但在经济发展不平衡，出现大起大落时，两种方法计算的结果差别较大。

本书内所列的平均每年增长速度，除固定资产投资是用“累计法”计算以外，其余均用“水平法”计算。从某年到某年平均增长速度的年份，均不包括基期年在内。如“十一五”的平均增长速度是以2005年为基期计算的，则写为2006—2010年平均增长速度，余类推。

国有经济单位 指生产资料归国家所有的各种企业、事业单位，以及各级国家机关、人民团体等单位。

集体经济单位 指生产资料归公民集体所有的各种企业、事业单位。包括农村各种经济组织经营的农、林、牧、渔业，乡、村经营的企业、事业单位；城市、县、镇以及街道兴办的集体经济性质的企业、事业单位。

私营经济单位 指生产资料归公民私人所有的单位。包括私营独资企业、私营合伙企业和私营有限责任公司。

联营经济单位 指不同所有制性质的企业之间或者企业、事业单位之间共同投资组成新的经济实体。包括紧密型联营企业，半紧密型联营企业和松散型联营企业。

股份制经济单位 指全部注册资本由全体股东共同出资，并以股份形式投资举办企业。主要包括股份有限公司和有限责任公司。

外商投资经济单位 指外国投资者根据中华人民共和国有关涉外经济的法律、法规，以合资、合作或独资的形式在中国大陆境内开办企业。包括中外合资经营企业、中外合作经营企业和外资企业。

港、澳、台投资经济单位 指港、澳、台地区投资者参照中华人民共和国有关涉外经济的法律、法规，以合资、合作或独资的形式在大陆兴办企业。包括合资经营企业、合作经营企业和独资企业。

三次产业 三次产业的划分是世界上较为常用的产业结构分类，但各国的划分不尽一致。我国的三次产业划分是：

第一产业包含农、林、牧、渔业，不含农林牧渔业服务业。

第二产业包含采矿业，制造业，电力、燃气及水的生产和供应业，建筑业，不含开采辅助活动、金属制品、机械和设备修理业。

第三产业包含除第一、二产业以外的其他行业。

Explanatory Notes on Main Statistical Indicators

Gross Domestic Product Gross Domestic Product Called in every Region has been called Gross Regional Product since 2003 according to the regulation for which China bureau of statistics stipulates. It is the final products of all resident units in a country(or region) during a certain period of time. Gross domestic product is expressed in three different forms, i. e. value, income, and products. The form of value refers to the total value of all products and services produced by all resident units during a certain period of time minus total value of input of materials and services of the nature of non – fixed assets or the summation of the value added of all resident units; the form of income includes all the income created by all resident units and distributed primarily to all resident and non – resident units; the form of products refers to all final goods and services minus net exports of goods and services. In the practice of national accounting, gross domestic product is calculated with three approaches, i. e. product approach, income approach, and expenditure approach respectively to reflect gross domestic product and its establishment from different aspects.

Constant Price refers to the average price of a given product in a certain year, which is used for comparison of output value over time. As the output value at constant prices remove the factor of price changes, it reflects the trend of production development over time. Since 1949, with the changes in general price level, the State Statistics Bureau has issued nationally unified constant prices many times: the 1952 constant price for 1949 – 1957; the 1957 constant price for 1957 – 1971; the 1970 constant price for 1971 – 1981; the 1980 constant price for 1981 – 1990, the 1990 constant price had been used since 1990; the 2000 constant price for 2001 – 2005; the 2005 constant price for 2006 – 2010; the 2010 constant price for 2011 – 2015; and the 2015 constant price has been used since 2016.

Average Annual Growth Rate Two methods for calculating average annual growth rate are applied in China, one is often called "level approach" or the method of calculating geometric average, which is derived by comparing the level of the last year of the interval with that of the beginning year; the other is called "accumulative approach" or algebraic average or equation method, which is derived by the summation of the actual figure of each year in the interval divided by the figure in the base year.

Usually the results calculated by the two methods are fairly close, but they differed sharply when uneven economic development occurred with striking fluctuations in growth.

The average annual growth rates listed in this statistical yearbook are calculated by "level approach" except for the growth rate of investment in fixed assets. The base years are not included when calculating average annual growth rates. For instance, the average annual growth rate of the period of The Eleventh Five Year Plan is listed as average annual growth rate of 2006 – 2010 without listing the base year 2005. And the analogy of this is also for the rest.

State – owned Economic Units refer to various enterprises, institutions, and government administrative organizations at various levels, social organizations and etc. , with state ownership of production means.

Collective – owned Economic Units refer to various enterprises and institutions with collective ownership of production means, including various rural economic organizations engaged in farming, forestry, animal husbandry, and fishery, enterprises and institutions run by townships and villages; collective enterprises and institutions run by cities, counties, towns and subdistrict offices.

Private – owned Economic Units refer to economic units owned by private individuals, including individual owned private enterprises, jointly owned private enterprises, and private owned companies, Ltd.

Joint Owned Units refer to economic entities jointly invested by enterprises of different types of ownership or by enterprises and institutions, and the partnerships among the joint owned units can be close, half close, or loose.

Share Holding Economic Units refer to enterprises invested in the form of share holding with its investment by all the share holders, which mainly include companies limited by shares and companies with limited liabilities.

Foreign Owned Economic Units refer to enterprises established by foreigners in the territory of mainland China according to related economic laws and regulations of the People's Republic of China as joint ventures, cooperative corporations, or ventures exclusively with sole investment, including joint ventures, cooperative enterprises, and foreign enterprises.

Economic Units Funded by Overseas Chinese from Hong Kong, Macao, and Taiwan refer to enterprises established by entrepreneurs from Hong Kong, Macao, and Taiwan in the territory of mainland China according to related economic laws and regulations of the People's Republic of China as joint ventures, cooperative corporations and ventures exclusively with sole investment, including joint ventures, cooperative enterprises, and exclusively invested enterprises.

Three Industries Three Industries Classification of economic activities is a common practice in the world, although the grouping varies to some extent form country to country. In China economic activities are categorized into following industries:

Primary industry: includes agnculture, forestry, animal husbandry and fishery, except farming, forestry, animal husbandry and fishery service.

Secondary industry: includes mining and quarrying, manufacturing, production and supply of electricity, water and gas, and construction, except mining auxiliary activities or metal products, machinery and repair of equipment.

Tertiary industry: refers to all other economic activities not included in primary or secondary industry。

二、人口与劳动统计

POPULATION, EMPLOYMENT AND WAGE

资料整理人员：胡　增　金　英　刘　江　陈　巍　李　晖　史　瑾　张　瑾　汪　冲

STAFF FOR DATA PROCESSING:

Hu Zeng　Jin Ying　Liu Jiang　Chen Wei　Li Hui　Shi Jin　Zhang Jin　Wang Chong

简要说明

本篇资料反映我市2018年及历年人口、劳动经济方面的基本情况，包括全市的主要人口统计和劳动经济统计数据。人口的统计范围是全市人口；劳动统计的调查范围是城镇独立核算法人单位。全市人口构成及变动情况、分年龄的人口数等，是根据市公安局提供的“人口及其变动情况统计表”、“人口年龄统计表”计算整理；计划生育情况是根据市卫生和计划生育委员会提供的“自然变动情况报表”和“分孩次长效节育及女性初婚、独生子女领证情况报表”整理；历年从业人员人数、分产业从业人员人数、在岗职工年末人数及在岗职工年平均工资由市统计局人口与社会科技处根据有关单位上报的劳动统计基层年报表汇总整理。

Brief Description

This chapter shows the basic condition of population and employment statistics in 2018 and previous years of Wuhan City, including major population, emplyment ststistics of the whole city. The scope of population statistics is the household population of the whole city. The survey scope of employment statistics is the whole independent accounting department. Data on composition and change of population are prepared by Wuhan Public Security Bureau according to statistics table on population changes and population grouped by age. Data on family planning are prepared by Health and Family Planning Commission of Wuhan Municipality according to statistics table of natural changes of population. Data on employment over the years, annual average wage number of staff and workers at the year end and number of employed persons by type of industry are prepared by department of population statistics according to historical information and Basic annual employment statistics to which the whole city and every district report.

2-1 户籍总户数、总人口数与常住人口数

REGISTERED HOUSEHOLDS AND POPULATION, RESIDENT POPULATION

年份 Year	户籍总户数(万户) Registered Households (10 000 Households)	户籍总人口数(万人) Registered Population (10 000 Persons)	常住人口(万人) Resident population (10 000 persons)
1978	124.28	548.29	555.10
1979	126.53	558.36	563.08
1980	129.53	567.23	571.18
1981	135.46	577.90	579.40
1982	139.43	586.97	587.74
1983	143.16	594.40	599.68
1984	146.82	600.59	611.86
1985	151.33	608.39	624.28
1986	157.00	619.96	636.96
1987	161.88	629.34	649.90
1988	167.93	641.72	663.10
1989	173.62	653.26	676.57
1990	178.83	669.75	690.31
1991	184.76	677.03	700.64
1992	188.23	684.46	711.13
1993	190.89	691.69	721.77
1994	194.20	700.01	732.56
1995	196.34	710.01	743.53
1996	199.17	715.94	754.65
1997	201.28	723.90	765.94
1998	205.43	731.79	777.40
1999	208.71	740.20	789.03
2000	213.66	749.19	804.81
2001	218.66	758.23	813.80
2002	224.59	768.10	823.70
2003	229.91	781.19	836.80
2004	241.58	785.90	845.43
2005	249.95	801.36	858.00
2006	255.45	818.84	875.00
2007	260.46	828.21	891.00
2008	265.00	833.24	897.00
2009	269.90	835.55	910.00
2010	274.58	836.73	978.54
2011	276.50	827.24	1002.00
2012	281.29	821.71	1012.00
2013	286.39	822.05	1022.00
2014	288.02	827.31	1033.80
2015	297.10	829.27	1060.77
2016	302.12	833.85	1076.62
2017	310.88	853.65	1089.29
2018	321.07	883.73	1108.10

2-2 人口构成(户籍统计)
POPULATION COMPOSITION

项目 Item		全市 The Whole City 人口(人) Population (person)	比重(%) Percentage of Total Population(%)
2018 年合计	Total in 2018	8837299	100.0
男	Male	4500843	50.9
女	Female	4336456	49.1
乡村人口	Rural Population	2368020	26.8
城镇人口	Urban Population	6469279	73.2
2017 年合计	Total in 2017	8536517	100.0
男	Male	4352703	51.0
女	Female	4183814	49.0
乡村人口	Rural Population	2343035	27.4
城镇人口	Urban Population	6193472	72.6
2016 年合计	Total in 2016	8338450	100.0
男	Male	4254463	51.0
女	Female	4083987	49.0
农业人口	Agricultural Population	2356559	28.3
城镇人口	Urban Population	5981891	71.7

注:从 2015 年起,公安户籍数据调查统计口径,由原来的农业人口、非农业人口调整为乡村人口、城镇人口。
Note: Data on household register of public searity bureau have adjusted caliber since 2015 that former agricultrual and non - agricultural population are replaced with urban and vural population.

2-3 人口变动(户籍统计)
POPULATION CHANGES

指标名称	Index Name	全市 The Whole City 2016 年	2017 年	2018 年
出生人口(人)	Number of births(person)	95436	131409	119430
死亡人口(人)	Number of Deaths(person)	45259	98029	47919
自然增长人口(人)	Natural Increase In Population(person)	50177	33380	71511
净迁移人口(人)	Net Migrating Population(person)	-2430	166922	230608
出生率(‰)	Birth Rate(‰)	11.48	15.57	13.75
死亡率(‰)	Death Rate(‰)	5.44	11.62	5.52
自然增长率(‰)	Natural Growth Rate(‰)	6.03	3.96	8.23
净迁移率(‰)	Net Migrating Rate(‰)	-0.29	19.78	26.55

2-4 分孩次生育情况(2018年)
STATISTICS ON PARITY FERTILITY RATE(2018)

地区	District	一孩率(%) Rate of the First Child(%)	二孩率(%) Rate of the Second Child(%)	多孩率(%) Rate of The Third Child and above(%)
全市	**Whole City**	53.92	43.42	2.66
江岸区	Jiangán	59.92	37.66	2.42
江汉区	Jianghan	61.94	35.44	2.62
硚口区	Qiaokou	58.07	39.47	2.46
汉阳区	Hanyang	58.92	39.13	1.95
武昌区	Wuchang	57.36	39.70	2.94
青山区(武汉化工区)	Qingshan (Wuhan Chemical Industry Park)	60.93	36.68	2.39
洪山区	Hongshan	55.57	42.78	1.65
东西湖区	Dongxihu	53.91	42.92	3.16
蔡甸区	Caidian	53.51	44.28	2.21
江夏区	Jiangxia	46.53	50.25	3.21
黄陂区	Huangpi	50.57	46.27	3.15
新洲区	Xinzhou	47.58	48.81	3.62
武汉经济技术开发区(含汉南区)	Wuhan Economic Technological Development Zone (Including Hannan)	51.86	45.78	2.36
东湖新技术开发区	East Lake High-Tech Development Zone	52.15	46.08	1.77
东湖生态旅游风景区	East Lake Ecotourism Scenic Zone	57.22	41.77	1.01

2－5　分年龄的人口数(2018年户籍统计)
POPULATION GROUPED BY AGE (2018)

单位:人　　(person)

指标名称 Index Name	合　计 Total	男 Male	女 Female
总　计 Total	8837299	4500843	4336456
0－17岁(years old)	1408747	755163	653584
0	75606	40216	35390
1	107920	57198	50722
2	115816	61311	54505
3	99578	52772	46806
4	101495	54276	47219
5	92772	49672	43100
6	98711	52759	45952
7	83307	44920	38387
8	80382	43219	37163
9	72733	39467	33266
10	71393	38167	33226
11	69627	37511	32116
12	62022	33310	28712
13	58905	31342	27563
14	57984	31040	26944
15	52212	28408	23804
16	53358	29463	23895
17	54926	30112	24814
18－34岁(years old)	2260654	1189714	1070940
18	69722	38341	31381
19	70977	39509	31468
20	69733	38989	30744
21	69952	38505	31447
22	82078	45656	36422
23	99637	55873	43764
24	118127	65212	52915

2-5 续 表 1 Continued 1

单位:人 (person)

指标名称 Index Name	合 计 Total	男 Male	女 Female
25	134500	72504	61996
26	139058	73515	65543
27	154344	80411	73933
28	177438	91299	86139
29	189131	96602	92529
30	185963	94455	91508
31	195313	99337	95976
32	179471	91999	87472
33	164003	84176	79827
34	161207	83331	77876
35 -59(years old)	3288503	1654792	1633711
35	156249	79922	76327
36	162076	82724	79352
37	135382	68734	66648
38	120587	61271	59416
39	134899	68092	66807
40	124971	63383	61588
41	121036	60842	60194
42	119450	60194	59256
43	117036	58550	58586
44	110414	55051	55463
45	115763	58174	57689
46	132853	67263	65590
47	135136	67953	67183
48	154232	76818	77414
49	146671	73106	73565
50	167081	83119	83962
51	110792	55408	55384

2-5 续 表 2 Continued 2

单位:人 (person)

指标名称 Index Name	合计 Total	男 Male	女 Female
52	125468	63625	61843
53	121766	61727	60039
54	143405	72530	70875
55	193013	97134	95879
56	163028	81698	81330
57	97410	48302	49108
58	77686	37967	39719
59	102099	51305	50794
60-79(years old)	1628483	795059	833424
60	127982	64093	63889
61	139890	69132	70758
62	125029	60974	64055
63	113786	55608	58178
64	130238	63250	66988
65	109577	53030	56547
66	103323	50820	52503
67	90521	44562	45959
68	88427	43455	44972
69	87999	44234	43765
70	76037	37065	38972
71	75492	37179	38313
72	64677	31777	32900
73	49032	23966	25066
74	48147	23576	24571
75	40498	19206	21292
76	40843	19325	21518

2-5 续 表 3 Continued 3

单位:人 (person)

指标名称 Index Name	合计 Total	男 Male	女 Female
77	45999	21515	24484
78	39770	18301	21469
79	31216	13991	17225
80-99(years old)	249137	105610	143527
80	33494	14950	18544
81	30515	13644	16871
82	30420	13373	17047
83	27233	11682	15551
84	24102	10144	13958
85	23628	9896	13732
86	15881	6584	9297
87	13114	5582	7532
88	11994	5128	6866
89	8778	3516	5262
90	7188	2872	4316
91	6014	2345	3669
92	4471	1679	2792
93	3485	1271	2214
94	2891	1002	1889
95	2064	656	1408
96	1422	465	957
97	1135	389	746
98	758	251	507
99	550	181	369
100岁及以上(100 years old and above)	1775	505	1270

2-6 历年从业人员人数
EMPLOYMENT OVER THE YEARS

单位:万人 (10 000 person)

年份 Year	合计 Total	城镇非私营单位从业人员 Staff And Workers	国有经济单位 State-owned Units	城镇集体经济单位 Urban Collective-owned Units	其他经济类型单位 Units of Other Types of Ownership	个体经济从业人员 Employment of Individual Economy	农村经济从业人员 Employment of Rural Economy	私营经济从业人员 Employment of Private Enterprises	其他从业人员 Others
1949	93.45	18.38	9.59	8.79		4.21	70.86		
1950	97.05	21.29	12.39	8.90		3.61	72.14		
1951	102.73	25.55	15.49	10.06		3.34	73.84		
1952	105.21	26.84	21.59	5.26		3.02	75.35		
1953	114.86	33.93	28.11	5.82		3.32	77.62		
1954	118.28	36.30	31.29	5.01		3.82	78.17		
1955	125.19	38.24	33.55	4.70		3.09	83.86		
1956	150.61	59.70	47.70	12.00		2.88	88.03		
1957	152.70	62.78	48.38	14.40		3.56	86.37		
1958	175.41	91.28	79.78	11.51		0.60	83.53		
1959	170.54	94.14	81.23	12.91		0.11	76.29		
1960	176.85	100.43	84.36	16.07		0.30	76.12		
1961	166.35	83.32	69.61	13.71		0.59	82.43		
1962	159.03	71.42	58.33	13.09		1.82	85.79		
1963	165.49	72.97	59.84	13.13		1.98	90.54		
1964	172.96	78.44	62.79	15.65		1.61	92.92		
1965	178.30	81.86	66.60	15.26		1.29	95.15		
1966	180.13	83.84	68.17	15.67		0.80	95.50		
1967	182.83	86.79	70.68	16.11		0.00	96.04		
1968	188.38	88.67	72.12	16.56		0.00	99.71		
1969	197.27	93.10	73.90	19.20		0.00	104.17		
1970	206.58	99.96	80.03	19.93		0.00	106.62		
1971	218.55	111.26	90.53	20.73		0.00	107.29		
1972	225.18	117.68	95.02	22.66		0.00	107.50		
1973	230.56	120.05	95.05	25.00		0.00	110.51		
1974	235.30	121.92	96.21	25.71		0.00	113.38		
1975	246.41	132.06	101.46	30.60		0.00	114.35		
1976	252.31	139.00	106.51	32.49		0.00	113.31		
1977	257.91	145.83	113.08	32.75		0.00	112.08		
1978	271.92	158.22	125.04	33.18		0.00	113.70		
1979	280.17	166.12	124.58	41.54		0.33	113.72		
1980	293.25	177.90	130.89	47.01		0.55	114.79		
1981	305.64	190.05	138.54	51.51		0.90	114.69		
1982	313.18	195.79	142.51	53.28		1.08	116.31		
1983	319.77	201.86	148.27	53.59		1.95	115.96		

2-6 续 表 Continued

单位:万人 (10 000 person)

年份 Year	合计 Total	城镇非私营单位从业人员 Staff And Workers	国有经济单位 State-owned Units	城镇集体经济单位 Urban Collective-owned Units	其他经济类型单位 Units of Other Types of Ownership	个体经济从业人员 Employment of Individual Economy	农村经济从业人员 Employment of Rural Economy	私营经济从业人员 Employment of Private Enterprises	其他从业人员 Others
1984	325.97	205.03	149.14	55.75	0.15	3.00	117.94		
1985	335.81	212.55	154.41	57.96	0.18	4.04	119.22		
1986	340.90	215.36	155.71	59.41	0.24	3.50	122.05		
1987	348.30	219.50	159.95	59.29	0.27	3.96	124.84		
1988	351.25	223.02	163.42	59.20	0.39	4.95	123.29		
1989	355.15	224.99	165.32	59.07	0.60	5.86	124.31		
1990	357.80	227.12	167.99	58.45	0.68	5.21	125.47		
1991	360.24	230.15	169.78	58.72	1.65	4.62	124.62	0.85	
1992	360.61	230.02	171.08	57.07	1.87	5.22	124.46	0.91	
1993	374.92	233.58	173.23	53.53	6.92	14.89	123.42	2.93	
1994	386.83	226.34	168.39	48.70	9.25	28.12	124.71	7.67	
1995	398.64	222.30	166.71	43.27	12.32	37.48	128.51	10.35	
1996	406.42	218.85	164.50	41.13	13.22	40.48	121.87	25.22	
1997	411.83	216.44	161.91	40.61	13.92	45.76	121.41	28.22	
1998	415.20	210.74	155.43	36.64	18.67	51.49	120.36	32.61	
1999	417.78	206.89	150.49	33.80	22.60	54.15	121.44	35.30	
2000	417.80	199.64	144.04	28.95	26.65	63.61	121.30	33.25	
2001	406.12	192.96	138.52	23.18	31.26	59.67	120.33	33.16	
2002	407.30	183.79	134.65	17.23	31.91	60.79	123.78	38.94	
2003	412.00	176.24	117.49	13.85	44.90	70.04	127.99	36.80	0.93
2004	417.50	148.60	89.66	7.54	51.40	30.57	154.33	22.83	61.17
2005	421.80	148.53	90.05	7.86	50.62	42.77	148.90	29.20	52.40
2006	429.60	153.89	86.10	6.77	61.02	43.62	143.98	34.03	54.08
2007	442.20	159.58	83.61	6.94	69.03	61.14	145.60	22.78	53.10
2008	456.00	170.45	84.56	7.75	78.14	74.60	144.23	37.74	28.98
2009	468.60	175.84	80.36	7.78	87.70	90.11	143.47	38.45	20.73
2010	483.00	178.46	79.85	7.09	91.52	92.54	141.75	47.86	22.39
2011	498.00	189.77	85.15	4.53	100.09	95.69	145.74	48.30	18.50
2012	506.40	191.85	82.74	4.04	105.07	115.41	95.48	85.41	18.25
2013	522.24	198.54	87.85	4.62	106.07	124.96	88.63	87.29	22.82
2014	530.44	205.74	89.88	4.22	111.64	125.40	81.90	90.16	27.24
2015	544.92	207.28	85.46	4.00	117.82	128.89	83.11	95.16	30.48
2016	550.37	213.26	84.94	3.01	125.31	128.92	83.55	95.17	29.47
2017	564.08	219.90	84.67	2.92	132.31	132.08	84.36	96.32	31.42
2018	610.72	247.25	89.18	3.22	154.85	134.25	85.67	111.86	31.69

2-7 分产业从业人员人数
EMPLOYMENT BY TYPE OF INDUSTRY

单位:万人 (10 000 persons)

年份 Year	总计 Total	第一产业 Primary Industry	第二产业 Secondary Industry	第三产业 Tertiary Industry
1995	398.64	93.64	150.98	154.02
1996	406.42	91.43	154.60	160.39
1997	411.83	92.97	154.22	164.64
1998	415.20	92.85	152.25	170.10
1999	417.78	92.96	151.87	172.95
2000	417.80	91.43	148.95	177.42
2001	406.12	90.42	141.47	174.23
2002	407.30	86.02	143.41	177.87
2003	412.00	83.08	144.43	184.49
2004	417.50	81.81	141.30	194.39
2005	421.80	80.58	137.66	203.56
2006	429.60	83.36	140.39	205.85
2007	442.20	82.96	146.60	212.64
2008	456.00	79.57	156.00	220.43
2009	468.60	63.84	175.26	229.50
2010	483.00	63.52	178.46	241.02
2011	498.00	61.10	189.50	247.40
2012	506.40	61.34	194.50	250.56
2013	522.24	50.87	200.86	270.51
2014	530.44	48.38	204.75	277.31
2015	544.92	49.68	209.24	286.00
2016	550.37	49.60	209.16	291.61
2017	564.08	49.57	209.13	305.38
2018	610.72	49.94	225.96	334.82

2-8 历年城镇非私营单位就业人员平均工资
AVERAGE WAGE OF EMPLOYEES IN URBAN NON-PRIVATE UNITS OVER THE YEARS

单位:元 (yuan)

年份 Year	单位就业人员平均工资 Average Wage of Employees	其中:在岗职工 Staff and Workers
1949	548	
1950	464	
1951	485	
1952	533	
1953	546	
1954	548	
1955	569	
1956	621	
1957	637	
1958	597	
1959	549	
1960	559	
1961	555	
1962	595	
1963	630	
1964	651	
1965	648	
1966	639	
1967	637	
1968	637	
1969	681	
1970	581	
1971	498	
1972	567	
1973	568	
1974	583	
1975	589	
1976	570	
1977	568	
1978	620	
1979	679	
1980	780	
1981	770	
1982	786	
1983	798	

2-8 续 表 Continued

单位:元 (yuan)

年 份 Year	单位就业人员平均工资 Average Wage of Employees	其中:在岗职工 Staff and Workers
1984	968	
1985	1107	
1986	1239	
1987	1379	
1988	1630	
1989	1893	
1990	2093	
1991	2332	
1992	2689	
1993	3533	
1994	4580	
1995	5327	
1996	5981	
1997	6406	
1998	6746	8225
1999	7091	8812
2000	7628	9728
2001	9080	11314
2002	10039	12161
2003	11719	13729
2004	13818	15971
2005	16255	18505
2006	19759	21839
2007	22999	25136
2008	27212	28431
2009	32429	33320
2010	38428	39303
2011		45643
2012	46965	48942
2013	52387	53745
2014	59143	60624
2015	64407	65720
2016	70590	71963
2017	77726	79684
2018	85885	88327

注:根据国家统计局劳动工资统计报表制度的变化,从2012年起,本表中原“全部职工”变更为“单位就业人员”。

Note: According to the change of the labor wage statistics reporting system of the State Statistics Bureau, "Employees" on this table refered to "All Staff and Workers" before 2012.

2－9 按行业分城镇非私营单位就业人员平均工资
AVERAGE WAGE OF EMPLOYEES IN URBAN NON－PRIVATE UNITS BY SECTORS

单位:元 (yuan)

指标名称 Index Name	2014 年	2015 年	2016 年	2017 年	2018 年
合 计 Total	**59143**	**64407**	**70590**	**77726**	**85885**
(一)农、林、牧、渔业 Farming, Forestry, Animal Husbandry and Fishery	29982	31540	34814	37006	39717
(二)采矿业 Mining	47059	52718	42636	45052	53466
(三)制造业 Manufacturing	55846	59943	64705	72425	78219
(四)电力、热力、燃气及水生产和供应业 Electric Power, Gas and Water Production and supply	66310	74479	80901	88662	100318
(五)建筑业 Construction	44511	49677	53574	59622	64657
(六)批发和零售业 Wholesale and Retail Trade	48055	50125	53689	57864	65309
(七)交通运输、仓储和邮政业 Transportation, Storage and Post	55947	62363	65569	69702	79436
(八)住宿和餐饮业 Hotel and Catering Services	37818	41119	43164	43870	45792
(九)信息传输、软件和信息技术服务业 Information Transmission, Software and Information Technology Service	74593	82796	95196	102833	114453
(十)金融业 Banking	102916	122171	132750	148102	163860
(十一)房地产业 Real Estate	61543	65950	68352	70439	73820
(十二)租赁和商务服务业 Leasing and Commercial Services	53872	59706	61549	66696	72350
(十三)科学研究和技术服务业 Scientific Research and Technical Services	89033	99102	107946	118818	128855
(十四)水利、环境和公共设施管理业 Water Conservancy, Environment and public Facilities Management	41083	46791	55217	60959	70091
(十五)居民服务、修理和其他服务业 Resident Services, Repairs and Others	37651	39959	44447	44191	51180
(十六)教育 Education	67227	75463	88138	98321	114977
(十七)卫生和社会工作 Health care and Social Work	81712	93437	99046	111296	125209
(十八)文化、体育和娱乐业 Culture, Sports and Entertainment	64095	69163	74861	79691	89047
(十九)公共管理、社会保障和社会组织 Public Management, Social Security and Social Organizations	76321	88278	102335	110290	122356

主 要 统 计 指 标 解 释

出生率(又称粗出生率) 指在一定时期内(通常为一年)一定地域范围内出生人数与同期人口平均数之比。一般用千分率表示,计算公式:

$$出生率=\frac{年出生人数}{年平均人数}\times 1000‰$$

出生人数 是指活产婴儿,即胎儿脱离母体时(不管怀孕月数),有过呼吸或其他生命现象。

年平均人数 是年初、年底人口数的平均数,也可用年中人口数代替。

死亡率(又称粗死亡率) 指在一定时期内(通常为一年)一定地区的死亡人数与同期平均人数(或期中人数)之比,一般用千分率表示。计算公式:

$$死亡率=\frac{年死亡人数}{年平均人数}\times 1000‰$$

人口自然增长率指在一定时期内(通常为一年)人口自然增加数(出生人数减死亡人数)与该时期内平均人数(或期中人数)之比,一般用千分率表示。计算公式:

$$人口自然增长率=\frac{本年出生人数-本年死亡人数}{年平均人数}\times 1000‰$$

$$人口自然增长率=人口出生率-人口死亡率$$

从业人员 指从事一定社会劳动并取得劳动报酬或经营收入的人员。包括:(1)全部在岗职工;(2)再就业的离退休人员;(3)私营业主;(4)个体户主;(5)私营和个体从业人员;(6)乡镇企业从业人员;(7)农村从业人员;(8)其他从业人员。这一指标反映了一定时期内全部劳动力资源的实际利用情况,是研究我国基本国情国力的重要指标。

国有经济单位 指资产归国家所有的经济组织。包括按《中华人民共和国企业法人登记管理条例》规定登记注册的非公司制的经济组织,以及中央、地方各级国家机关、事业单位和社会团体。

集体经济单位 指生产资料归集体所有,并按《中华人民共和国企业法人登记管理条例》规定登记注册的经济组织。

其他经济单位 包括股份合作单位、联营单位、有限责任公司、股份有限公司、港澳台商投资单位以及外商投资单位等其他登记注册类型单位。

在岗职工 指在本单位工作并由单位支付工资的人员,以及有工作岗位,但由于学习、病伤产假等原因暂未工作,仍由单位支付工资的人员。

工资总额 指各单位在一定时期内直接支付给本单位全部单位从业人员的劳动报酬总额。工资总额的计算原则应以直接支付给单位从业人员的全部劳动报酬为根据。各单位支付给职工的劳动报酬以及其他根据有关规定支付的工资,不论是计入成本的还是不计入成本的,不论是按国家规定列入计征奖金税项目的,还是未列入计征奖金税项目的,不论是以货币形式支付的还是以实物形式支付的,均包括在工资总额内。

平均工资 指企业、事业,机关单位的从业人员在一定时期内平均每人所得的货币工资额。它表明一定时期单位从业人员工资收入的高低程度,是反映单位从业人员工资水平的主要指标。计算公式为:

$$平均工资=\frac{报告期实际支付的全部单位从业人员工资总额}{报告期全部单位从业人员平均人数}$$

Explanatory Notes on Main Statistical Indicators

Birth Rate(or Crude Birth Rate) refers to the ratio of the number of births to the average population during a certain period of time(usually a year), which is often expressed in ‰. The following formula is used:

$$\text{Birth Rate} = \frac{\text{Number of births}}{\text{Average Number of Population}} \times 1000‰$$

Number of Births refers to live births, i. e. the births when babies had showed any vital phenomena regardless of the length of pregnancy.

Annual Average Number of Population is the average number of population at the beginning of the year and that at the end of the year. Sometimes it is substituted with the mid - year population.

Death Rate(or Crude Death Rate) refers to the ratio of the number of deaths to the average population(or mid - year population) during a certain period of time(usually a year), which is often expressed in ‰. The following formula is used:

$$\text{Death Rate} = \frac{\text{Number of Deaths}}{\text{Average Number of Population}} \times 1000‰$$

Natural Growth Rate of Population refers to the ratio of natural increase in population (number of births minus number of deaths) in a certain period of time(usually a year) to the average population(or mid - year population) of the same period. which is often expressed in ‰. The following formula is applied:

$$\text{Natural Growth Rate of Population} = \frac{\text{Number of Births} - \text{Number of Deaths}}{\text{Average Number of Population}} \times 1000‰$$

Natural Growth Rate of Population = Birth Rate - Death Rate

Employees refers to people who are engaged in social labour and receive remuneration payment or earn business income, including: (1) total staff and workers; (2) re - employed retirees; (3) employers of private enterprises; (4) employers of individual economy; (5) employees in private enterprises and individual economy; (6) employees in township enterprises; (7) employees in rural areas; (8) other employees.

This indicator reflects the actual utilization of total labour force during a certain period of time and is the key to the research on China's economic affairs and national power.

State - owned Units refer to economic units where the entire assets are owned by the state, including non - corporation economic units, government agencies at all levels, institutions and social organizations which have registered in accordance with the Regulation of the People's Republic of China on the Management of Registration of Corporate Enterprises.

Collective - owned Units refer to economic units where the assets are owned collectively and which have registered in accordance with the Regulation of the People's Republic of China on the Management of Registration of Corporate Enterprises.

Units of other types of ownership Include Cooperative units, joint ownership units, limited liability corporations, share - holding corporations Ltd, units with investment from HongKong, Macau and Taiwan, units with foreign investment and so on.

Fully Employed Staff and Workers refer to people who work in, and receive wages from their working units, as well as people who have their work posts, but are temporarily absent from work for reasons of study or sickness, injury or maternal leave and still receive wages from their working units.

Total Wages of Staff and Workers refer to the total remuneration payment to staff and workers in various units during a certain Deriod of time. The calculation of total wages is based on the total remuneration payment to staff and workers. Therefore, all the wages and salaries and other payments to staff and workers are included in the total wages regardless of their sources, categories, and forms (in kind or cash).

Average Wage of Staff and Workers refers to the average wage in money terms per person during a certain period of time for staff and workers in enterprises, institutions, and government agencies, which reflects the general level of wage income during a certain period of time and is calculated as follows:

$$\text{Average Wage of Staff and Workers} = \frac{\text{Total Wages of Staff and Workers in Reference Period}}{\text{Average Number of Staff and Workers in Reference Period}}$$

三、工业、能源消费

INDUSTRY AND ENERGY CONSUMPTIONS

资料整理人员：吴　麒　徐志黎　杨伟成　肖诗军　栾　波　杨　凡　张　莉　陈莎莎
陈全意　万庆敏　朱　颖　陈泽逾　金　怡

STAFF FOR DATA PROCESSING:

Wu Qi　Xu Zhili　Yang Weicheng　Xiao Shijun　Luan Bo　Yang Fan　Zhang Li
Chen Shasha　Chen Quanyi　Wan Qingmin　Zhu Ying　Chen Zeyu　Jin Yi

简要说明

本篇工业资料内容包括武汉市规模以上工业企业单位数、工业总产值、主要工业产品产量等主要经济指标；能源消费内容包括能源消费量(折标煤)和全社会用电量。

工业统计调查范围为武汉地区全部工业企业。1997年以前,我国工业的统计范围分为乡及乡以上独立核算工业企业和非独立核算生产单位、村办工业、城镇合作工业、农村合作工业、城镇个体工业、农村个体工业六大部门(1984年以前村办工业不在工业统计范围内)。1998年后统计范围修定为按企业规模划分:全部国有及年产品销售收入500万元及以上非国有工业企业和年产品销售收入500万元以下非国有工业企业两部分。2007年后统计范围又进行了调整,改为全部500万元及以上工业企业和年主营业务收入500万元以下工业企业。2010年后统计范围再次调整,改为全部年主营业务收入2000万元及以上工业企业和年主营业务收入2000万元以下工业企业。统计数据是根据工业统计年度报表中有关资料整理汇总的。2003年起,工业统计执行新的国民经济行业分类和大中小型企业划分标准,有关轻、重工业和行业分组资料与往年比已发生变化。

能源消费统计范围,1999年以前年份为全社会统计口径,1999年以后年份(含1999年)为规模以上工业企业。全社会用电量资料由武汉供电公司提供。

Brief Description

Data in this chapter involve numbers of industrial enterprises, the gross industrial output value, sales output, output of key industrial products, major indicators of industrial enterprises above designated size in Wuhan City. The content of energy consumption involves consumption of energy(in standard coal equivalent) and electricity specifically.

The scope of industrial statistics includes all industrial enterprises within Wuhan city. Before 1997, industrial statistics was based on types of ownership, and there were mainly six categories which were industrial enterprises at and above county level with independent accounting system and productive units without accounting system, village industrial enterprises, urban joint industrial enterprises, rural joint industrial enterprises, urban individual industrial enterprises, and rural industrial enterprises (not included until 1984). Since 1998, the categorization of industrial statistics had been modified as sizes of enterprises which consists of all state – owned industrial enterprises and those non – state industrial enterprises with annual sales of 5 million yuan and above, non – state industrial enterprises with annual sales below 5 million yuan. Since 2007, the scope had been adjusted to all industrial enterprises with annual sales of 5 million yuan and above, and with annual sales below 5 million yuan. Since 2010, the scope has been adjusted again, to all industrial enterprises with annual sales of 20 million yuan and above, and with annual sales below 20 million yuan. The statistics data are prepared from annual industrial statistics reports. Since 2003, industrial statistics have complied with the new standard industrial classification codes and categorization of big, medium and small enterprises, which leads to different statistic results on light and heavy industry, as well as industry dassification from the past.

The statistic scope of energy consumptions was citywide before 1999, and then modified to industrial enterprises above designated size. Electricity consumption data are provided by Wuhan Power Supply company.

3－1 规模以上工业企业单位数及构成

NUMBER OF INDUSTRIAL ENTERPRISES ABOVE DESIGNATED SIZE AND ITS COMPOSITION

项目	Item	2017 单位数(个) Number (unit)	2017 构成(%) Composition (%)	2018 单位数(个) Number (unit)	2018 构成(%) Composition (%)
规模以上工业	Industrial Enterprises Above Designated Size	2633	100	2689	100
按登记注册类型分	Grouped by Ownership				
国有企业	State－owned	24	0.91	18	0.67
集体企业	Gollective－owned	22	0.84	19	0.71
股份合作企业	Cooperative Enterprises of Share Holding	2	0.08	1	0.04
联营企业	Joint－owned	1	0.04	1	0.04
有限责任公司	Companies of Limited Liabilities	1230	46.71	986	36.67
股份有限公司	Share－holding	156	5.92	146	5.43
私营企业	Private－owned	862	32.74	1190	44.25
其他企业	Others	2	0.08	1	0.04
港澳台投资企业	Enterprises Funded by Entrepreneurs from Hongkong, Macao & Taiwan	81	3.08	75	2.79
外商投资企业	Foreign－Funded	253	9.61	252	9.37
按企业规模分	Grouped by Size				
大型企业	Large Enterprises	88	3.34	93	3.46
中型企业	Medium－Sized Enterprises	332	12.61	308	11.45
小型企业	Small－Sized Enterprises	2119	80.48	2175	80.89
微型企业	Micro－Sized Enterprises	94	3.57	113	4.20

注：规模以上工业指年主营业务收入2000万元及以上法人工业企业（下同）。

Note: Industrial enterprises above designated size refer to corporate industrial enterprises with annual sales income of 20 mil yuan and above. (the same applied to the following tables)

3-2 规模以上工业总产值(2018年)
GROSS INDUSTRIAL OUTPUT VALUE ABOVE DESIGNATED SIZE(2018)

单位:亿元 (100 million yuan)

项目	Item	2018年(按当年价格计算)(Current Prices)	2018年比2017年±(%) Growth Rate in 2018 over 2017(%)
规模以上工业总产值	Gross industrial output value above designated size	14422.86	7.6
按经济类型分	Grouped by Ownership		
其中:国有企业	State-owned	1031.25	11.3
集体企业	Collective-owned	17.68	-16.4
股份合作企业	Cooperative Enterprises of Share Holding	0.64	21.2
股份制企业	Joint-stock Enterprises	6657.05	10.0
外商及港、澳、台投资企业	Foreign Funded and Enterprises Funded by Entrepreneurs From Hongkong, Macao & Taiwan	4342.29	2.3
按轻重工业分	Grouped by Light & Heavy Industry		
轻工业	Light Industry	3529.34	8.3
重工业	Heavy Industry	10893.52	7.4

3-3 历年规模以上工业总产值和增加值

INDUSTRIAL OUTPUT VALUE AND ADDED VALUE ABOVE DESIGNAIED SIZE OVER THE YEARS

本表按当年价格计算　　Data in this table are calculated at current prices.

单位：亿元　　(100 million yuan)

年份 Year	规模以上工业总产值 Above Scale Industrial Output Value	轻工业 Light Industry	重工业 Heavy Industry	规模以上工业增加值 Above Scale Industrial Added Value
2001	1020.84			329.80
2002	1138.98			365.04
2003	1334.49			427.88
2004	1678.34	460.90	1217.44	538.89
2005	2286.69	502.08	1784.61	734.53
2006	2818.59	617.79	2200.80	880.53
2007	3525.63	785.91	2739.72	1055.18
2008	4338.28	944.10	3394.18	1388.00
2009	5032.18	1152.79	3879.39	1656.15
2010	6424.59	1493.30	4931.29	1941.33
2011	7390.66	1564.57	5826.09	2458.77
2012	9018.88	1967.92	7050.96	2711.47
2013	10394.07	2393.00	8001.07	3113.30
2014	11764.59	2721.74	9042.85	3453.35
2015	12374.92	3240.87	9134.05	3504.23
2016	13159.09	2995.36	10163.73	3493.03
2017	14433.27	3525.47	10907.80	3769.73
2018	14422.86	3529.34	10893.52	3796.85

3-4 历年规模以上工业总产值和增加值指数

INDUSTRIAL OUTPUT VALUE AND ADDED VALUE INDEX ABOVE DESIGNAIED SIZE OVER THE YEARS

本表按当年价格计算　　Data in this table are calculated at current prices.

上年=100　　(Preceding year=100)

年份 Year	规模以上工业总产值 Above Scale Industrial Output Value	轻工业 Light Industry	重工业 Heavy Industry	规模以上工业增加值 Above Scale Industrial Added Value
2001	114.8			111.8
2002	111.6			112.6
2003	117.9			114.3
2004	126.0	118.3	129.2	121.7
2005	128.2	115.1	132.4	123.8
2006	122.7	122.1	122.8	124.2
2007	125.5	129.3	124.4	122.1
2008	125.4	124.7	125.5	120.3
2009	110.2	117.5	108.2	118.5
2010	128.4	130.1	127.9	121.7
2011	121.8	124.8	121.0	116.0
2012	115.3	124.2	113.0	115.2
2013	118.0	117.4	118.2	111.7
2014	112.3	112.0	112.3	110.9
2015	106.8	108.5	106.3	108.5
2016	105.8	101.0	107.3	105.0
2017	113.2	113.9	113.1	107.7
2018	107.6	108.3	107.4	105.7

3－5 分经济类型的规模以上工业总产值及构成

THE TOTAL ABOVE SCALE INDUSTRIAL OUTPUT VALUE OF ECONOMIC TYPE AND COMPOSITION

本表按当年价格计算　　Data in this table are calculated at current prices.

年份 Year	规模以上工业总产值(亿元) Above Scale Industrial Ortput Value(100 million yuan)			
	国有经济 State－owned Enterprises	集体经济 Colletive－owned Enterprises	外商及港澳台经济 Economy of foreign, Hong Kong, Macao and Taiwan	其他经济 Enterprises of Other Ownership
2008	1315.18	29.63	1274.41	1719.06
2009	1333.86	28.31	1567.96	2102.05
2010	1698.99	32.20	2110.94	2582.46
2011	1914.78	22.71	2411.86	3041.31
2012	2789.15	39.37	2804.30	3386.06
2013	2580.95	29.77	3268.69	4514.66
2014	1885.47	34.47	3634.58	6210.07
2015	2038.93	34.07	3814.58	6487.35
2016	2106.79	31.89	4072.35	6948.06
2017	1165.88	24.17	4730.95	8512.27
2018	1031.25	17.68	4342.29	9031.64

年份 Year	构成(%) Composition(%)			
	国有经济 State－owned Enterprises	集体经济 Colletive－owned Enterprises	外商及港澳台经济 Economy of foreign, Hong Kong, Macao and Taiwan	其他经济 Enterprises of Other Ownership
2008	30.3	0.7	29.4	39.6
2009	26.5	0.6	31.2	41.8
2010	26.4	0.5	32.9	40.2
2011	25.9	0.3	32.6	41.2
2012	30.9	0.4	31.1	37.6
2013	24.8	0.3	31.4	43.5
2014	16.0	0.3	30.9	52.8
2015	16.5	0.3	30.8	52.4
2016	16.0	0.2	30.9	52.9
2017	8.1	0.1	32.8	59.0
2018	7.2	0.1	30.1	62.6

3-6 规模以上工业主要产品产量
OUTPUT OF MAJOR INDUSTRIAL PRODUCTS OF ENTERPRISES ABOVE DESIGNATED SIZE

项目	Item	2017	2018
食用植物油(万吨)	Edible Vegetable Oil(10 000 tons)	169.38	55.23
乳制品(万吨)	Dairy Products(10 000 tons)	62.51	53.06
饮料酒(万千升)	Alcoholic Beverages(1000 kilolite)	75.37	86.42
饮料(万吨)	Drinks(10 000 ton)	371.76	381.96
卷　烟(万箱)	Gigarettes(10 000 boxes)	253.18	255.17
纱(吨)	Yarn(ton)	39305.70	38701.22
布(万米)	Cloth In total(10 000 meters)	5495.59	5089.99
化纤长丝机织物(万米)	(10 000 meters)	3549.00	4858.00
服　装(万件)	Garments (10 000 units)	8302.92	9183.06
家　具(万件)	Furniture(10 000 units)	79.92	74.26
机制纸及纸板(万吨)	Machine Made paper and Paperboards	68.11	72.15
原油加工量(万吨)	Grude Oil processing Volume(10 000 tons)	792.72	801.85
汽　油(万吨)	Gasoline(10 000 tons)	176.31	180.78
柴　油(万吨)	Diesel Oil(10 000 tons)	251.65	240.78
燃料油(万吨)	Fuel Oil(10 000 tons)	0.00	4.40
焦　炭(万吨)	Coke(10 000 tons)	603.78	578.52
农用氮、磷、钾化学肥料(折纯)(万吨)	Nitrogen, Phosphorus, Potassium fertilizers applied in algriculture (in pure Volume) (10 000 tons)	11.12	18.50
涂　料(万吨)	Paint (10 000 tons)	14.04	11.07
化学药品原药(吨)	Chemical Raw Medicine(ton)	17732.00	12607.76
中成药(万吨)	Traditional Chinese Patent Medicine (10 000 tons)	4.92	6.44
塑料制品(万吨)	Plastic Products(10 000 tons)	81.74	117.39
水　泥(万吨)	Cement (10 000 tons)	1033.38	1031.23
砖(亿块)	Bricks(100 million cubes)	0.60	15.65
平板玻璃(万重量箱)	Plate Glass(10 000 Weight - Box)	1909.82	1911.51

3－6 续 表 Continued

项目	Item	2017	2018
生　铁(万吨)	Crude Iron(10 000 tons)	1554.59	1572.61
粗　钢(万吨)	Crude Steel(10 000 tons)	1743.91	1792.04
钢　材(万吨)	Steel (10 000 tons)	1694.61	1753.05
铝　材(万吨)	Aluminum(10 000 tons)	6.48	9.09
工业锅炉(蒸发量吨)	Industrial Boiler(tons)	4038.80	2416.90
工业机器人(套)	Industrial Robot(unit)	354.00	2114.00
汽　车(万辆)	Motor Vehicles(10 000 unit)	189.78	170.33
#轿　车(万辆)	Trucks	113.95	100.76
SUV(万辆)	Cars	64.84	56.62
民用钢质船舶(万载重吨)	Loading Capacity of Commerical Steel Ships(10 000 ton)	38.00	10.68
发电设备(万千瓦)	Generating Equipment(10 000 Kw)	97.40	153.68
电动机(万千瓦)	(10 000 Kw)	121.20	139.83
光　缆(万芯千米)	Optical Cable(10 000 tons km)	6699.57	6739.53
房间空气调节器(万台)	House Air Conditioner(10 000 units)	1746.05	1842.86
电子计算机整机(万台)	Computer(10000 units)	1279.75	1132.76
显示器(万部)	Display(10 000 units)	1347.58	1168.07
移动通信手持机(万台)	Mobile handsets(1000 units)	4179.69	1132.76
集成电路圆片(万片)	Integrated Circuit Wafer(10000 units)	23.63	29.68
光电子器件(亿只)	Optoelectronic Devices(100 million yuan)	1.32	2.00
光学仪器(万台)	Optical Instrument(10000 units)	2.38	39.25
发电量总计(亿千瓦时)	Power Generation(100 mil Kwh)	228.82	254.64
#火　电(亿千瓦时)	Thermal power Generation(100 mil Kwh)	228.82	254.64

3－7 规模以上工业企业主要经济指标(2018 年)

单位:亿元

项　　目	Item	企业单位数(个) Number of Enterprises (unit)
总　　计	**Total**	2689
一、按登记注册类型分组:	**Grouped by Ownership**	
内资企业	Domestic funded Enterprises	2362
国有企业	State－owned Units	18
集体企业	Collective－owned Units	19
股份合作企业	Share－holding Cooperative	1
联营企业	Joint－owned Economic Units	1
有限责任公司	Companies of Limited Liabilities	986
股份有限公司	Companies of Share holding with Limited Liabilitios	146
私营企业	Private－owned	1190
其他企业	Others	1
港、澳、台商投资企业	Enterprises Funded by Entrepreneurs from Hongkong,Macao & Taiwan	75
外商投资企业	Foreign Funded	252
二、在总计中:亏损企业	**of the Total:**Loss－making Enterprises	345
在总计中:国有控股企业	**of the Total:**State－holding Enterprises	261
在总计中:轻工业	Light Industry	792
重工业	Heavy Industry	1897
在总计中:大型企业	Large Enterprises	93
中型企业	Medium－Sized Enterprises	308
小型企业	Small－Sized Enterprises	2175
微型企业	Micro－Sized Enterprises	113

MAJOR ECONOMIC INDICATORS OF INDUSTRIAL ENTERPRISES ABOVE DESIGNATED SIZE (2018)

(100 million yuan)

#亏损企业 Loss - making Enterpriese	资产总计 Total Assets	流动资产合计 Total Cureut Assets	#应收账款 Account Receivables	#存　货 Inventories	#产成品 Finished Goods
345	15538.85	7832.22	2305.62	1553.77	518.84
293	12285.57	6012.54	1741.39	1236.03	402.42
4	1385.02	99.01	37.25	8.82	5.73
3	8.24	5.94	1.78	1.46	0.62
1	0.69	0.55	0.18	0.29	0.13
1	0.62	0.49	0.24	0.12	0.08
130	6613.78	3422.18	1120.97	758.87	215.35
25	3081.61	1712.02	327.02	298.16	95.08
129	1195.19	772.12	253.93	168.13	85.43
0	0.42	0.24	0.02	0.18	0.01
12	743.86	488.21	234.13	107.42	32.95
40	2509.41	1331.47	330.10	210.32	83.48
345	1456.85	677.98	177.75	125.61	56.72
43	9571.85	4112.17	807.96	832.34	233.81
79	2755.80	1728.37	421.42	532.82	178.59
266	12783.05	6103.85	1884.20	1020.96	340.25
7	9930.78	4520.19	1136.90	931.15	269.65
30	2163.96	1313.70	494.31	251.15	104.40
278	3359.43	1943.45	656.43	359.44	142.04
30	84.67	54.88	17.98	12.04	2.76

3-7 续 表 1

单位:亿元

项 目	Item	固定资产净额 Net Fixed Assets
总 计	**Total**	4043.84
一、按登记注册类型分组:	**Grouped by Ownership**	
内资企业	Domestic funded Enterprises	3204.14
国有企业	State - owned Units	1121.26
集体企业	Collective - owned Units	1.65
股份合作企业	Share Holding Cooperative	0.13
联营企业	Joint - owned Economic Units	0.09
有限责任公司	Companies of Limited Liabilities	1654.76
股份有限公司	Companies of Share - holding with Limited Liabilities	190.48
私营企业	Private - owned	235.78
其他企业	Others	0.00
港、澳、台商投资企业	Enterprises Funded by Entrepreneurs from Hongkong, Macao & Taiwan	126.84
外商投资企业	Foreign Funded	712.86
二、在总计中:亏损企业	**of the Total:** Loss - making Enterprises	415.54
在总计中:国有控股企业	**of the Total:** State - holding Enterprises	2918.24
在总计中:轻工业	Light Industry	470.80
重工业	Heavy Industry	3573.04
在总计中:大型企业	Large Enterprises	2870.57
中型企业	Medium - Sized Enterprises	490.39
小型企业	Small - Sized Enterprises	673.92
微型企业	Micro - Sized Enterprises	8.97

3－7 Continued 1

(100 million yuan)

负债合计 Total Liabilities	营业收入 Sales Income	主营业务收入 Revenues of Mojor Business	营业成本 Sales Cost	主营业务成本 Costs of Major Business	税金及附加 Business Taxes and Extras	主营业务税金及附加 Taxes of Major Business
8047.54	14304.88	13821.92	11474.52	11178.64	649.52	645.99
6200.01	10104.48	9780.76	8072.53	7910.69	550.49	547.59
844.26	1027.86	1021.86	1002.79	997.18	5.27	5.13
4.62	17.18	17.12	15.47	15.47	0.13	0.13
0.55	0.61	0.61	0.62	0.62	0.00	0.00
0.33	0.31	0.31	0.28	0.28	0.00	0.00
3735.97	5773.08	5620.56	4491.84	4361.77	526.02	524.54
977.63	1180.99	1028.13	778.04	767.35	8.31	7.28
636.40	2103.52	2091.24	1782.70	1767.23	10.76	10.51
0.25	0.93	0.93	0.78	0.78	0.00	0.00
436.48	597.90	583.15	484.72	470.50	4.99	4.97
1411.05	3602.51	3458.01	2917.28	2797.45	94.03	93.43
779.66	843.69	829.28	784.85	772.14	13.99	13.78
4618.65	7071.62	6702.14	5420.29	5228.18	595.95	593.41
1311.05	3444.17	3323.25	2312.14	2196.57	440.09	438.82
6736.49	10860.72	10498.67	9162.38	8982.06	209.43	207.16
5200.47	8491.33	8111.49	6632.26	6426.83	613.51	611.04
1183.99	2188.23	2131.09	1795.23	1745.54	15.85	15.34
1609.91	3545.21	3501.50	2975.27	2935.97	19.79	19.27
53.17	80.12	77.83	71.77	70.30	0.37	0.34

3－7 续 表 2

单位:亿元

项 目	Item	销售费用 Selling Expenses
总 计	**Total**	428.18
一、按登记注册类型分组:	**Grouped by Ownership**	
内资企业	Domestic funded Enterprises	287.19
国有企业	State－owned Units	0.87
集体企业	Collective－owned Units	0.16
股份合作企业	Share Holding Cooperative	0.00
联营企业	Joint－owned Economic Units	0.00
有限责任公司	Companies of Limited Liabilities	109.87
股份有限公司	Companies of Share holding with Limited Liabilities	102.32
私营企业	Private－owned	73.92
其他企业	Others	0.04
港、澳、台商投资企业	Enterprises Funded by Entrepreneurs from Hongkong, Macao & Taiwan	39.53
外商投资企业	Foreign Funded	101.47
二、在总计中:亏损企业	**of the Total:** Loss－making Enterprises	26.72
在总计中:国有控股企业	**of the Total:** State－holding Enterprises	151.97
在总计中:轻工业	Light Industry	208.08
重工业	Heavy Industry	220.10
在总计中:大型企业	Large Enterprises	240.45
中型企业	Medium－Sized Enterprises	71.15
小型企业	Small－Sized Enterprises	114.32
微型企业	Micro－Sized Enterprises	2.26

3－7 Continued 2

(100 million yuan)

管理费用 Management Expenses	财务费用 Financial Expenses	利息支出 Interest Expenses	利润总额 Total Profits	亏损企业亏损总额 Total Loss of Loss－making Enterprises	利税总额 Total Profits and taxes	本年应交增值税 Value－added Payable of the Gurrent Year
708.22	70.34	95.95	961.59	93.75	2126.90	515.79
522.86	65.33	77.81	586.94	67.28	1532.99	395.56
3.60	11.60	11.81	5.45	0.25	50.53	39.81
0.61	0.04	0.03	0.81	0.01	1.87	0.94
0.06	0.00	0.00	－0.07	0.07	－0.06	0.01
0.05	0.01	0.01	0.00	0.00	0.02	0.02
307.17	37.54	44.06	288.38	32.99	1052.95	238.55
125.96	4.14	13.28	166.23	29.27	228.95	54.42
85.35	12.01	8.63	126.11	4.68	198.64	61.77
0.06	0.00	0.00	0.04	0.00	0.08	0.04
29.20	0.71	7.22	47.53	0.61	68.18	15.65
156.16	4.29	10.91	327.12	25.86	525.72	104.58
79.07	2.52	8.54	－93.75	93.75	－54.79	24.97
376.82	31.42	55.89	467.82	72.99	1370.16	306.39
157.14	15.49	16.92	289.07	4.75	916.44	187.28
551.08	54.84	79.02	672.52	89.01	1210.46	328.51
389.43	38.48	62.63	580.81	42.82	1528.03	333.71
121.92	13.75	14.33	158.74	14.89	245.25	70.65
193.77	17.49	18.56	219.66	35.12	348.66	109.21
3.10	0.61	0.42	2.37	0.93	4.96	2.23

3-7 续 表 3

项 目	Item	全部从业人员年平均人数（万人）Annual Average employees（10 000 persons）
总 计	**Total**	74.67
一、按登记注册类型分组:	**Grouped by Ownership**	
内资企业	Domestic funded Enterprises	58.24
国有企业	State - owned Units	7.77
集体企业	Collective - owned Units	0.23
股份合作企业	Share Holding Cooperative	0.01
联营企业	Joint - owned Economic Units	0.02
有限责任公司	Companies of Limited Liabilities	28.24
股份有限公司	Companies of Share holding with Limited Liabilities	7.97
私营企业	Private - owned	13.98
其他企业	Others	0.01
港、澳、台商投资企业	Enterprises Funded by Entrepreneurs from Hongkong, Macao & Taiwan	4.63
外商投资企业	Foreign Funded	11.80
二、在总计中:亏损企业	**of the Total:** Loss - making Enterprises	6.65
在总计中:国有控股企业	**of the Total:** State - holding Enterprises	30.50
在总计中:轻工业	Light Industry	18.98
重工业	Heavy Industry	55.69
在总计中:大型企业	Large Enterprises	36.74
中型企业	Medium - Sized Enterprises	15.21
小型企业	Small - Sized Enterprises	22.52
微型企业	Micro - Sized Enterprises	0.21

3－7 Continued 3

总资产贡献率 (%) Ratio of Total Assets to Industrial Output Value(%)	资产负债率 (%) Ratio of Liabilities to Assets (%)	流动资产周转率 (次/年) Turnover of Current Assets (times per year)	成本费用利润率 (%) Ratio of Profits to Industrial Costs (%)	产品销售率 (%) Sales Ratio of Industrial Products (%)
14.23	51.79	1.83	7.58	96.61
13.04	50.47	1.68	6.56	97.69
4.50	60.96	10.38	0.53	99.35
23.04	56.05	2.89	4.95	95.18
-8.48	78.87	1.12	-10.94	94.26
4.56	53.01	0.63	-0.18	113.61
16.58	56.49	1.69	5.83	99.03
7.60	31.72	0.69	16.45	96.08
17.34	53.25	2.72	6.45	94.49
19.87	60.61	3.88	4.87	100.00
9.45	58.68	1.22	8.58	97.75
21.44	56.23	2.71	10.29	93.47
-2.99	53.52	1.24	-10.50	94.30
14.83	48.25	1.72	7.82	96.35
33.81	47.57	1.99	10.73	96.98
10.01	52.70	1.78	6.73	96.48
15.85	52.37	1.88	7.96	96.54
11.97	54.71	1.67	7.93	97.41
11.07	47.92	1.82	6.65	96.27
6.34	62.80	1.46	3.05	96.50

3-8 按行业分的规模以上工业企业主要经济指标(2018年)

单位:亿元

项目	Item	企业单位数(个) Number of Enterprises (unit)
总计	**Total**	2689
煤炭开采和洗选业	Coal Mining and Processing	0
石油和天然气开采业	Petroleum and Natural Gas	0
黑色金属矿采选业	Ferrous Metals Mining and Processing	1
有色金属矿采选业	Non-Ferrous Metals Mining and Processing	0
非金属矿采选业	Non-metal Minerals Mining and Processing	1
开采专业及辅助活动	Mining Auxiliary Activities	1
其他采矿业	Other Minerals Mining and Processing	2
农副食品加工业	Food Processing	130
食品制造业	Food Production	69
酒、饮料和精制茶制造业	Wine, Beverage and Refined Tea Production	26
烟草制品业	Tobacco Processing	3
纺织业	Textile Industry	57
纺织服装、服饰业	Textile, Garments and Fashion Industry	45
皮革、毛皮、羽毛及其制品和制鞋业	Leather, Furs, Down and Related Products	5
木材加工和木、竹、藤、棕、草制品业	Timber Processing, Wood, Bamboo, Cane, Palm Fiber and Straw Products	29
家具制造业	Furniture Manufacturing	17
造纸和纸制品业	Papermaking and Paper Products	41
印刷和记录媒介复制业	Printing and Record Processing	57
文教、工美、体育和娱乐用品制造业	Stationery, Education and Sports Goods	19
石油、煤炭及其他燃料加工业	Petroleum, Coal and Other Fuel Processing Industries	14
化学原料和化学制品制造业	Raw Chemical Materials and Chemical Products	118
医药制造业	Medical and Pharmaceutical Products	76
化学纤维制造业	Chemical Fiber Manufacturing	1
橡胶和塑料制品业	Rubber and Plastic Products	123
非金属矿物制品业	Nonmetal Mineral Products	252
黑色金属冶炼和压延加工业	Smelting and Pressing of Ferrous Metals	24
有色金属冶炼和压延加工业	Smelting and Pressing of Non-ferrous Metals	24
金属制品业	Metal Products	216
通用设备制造业	Ordinary Machinery Manufacturing	140
专用设备制造业	Special Purpose Equipment Manufacturing	184
汽车制造业	Automobile Manufacturing	411
铁路、船舶、航空航天和其他运输设备制造业	Railway, Watercraft, Aviation and Other Transportation Equipment Manufacturing	44
电气机械和器材制造业	Electric Equipment and Machinery	243
计算机、通信和其他电子设备制造业	Computer, Telecommunication and Other Electronic Equipment Manufacturing	160
仪器仪表制造业	Instruments and Meters Manufacturing	73
其他制造业	Other Manufacturing	7
废弃资源综合利用业	Utilization of Discard Resource and Material	17
金属制品、机械和设备修理业	Metal Products, Machinery and Repair of Equipment	12
电力、热力生产和供应业	Electric, Steam and Hot Water Production and Supply	17
燃气生产和供应业	Gas Production and Supply	14
水的生产和供应业	Tap Water Production and Supply	16

MAIN ECONOMIC INDICATORS OF ABOVE DESIGNATED SIZE INDUSTRIAL ENTERPRISES(2018)

(100 million yuan)

#亏损企业 Loss - making Enterprises	资产合计 Total Assets	流动资产合计 Total Current Assets	#应收账款 Account Receivable	#存货 Inventories	#产成品 Finished Goods
345	15538.85	7832.22	2305.62	1553.77	518.84
0	0.00	0.00	0.00	0.00	0.00
0	0.00	0.00	0.00	0.00	0.00
0	0.30	0.08	0.05	0.02	0.00
0	0.00	0.00	0.00	0.00	0.00
0	19.00	18.50	11.52	3.27	0.02
0	23.58	6.01	0.00	0.06	0.05
0	4.51	4.12	2.65	0.44	0.00
7	200.62	116.86	21.15	31.01	9.90
10	122.38	67.05	16.40	10.45	6.61
1	131.64	51.74	8.39	10.39	3.97
0	521.38	409.52	81.62	224.13	24.41
3	44.90	23.91	6.40	6.75	3.76
2	80.82	54.14	9.89	23.89	15.38
1	2.12	1.31	0.35	0.39	0.22
2	16.41	8.16	1.21	3.96	1.01
2	10.76	5.62	0.93	1.87	0.77
7	53.94	26.94	6.92	5.76	2.28
7	118.28	79.34	34.88	16.48	7.09
2	136.50	111.34	5.07	40.58	4.67
2	121.80	66.02	6.38	14.94	3.47
16	380.79	132.15	36.62	28.73	11.23
10	781.97	385.71	114.19	73.03	41.26
0	2.98	0.98	0.38	0.34	0.23
10	165.88	110.61	25.63	16.22	9.71
28	327.01	198.18	97.25	24.25	9.44
4	1883.72	639.74	65.39	122.14	34.42
5	13.31	7.87	2.63	1.94	0.77
16	401.82	277.18	83.06	59.03	24.09
17	280.55	177.35	62.93	38.41	14.00
23	457.56	326.60	99.56	97.98	37.25
78	3530.12	1891.25	346.73	214.36	100.51
8	189.48	97.12	33.38	24.06	10.09
33	852.39	581.24	263.49	120.11	65.28
28	2713.86	1658.70	775.43	296.69	66.98
15	83.93	64.93	24.44	13.53	6.34
1	16.48	10.51	1.80	6.59	0.64
3	49.55	21.55	7.84	3.90	1.83
1	30.79	23.49	7.60	4.82	0.25
3	1404.60	47.15	10.28	4.22	0.00
0	101.30	39.76	4.96	3.11	0.37
0	261.86	89.49	28.21	5.93	0.55

3-8 续 表 1

单位:亿元

项 目	Item	固定资产净额 Net Fixed Assets
总 计	**Total**	4043.84
煤炭开采和洗选业	Coal Mining and Processing	0.00
石油和天然气开采业	Petroleum and Natural Gas	0.00
黑色金属矿采选业	Ferrous Metals Mining and Processing	0.22
有色金属矿采选业	Non - Ferrous Metals Mining and Processing	0.00
非金属矿采选业	Non - metal Minerals Mining and Processing	0.28
开采专业及辅助活动	Mining Auxiliary Activities	14.91
其他采矿业	Other Minerals Mining and Processing	0.10
农副食品加工业	Food Processing	58.17
食品制造业	Food Production	34.48
酒、饮料和精制茶制造业	Wine, Beverage and Refined Tea Production	43.84
烟草制品业	Tobacco Processing	48.92
纺织业	Textile Industry	7.66
纺织服装、服饰业	Textile, Garments and Fashion Industry	14.29
皮革、毛皮、羽毛及其制品和制鞋业	Leather, Furs, Down and Related Products	0.43
木材加工和木、竹、藤、棕、草制品业	Timber Processing, Wood, Bamboo, Cane, Palm Fiber and Straw Products	6.41
家具制造业	Furniture Manufacturing	2.23
造纸和纸制品业	Papermaking and Paper Products	18.55
印刷和记录媒介复制业	Printing and Record Processing	20.27
文教、工美、体育和娱乐用品制造业	Stationery, Education and Sports Goods	21.83
石油、煤炭及其他燃料加工业	Petroleum Coal and Other Fuel Processing Industries	42.91
化学原料和化学制品制造业	Raw Chemical Materials and Chemical Products	142.83
医药制造业	Medical and Pharmaceutical Products	102.37
化学纤维制造业	Chemical Fiber Manufacturing	1.98
橡胶和塑料制品业	Rubber and Plastic Products	33.76
非金属矿物制品业	Nonmetal Mineral Products	80.73
黑色金属冶炼和压延加工业	Smelting and Pressing of Ferrous Metals	616.95
有色金属冶炼和压延加工业	Smelting and Pressing of Non - ferrous Metals	4.23
金属制品业	Metal Products	65.87
通用设备制造业	Ordinary Machinery Manufacturing	56.27
专用设备制造业	Special Purpose Equipment Manufacturing	71.11
汽车制造业	Automobile Manufacturing	549.94
铁路、船舶、航空航天和其他运输设备制造业	Railway, Watercraft, Aviation and Other Transportation Equipment Manufacturing	55.50
电气机械和器材制造业	Electric Equipment and Machinery	145.55
计算机、通信和其他电子设备制造业	Computer, Telecommunication and Other Electronic Equipment Manufacturing	452.60
仪器仪表制造业	Instruments and Meters Manufacturing	11.13
其他制造业	Other Manufacturing	0.23
废弃资源综合利用业	Utilization of Discard Resource and Material	16.71
金属制品、机械和设备修理业	Metal Products, Machinery and Repair of Equipment	2.40
电力、热力生产和供应业	Electric, Steam and Hot Water Production and Supply	1198.54
燃气生产和供应业	Gas Production and Supply	43.70
水的生产和供应业	Tap Water Production and Supply	55.99

3－8 Continued 1

(100 million yuan)

负债合计 Total Liabilities	营业收入 Sales Income	主营业务收入 Revenues of Mojor Business	营业成本 Sales Cost	主营业务成本 Costs of Major Business	税金及附加 Business Taxes and Extras	主营业务税金及附加 Taxes of Major Business
8047.54	14304.88	13821.92	11474.52	11178.64	649.52	645.99
0.00	0.00	0.00	0.00	0.00	0.00	0.00
0.00	0.00	0.00	0.00	0.00	0.00	0.00
0.13	4.54	4.54	4.27	4.27	0.07	0.07
0.00	0.00	0.00	0.00	0.00	0.00	0.00
18.65	16.30	16.30	15.94	15.94	0.11	0.11
15.67	26.72	26.69	25.96	25.95	0.04	0.04
3.64	19.85	19.83	17.42	17.42	0.32	0.31
102.81	391.37	388.02	332.54	329.58	1.63	1.56
65.54	212.56	206.80	176.59	171.08	1.03	0.95
68.07	148.53	143.32	105.14	99.83	4.38	4.28
173.66	753.01	689.56	204.74	142.94	420.40	420.40
21.43	126.81	126.55	113.75	113.64	0.78	0.78
39.83	126.37	126.20	101.96	101.86	0.75	0.74
1.04	16.49	16.49	13.30	10.10	0.03	0.03
7.59	38.69	38.54	34.82	34.75	0.50	0.44
6.21	14.19	14.01	11.73	11.72	0.09	0.08
40.76	117.92	116.75	102.49	101.53	0.60	0.60
48.99	110.18	107.94	85.69	84.39	0.56	0.53
116.10	86.41	85.98	74.88	74.65	0.52	0.52
58.00	451.56	451.54	344.20	344.19	78.67	78.67
107.76	387.59	380.24	319.25	313.44	4.15	3.91
350.27	431.51	430.23	234.25	233.07	3.95	3.72
0.88	3.37	3.37	3.13	3.11	0.01	0.01
77.64	273.56	269.82	223.58	220.10	1.16	1.16
168.96	472.01	469.46	396.68	395.62	3.16	3.13
1126.91	1261.37	1255.96	1105.67	1101.14	8.69	8.66
9.28	48.84	48.75	44.19	40.92	0.21	0.21
268.50	480.28	473.84	410.31	406.07	2.49	2.47
168.73	240.73	236.96	201.09	198.36	1.52	1.38
288.48	322.41	318.54	256.98	253.86	1.91	1.66
1452.56	3354.07	3076.68	2629.37	2515.68	91.03	90.70
99.77	192.00	190.39	162.66	161.59	1.92	1.85
511.60	1061.84	1018.27	894.52	856.30	6.44	5.72
1464.43	1722.20	1694.69	1521.67	1501.65	4.87	4.07
37.71	71.76	71.01	50.88	50.55	0.54	0.52
11.65	5.44	5.44	4.32	4.32	0.02	0.02
27.30	87.58	87.44	72.79	72.77	0.27	0.27
21.87	28.78	27.37	22.85	22.85	0.16	0.16
851.95	1086.44	1077.82	1061.50	1052.46	5.90	5.69
58.48	72.29	71.00	60.51	59.64	0.24	0.22
154.70	39.30	35.56	32.88	31.31	0.40	0.36

3－8 续 表 2

单位:亿元

项　目	Item	销售费用 Selling Expenses
总　计	**Total**	428.18
煤炭开采和洗选业	Coal Mining and Processing	0.00
石油和天然气开采业	Petroleum and Natural Gas	0.00
黑色金属矿采选业	Ferrous Metals Mining and Processing	0.05
有色金属矿采选业	Non－Ferrous Metals Mining and Processing	0.00
非金属矿采选业	Non－metal Minerals Mining and Processing	0.00
开采专业及辅助活动	Mining Auxiliary Activities	0.02
其他采矿业	Other Minerals Mining and Processing	0.63
农副食品加工业	Food Processing	13.74
食品制造业	Food Production	12.89
酒、饮料和精制茶制造业	Wine, Beverage and Refined Tea Production	18.10
烟草制品业	Tobacco Processing	10.63
纺织业	Textile Industry	2.52
纺织服装、服饰业	Textile, Garments and Fashion Industry	8.04
皮革、毛皮、羽毛及其制品和制鞋业	Leather, Furs, Down and Related Products	0.07
木材加工和木、竹、藤、棕、草制品业	Timber Processing, Wood, Bamboo, Cane, Palm Fiber and Straw Products	0.64
家具制造业	Furniture Manufacturing	0.98
造纸和纸制品业	Papermaking and Paper Products	3.28
印刷和记录媒介复制业	Printing and Record Processing	4.13
文教、工美、体育和娱乐用品制造业	Stationery, Education and Sports Goods	0.82
石油、煤炭及其他燃料加工业	Petroleum Coal and Other Fuel Processing Industries	1.21
化学原料和化学制品制造业	Raw Chemical Materials and Chemical Products	7.37
医药制造业	Medical and Pharmaceutical Products	98.39
化学纤维制造业	Chemical Fiber Manufacturing	0.16
橡胶和塑料制品业	Rubber and Plastic Products	6.87
非金属矿物制品业	Nonmetal Mineral Products	15.31
黑色金属冶炼和压延加工业	Smelting and Pressing of Ferrous Metals	9.05
有色金属冶炼和压延加工业	Smelting and Pressing of Non－ferrous Metals	0.49
金属制品业	Metal Products	17.34
通用设备制造业	Ordinary Machinery Manufacturing	7.90
专用设备制造业	Special Purpose Equipment Manufacturing	13.38
汽车制造业	Automobile Manufacturing	82.45
铁路、船舶、航空航天和其他运输设备制造业	Railway, Watercraft, Aviation and Other Transportation Equipment Manufacturing	3.75
电气机械和器材制造业	Electric Equipment and Machinery	33.59
计算机、通信和其他电子设备制造业	Computer, Telecommunication and Other Electronic Equipment Manufacturing	42.62
仪器仪表制造业	Instruments and Meters Manufacturing	5.20
其他制造业	Other Manufacturing	0.34
废弃资源综合利用业	Utilization of Discard Resource and Material	0.30
金属制品、机械和设备修理业	Metal Products, Machinery and Repair of Equipment	0.29
电力、热力生产和供应业	Electric, Steam and Hot Water Production and Supply	0.02
燃气生产和供应业	Gas Production and Supply	2.60
水的生产和供应业	Tap Water Production and Supply	3.03

3-8 Continued 2

(100 million yuan)

管理费用 Management Expenses	财务费用 Financial Expenses	利息支出 Interest Expenses	利润总额 Total Profits	亏损企业亏损总额 Total Loss of Loss-making Enterprises	利税总额 Total Profits and taxes	本年应交增值税 Value-added Payable of the Gurrent Year
708.22	70.34	95.95	961.59	93.75	2126.90	515.79
0.00	0.00	0.00	0.00	0.00	0.00	0.00
0.00	0.00	0.00	0.00	0.00	0.00	0.00
0.05	0.00	0.00	0.09	0.00	0.62	0.46
0.00	0.00	0.00	0.00	0.00	0.00	0.00
0.20	0.01	0.01	0.03	0.00	0.90	0.76
0.34	0.14	0.28	0.23	0.00	0.33	0.06
0.56	0.04	0.00	0.89	0.00	3.30	2.09
11.68	1.95	1.57	22.28	0.60	29.28	5.37
9.60	0.01	0.43	13.55	0.24	20.50	5.93
6.71	0.24	0.20	15.40	0.14	26.82	7.04
21.18	-0.94	0.32	86.15	0.00	601.89	95.34
4.02	0.86	0.75	4.87	0.09	11.39	5.74
5.02	1.04	0.63	9.80	0.10	14.14	3.58
0.18	0.04	0.04	2.87	0.01	3.83	0.93
1.08	0.62	0.33	1.12	0.01	2.27	0.65
0.71	0.10	0.08	0.48	0.11	0.92	0.35
3.78	1.54	1.25	4.96	0.07	9.43	3.88
6.87	0.56	0.54	11.79	0.24	15.90	3.54
2.97	1.12	0.87	6.16	0.02	10.02	3.35
7.51	-1.73	0.04	21.56	0.01	115.88	15.65
17.97	2.17	2.31	39.75	1.92	56.91	13.01
41.15	7.66	8.12	50.04	1.16	79.73	25.74
0.09	0.00	0.00	0.02	0.00	0.08	0.05
10.81	0.68	0.94	20.29	0.74	28.07	6.61
16.54	1.94	1.69	39.30	0.75	59.20	16.74
71.43	22.38	22.02	23.73	1.49	74.14	41.71
1.31	0.16	0.14	2.09	0.15	3.79	1.49
21.89	2.72	2.47	17.61	8.13	34.29	14.19
15.79	2.17	2.03	13.91	1.44	23.79	8.36
26.09	2.51	2.92	21.05	1.06	33.11	10.15
178.54	-5.97	8.25	375.55	47.45	576.14	109.55
9.93	1.04	1.19	12.98	1.72	20.17	5.26
63.69	4.37	4.29	65.55	2.93	99.40	27.41
130.49	3.71	13.01	44.22	21.57	79.82	30.73
8.45	0.50	0.50	8.46	0.93	12.19	3.19
0.50	0.00	0.01	0.26	0.01	0.43	0.15
1.17	0.14	0.14	7.43	0.08	8.98	1.28
2.40	0.95	0.94	2.18	0.12	2.40	0.06
3.01	13.57	13.60	5.93	0.47	54.42	42.60
1.99	0.51	0.51	7.03	0.00	8.77	1.49
2.49	3.51	3.55	1.98	0.00	3.67	1.29

3-8 续 表 3

项 目	Item	全部从业人员年平均人数（万人）Annual Average Employees (10 000 persons)
总 计	**Total**	74.67
煤炭开采和洗选业	Coal Mining and Processing	0.00
石油和天然气开采业	Petroleum and Natural Gas	0.00
黑色金属矿采选业	Ferrous Metals Mining and Processing	0.02
有色金属矿采选业	Non-Ferrous Metals Mining and Processing	0.00
非金属矿采选业	Non-metal Minerals Mining and Processing	0.05
开采专业及辅助活动	Mining Auxiliary Activities	0.03
其他采矿业	Other Minerals Mining and Processing	0.08
农副食品加工业	Food Processing	1.96
食品制造业	Food Production	1.45
酒、饮料和精制茶制造业	Wine, Beverage and Refined Tea Production	1.15
烟草制品业	Tobacco Processing	0.67
纺织业	Textile Industry	0.91
纺织服装、服饰业	Textile, Garments and Fashion Industry	1.54
皮革、毛皮、羽毛及其制品和制鞋业	Leather, Furs, Down and Related Products	0.07
木材加工和木、竹、藤、棕、草制品业	Timber Processing, Wood, Bamboo, Cane, Palm Fiber and Straw Products	0.29
家具制造业	Furniture Manufacturing	0.21
造纸和纸制品业	Papermaking and Paper Products	0.56
印刷和记录媒介复制业	Printing and Record Processing	1.01
文教、工美、体育和娱乐用品制造业	Stationery, Education and Sports Goods	0.35
石油、煤炭及其他燃料加工业	Petroleum Coal and Other Fuel Processing Industries	0.38
化学原料和化学制品制造业	Raw Chemical Materials and Chemical Products	1.39
医药制造业	Medical and Pharmaceutical Products	3.98
化学纤维制造业	Chemical Fiber Manufacturing	0.02
橡胶和塑料制品业	Rubber and Plastic Products	1.60
非金属矿物制品业	Nonmetal Mineral Products	2.68
黑色金属冶炼和压延加工业	Smelting and Pressing of Ferrous Metals	3.91
有色金属冶炼和压延加工业	Smelting and Pressing of Non-ferrous Metals	0.17
金属制品业	Metal Products	3.21
通用设备制造业	Ordinary Machinery Manufacturing	2.39
专用设备制造业	Special Purpose Equipment Manufacturing	3.21
汽车制造业	Automobile Manufacturing	13.35
铁路、船舶、航空航天和其他运输设备制造业	Railway, Watercraft, Aviation and Other Transportation Equipment Manufacturing	1.42
电气机械和器材制造业	Electric Equipment and Machinery	5.79
计算机、通信和其他电子设备制造业	Computer, Telecommunication and Other Electronic Equipment Manufacturing	10.13
仪器仪表制造业	Instruments and Meters Manufacturing	1.12
其他制造业	Other Manufacturing	0.07
废弃资源综合利用业	Utilization of Discard Resource and Material	0.24
金属制品、机械和设备修理业	Metal Products, Machinery and Repair of Equipment	0.37
电力、热力生产和供应业	Electric, Steam and Hot Water Production and Supply	7.67
燃气生产和供应业	Gas Production and Supply	0.43
水的生产和供应业	Tap Water Production and Supply	0.80

3 – 8 Continued 3

总资产贡献率 (%) Ratio of Total Assets to Industrial Output Value (%)	资产负债率 (%) Ratio of Liabilities to Assets (%)	流动资产周转率 (次/年) Turnover of Current Assets (times/year)	成本费用利润率 (%) Ratio of Profits to Industrial Costs (%)	产品销售率 (%) Sales Ratio of Industrial Products (%)
14.23	51.79	1.83	7.58	96.61
0.00	0.00	0.00	0.00	0.00
0.00	0.00	0.00	0.00	0.00
208.78	45.37	58.52	2.15	100.00
0.00	0.00	0.00	0.00	0.00
4.79	98.15	0.88	0.19	87.34
1.97	66.45	4.45	0.87	97.15
73.13	80.66	4.81	4.79	100.00
15.36	51.25	3.35	6.19	93.47
16.86	53.56	3.17	6.80	97.63
20.64	51.71	2.87	11.83	95.39
115.33	33.31	1.84	36.57	102.87
27.03	47.74	5.30	4.02	94.97
18.22	49.28	2.33	8.44	94.08
182.52	49.16	12.61	21.11	90.71
15.88	46.27	4.74	3.02	96.53
9.27	57.68	2.53	3.58	93.47
19.74	75.57	4.38	4.46	98.03
14.01	41.42	1.39	12.13	102.24
7.98	85.06	0.78	7.72	95.86
93.73	47.62	6.84	6.14	99.78
15.48	28.30	2.93	11.46	98.64
11.21	44.79	1.12	13.12	97.36
2.50	29.49	3.46	0.51	100.13
17.44	46.80	2.47	8.39	96.43
18.59	51.67	2.38	9.13	97.51
5.01	59.82	1.97	1.96	99.75
29.52	69.74	6.21	4.53	98.29
9.07	66.82	1.73	3.89	96.77
9.20	60.14	1.36	6.13	93.31
7.82	63.05	0.99	7.04	93.41
16.34	41.15	1.77	13.02	92.64
11.11	52.65	1.98	7.32	100.37
12.18	60.02	1.83	6.58	97.82
3.48	53.96	1.04	2.60	96.78
15.06	44.94	1.11	13.01	92.83
2.65	70.72	0.52	4.99	102.19
18.37	55.09	4.06	9.99	99.56
10.82	71.03	1.23	8.23	95.43
4.83	60.65	23.04	0.55	99.93
9.22	57.73	1.82	10.72	99.94
2.74	59.08	0.44	4.72	90.08

3－9 规模以上工业能源消费量(折标煤)

ENERGY CONSUMPTION OF INDUSTRIAL ENTERPRISES ABOVE DESIGNATED SIZE(COVERTED INTO SCE)

单位:万吨 (10 000 tons)

年份 Year	总计 Total	#用于转换 for Coverting into Other Type of Energy	煤炭 Coal	#洗精煤 Pure Coal	焦炭 Coke	原油 Crude	燃料油 Fuel Oil
1997	2335.92	1233.83	960.82	417.66	305.74	412.40	48.49
1998	2285.71	1175.40	962.44	415.60	307.78	333.81	35.39
1999	2189.45	1133.91	917.01	415.39	309.28	390.49	24.58
2000	2485.33	1191.40	926.39	413.95	333.58	430.29	25.16
2001	2265.24	1087.32	863.67	414.91	320.59	365.58	25.62
2002	2356.15	822.71	950.27	432.16	331.34	412.45	21.97
2003	2615.67	1522.64	1084.49	460.09	379.43	435.27	25.47
2004	3274.48	1501.02	1435.12	496.14	368.92	530.24	29.21
2005	3255.39	1330.78	1742.06	589.56	411.12	584.18	38.96
2006	3828.17	1592.27	1891.64	584.12	441.93	580.95	29.58
2007	3884.03	1654.59	1863.85	705.64	422.65	611.07	26.50
2008	3914.27	1652.12	1793.92	699.84	506.28	569.31	27.29
2009	3741.91	1719.81	1672.25	761.05	485.07	646.93	11.68
2010	4071.71	1874.52	1768.01	823.63	644.22	713.41	8.14
2011	4396.63	2010.75	1977.36	912.65	668.84	720.11	8.29
2012	4230.66	1829.82	1824.80	847.81	627.09	619.07	4.61
2013	4872.01	2256.35	1928.65	869.08	637.33	917.30	2.74
2014	5191.93	2406.52	1781.16	824.48	613.81	1127.25	2.30
2015	5105.13	2395.96	1725.62	817.89	585.67	1101.35	1.92
2016	4860.15	2223.59	1659.16	791.38	575.42	967.13	0.66
2017	5233.69	2511.64	1672.47	774.76	559.06	1133.26	0.45
2018	5289.77	2520.62	1703.79	758.41	567.91	1146.22	0.23

年份 Year	汽油 Gasoline	柴油 Kerosene	煤油 Diesel Oil	炼厂干气 Refinery Net Gas	液化石油气 Coke Gas	焦炉煤气 Coke Gas	外购热力 Heat Bought Beyond the City	电力 Electricity
1997	16.54	33.46	15.07	8.32	0.68	79.33	35.97	385.59
1998	17.12	31.27	15.67	8.64	1.52	84.18	45.33	431.03
1999	2.73	6.39	0.12	14.96	0.61	88.27	45.68	375.89
2000	5.38	6.40	0.24	11.66	0.48	90.59	49.68	403.96
2001	2.22	6.49	0.32	11.65	0.58	74.82	42.55	442.30
2002	7.61	2.77	0.25	13.58	0.12	89.68	57.42	325.54
2003	5.34	15.53	0.21	17.39	3.53	97.13	49.62	395.33
2004	4.92	9.82	0.61	22.69	2.74	90.54	53.37	710.32
2005	21.68	21.14	0.92	24.97	0.48	112.01	33.09	223.26
2006	44.24	42.21	2.27	26.36	0.45	129.05	103.87	178.24
2007	9.13	20.63	0.31	29.89	0.63	122.79	108.73	215.37
2008	8.26	14.48	0.40	28.48	0.66	140.38	100.04	221.32
2009	7.15	10.60	0.54	28.20	0.71	176.50	105.17	229.67
2010	9.86	11.32	0.68	25.01	1.16	171.15	89.07	259.98
2011	4.11	8.29	0.36	24.91	0.83	184.74	94.12	296.52
2012	4.28	9.02	0.37	21.40	0.58	170.86	88.18	375.71
2013	3.96	8.41	0.43	30.20	11.01	176.69	82.56	391.61
2014	4.10	8.64	0.45	37.86	51.95	175.18	81.58	408.59
2015	4.05	6.82	0.31	36.98	65.63	171.75	102.63	415.28
2016	4.11	6.31	0.34	33.53	45.86	157.05	90.89	434.75
2017	4.25	7.10	0.31	37.01	58.00	156.70	113.54	454.29
2018	3.64	7.78	0.17	35.93	61.89	135.66	114.81	481.08

注:规模以上工业企业能源消费量,2004 年为经济普查数据,2005 年电力折算系数由 4.04 改为 1.229。

Note:Energy Consumptions in 2004 of industrial enterprises above designated size were from National Economic Census. The power conversion factor has been adjusted from 4.04 to 1.229 since 2005.

3-10 平均每万元工业总产值能源消费量
ENERGY CONSUMPTION PER 10000 YUAN GROSS INDUSTRIAL OUTPUT VALUE

年份 Year	能源总量（吨标煤） Total Energy (TON)	煤炭（吨） Coal (ton)	焦炭（吨） Coke (ton)	原油（吨） Crude Oil (ton)	燃料油（吨） Fuel Oil (ton)	电力（千瓦时） Electricity (KWH)
1996	2.42	2.63	0.69	0.57	0.10	1631
1997	2.43	2.28	0.60	0.55	0.06	1806
1998	2.09	1.98	0.52	0.38	0.04	1486
1999	2.10	1.55	0.42	0.36	0.02	1131
2000	1.43	1.50	0.44	0.39	0.02	1205
2001	1.15	1.18	0.32	0.25	0.02	1016
2002	1.35	0.84	0.34	0.28	0.02	795
2003	0.82	1.13	0.29	0.23	0.02	733
2004	0.94	0.89	0.23	0.22	0.01	1006
2005	0.81	0.99	0.19	0.18	0.01	975
2006	0.79	0.88	0.16	0.14	0.01	515
2007	0.63	0.74	0.12	0.12	0.01	497
2008	0.45	0.58	0.12	0.09	0.004	415
2009	0.34	0.33	0.10	0.13	0.002	456
2010	0.29	0.28	0.10	0.11	0.001	405
2011	0.27	0.33	0.09	0.10	0.001	400
2012	0.23	0.26	0.07	0.07	0.001	417
2013	0.21	0.24	0.06	0.06	0.002	307
2014	0.20	0.15	0.05	0.10	0.0002	347
2015	0.18	0.18	0.05	0.06	0.001	273
2016	0.17	0.16	0.05	0.05	0.00003	269
2017	0.15	0.12	0.04	0.08	0.00003	256
2018	0.16	0.12	0.04	0.08	0.00002	272

注：从2000年开始，万元工业产值能源消费量数据调整为万元工业产值综合能源消费量。
Note: Data on energy consumption per 10000 gross industrial output value have been adjusted to comprehensive energy consumption per 10000 gross industrial output value since 2000.

3-11 全社会用电量
CONSUMPTION OF ELECTRICITY

单位:万千瓦时 (10 000 Kwh)

项目	Item	2017	2018
全社会用电总计	**Total Electricity Consumption**	519.37	580.34
A、全行业用电合计	Total Electricity Consumption of Industries	422.23	466.40
第一产业	Primary Industry	4.21	4.54
第二产业	Secondary Industry	274.28	292.27
第三产业	Tertiary Industry	143.74	169.60
B、城乡居民生活用电合计	Residential Electricity Consumption	97.13	113.93
城镇居民	In Urban Areas	84.84	99.63
乡村居民	In Rural Areas	12.29	14.30
全行业用电分类	**Classification by Sector**	422.23	466.40
一、农、林、牧、渔业	Farming, Forestry, Animal Husbandry, Fishery and Water Conservancy	4.21	4.54
二、工业	Industry	262.00	279.67
其中:1. 采矿业	Mining and Quarrying	0.35	0.40
2. 制造业	Manufacturing	215.55	226.21
3. 电力、燃气及水的生产和供应业	Electricity, Gas and Tap Water Production and Supply	46.10	53.05
三、建筑业	Construction	12.26	12.60
四、交通运输、仓储和邮政业	Transportation, Storage, Postal and Telecommunications Services	21.60	26.57
五、信息传输、软件和信息技术服务业	Information Transmission, Software and Information Technology Service	5.73	7.34
六、批发和零售业	Wholesale and Retail Trade	26.95	29.85
七、住宿和餐饮业	Hotel and Catering Services	10.06	10.98
八、金融业	Financial Intermediation	3.14	3.91
九、房地产	Real Estate	30.77	38.82
十、租赁和商务服务业	Leasing and Business Services	2.76	3.38
十一、公共服务及管理组织	Public Service and Management Organization	42.76	48.74
1. 科学研究和技术服务业	Scientific Research and Technical Services	5.39	5.67
2. 水利、环境和公共设施管理业	Water Conservancy, Environment and Public Facilities	7.29	8.82
3. 居民服务、修理和其他服务业	Resident Services, Repairs and Others	2.83	2.93
4. 教育、文化、体育和娱乐业	Education, Culture, Sports and Recreation Services	14.17	16.74
5. 卫生和社会工作	Health care and Social Work	6.32	7.16
6. 公共管理和社会组织、国际组织	Public Management, Social Organization and International Organization	6.76	7.43

主 要 统 计 指 标 解 释

工业 指从事自然资源的开采,对采掘品和农产品进行加工和再加工的物质生产部门。具体包括(1)对自然资源的开采,如采矿、晒盐、森林采伐等(但不包括禽兽捕猎和水产捕捞);(2)对农副产品的加工、再加工。如粮油加工、食品加工、轧花、缫丝、纺织、制革等;(3)对采掘品的加工、再加工,如炼铁、炼钢、化工生产、石油加工、机器制造、木材加工等,以及电力、自来水、煤气的生产和供应等;(4)对工业品的修理、翻新,如机器设备的修理、交通运输工具(包括小卧车)的修理等。1984 年以前农村的村及村以下办工业归属农业,1984 年以后划归工业。

工业统计调查单位 工业统计调查单位分为两类:独立核算法人工业企业和工业活动单位。

(1)独立核算法人工业企业指从事工业生产经营活动的单位。独立核算法人工业企业应同时具备以下条件:①依法成立,有自己的名称、组织机构和场所,能够承担民事责任;②独立拥有和使用资产,承担负债,有权与其他单位签订合同;③独立核算盈亏,并能够编制资产负债表。

(2)工业活动单位是指在一个场所从事一种或主要从事一种工业生产活动的经济单位。它包括独立核算工业企业按主营业务活动(即工业生产活动)划分的主营业务活动单位和非工业企业所属的工业生产活动单位(即原非独立核算工业生产单位)。工业活动单位,一般应同时具备以下三个条件:①具有一个场所,从事一种或主要从事一种工业活动;②单独组织工业生产经营或业务活动;③单独核算收入和支出。

国有经济工业 (即过去的全民所有制工业或国营工业)指生产资料归国家所有的一种经济类型。包括中央和地方各级国家机关、部队、科研机构、学校、人民团体和国有经济企事业单位等举办的国有经济工业。1957 年以前的公私合营和私营工业,后均改造为国营工业,1992 年改为国有工业,这部分工业的资料不单独分列时,均包括在国有工业内。

集体经济工业 指生产资料归公民集体所有的一种经济类型,是社会主义公有制经济的组成部分。包括城乡所有使用集体投资举办的企业,以及部分个人通过集资自愿放弃所有权并依法经工商行政管理机关认定为集体所有制的企业。

其他经济类型工业 指除国有经济、集体经济、城乡个体经济以外的其他经济类型工业企业(单位)。包括私营经济、联营经济、股份制经济(股份有限公司,有限责任公司);外商投资经济(中外合资经营、中外合作经营、外资企业);港、澳、台投资经济(与大陆合资经营、与大陆合作经营、港、澳、台独资企业)及其他经济类型的工业。

轻工业 指主要提供生活消费品和制作手工工具的工业。按其所使用的原料不同,可分为两大类(1)以农产品为原料的轻工业,是指直接或间接以农产品为基本原料的轻工业。主要包括食品制造、饮料制造、烟草加工、纺织、缝纫、皮革和毛皮制作、造纸以及印刷等工业;(2)以非农产品为原料的轻工业,是指以工业品为原料的轻工业。主要包括文教体育用品、化学药品制造、合成纤维制造、日用化学制品、日用玻璃制品、日用金属制品、手工工具制造、医疗器械制造、文化和办公用机械制造等工业。

重工业 是指为国民经济各部门提供物质技术基础的主要生产资料的工业。按其生产性质和产品用途,可以分为下列三类(1)采掘(伐)工业,是指对自然资源的开采,包括石油开采、煤炭开采、金属矿开采、非金属矿开采和木材采伐等工业;(2)原材料工业,指向国民经济各部门提供基本材料、动力和燃料的工业。包括金属冶炼及加工、炼焦及焦炭化学、化工原料、水泥、人造板以及电力、石油和煤炭加工等工业;(3)加工工业,是指对工业原材料进行再加工制造的工业。包括装备国民经济各部门的机械设备制造工业、金属结构、水泥制品等工业,以及为农业提供的生产资料如化肥、农药等工业。

根据上述划分原则,修理业中以重工业产品为修理作业对象的划为重工业,反之划为轻工业。

工业总产值 是以货币表现的工业企业在一定时期内生产的已出售或可供出售的工业产品总量,它反映一定时间内工业生产的总规模和总水平。它包括:在本企业内不再进行加工,经检验、包装入库(规定不需包装的产品除外)的成品价值,对外加工费收入,自制半成品、在产品期末期初差额价值。工业总产值采用“工厂法”计算,即以工业企业作为一个整体,按企业工业生产活动的最终成果来计算,企业内部不允许重复计算,不能把企业内部各个车间(分厂)生产的成果相加。但在企业之间、行业之间、地区之间存在着重复计算。

轻重工业总产值的划分也是按“工厂法”计算的,即一个工业企业在正常情况下生产的主要产品的性质属于轻工业,则该企业的全部总产值作为轻工业总产值;一个工业企业生产的主要产品的性质属于重工业,则该企业的全部总产值作为重工业总产值。

工业增加值 是指工业企业在报告期内以货币表现的工业生产活动的最终成果。

固定资产原价 指企业在建造、购置、安装、改建、扩建、技术改造某项固定资产时所支出的全部货币总额。它一般包括买价、包装费、运杂费和安装费等。

固定资产净值 是指固定资产原价减去历年已提折旧额后的净额。

流动资产 是指可以在一年或者超过一年的一个营业周期内变现或者耗用的资产,包括现金及各种存款、短期投资、应收及预付货款、存货等。

利税总额 指企业利润总额、产品销售税金及附加和应交增值税之和。

工业企业能源消费量 指工业企业在工业生产活动和非工业生产活动中消费的能源,包括工业生产活动中作为燃料、动力、原料、辅助材料使用的能源,生产工业中使用的能源,用于能源加工转换的能源,非工业生产活动中使用的能源。

Explanatory Notes On Main Statistical Indicators

Industry refers to the material production sector which is engaged in extraction of natural resources and processing and reprocessing of minerals and agricultural products, including(1) extraction of natural resources, such as mining, salt production, logging(but not including hunting and fishing); (2) processing and reprocessing of farm and sideline produces such as rice husking, flour milling, winemaking. oil pressing, cotton ginning, silk reeling, spinning and weaving, andleather making; (3) manufacture of industrial products, such as steel making, iron smelting, chemicals manufacturing, petroleum processing, machine building, timber processing water and gas production and electricity generation and supply; (4) repairing of industrial products such as the repairing of machinery and means of transport(including cars).

Prior to 1984, the rural industry run by villages and cooperative organizations under village was classified into agriculture. Since 1984, it has been grouped into industry.

Units of industrial Statistics and inquiry: They are classified into two categories(1) corporate industrial enterprises with independent accounting system(2) industrial establishments.

(1) Corporate industriat enterprises with independent accounting system refer to enterprises engaging in industrial production activities, which meet the following retluirements: 1. They are established legally, having their own names, organizations, location, able to take civil liability 2. They possess and use their assets independently, assume liabilities, and are entitled to sign contracts with other units 3. They are financially independent and compile their own balance sheets.

(2) Industrial establishnmnts refer to economic units which are located in one single place and engaged entirely or primarily in one kind of industrial activity, including financially independent industrial enterprises and units engaged in industrial activities under the non - industrial enterprises(or financially dependent). Industrial establishments generally meet the following requirements: < a > They have each one location and are engaged in one kind of industry activity < b > They operate and manage their industrial production activities separately < c > They have accounts of income and expenditures separately.

State - owned Industry refers to industrial enterprises where the means of production or income are owned by the state. Joint state - private industries and private industries which existed before 1957 have been transformed into state industries. Statistics on these enterprises have been included in the state - owned industries since 1957 when separation of data was no longer necessary.

Collective Owned industry refers to industrial enterprises where the means of production are owned collectively, including urban and rural enterprises invested by collectives and enterprises which were formerly owned privately but have been registered in industrial and commercial administration agency as collective units through raising fund from the public.

Industry of Other Types of Ownerships refers to industrial enterprises(units) of ownerships other than the state - owned economy, collective economy, individual economy. They include the enterprises of private economy, joint - owned economy, share - holding economy (companies limited by shares and companies limited with liabilities), foreign - funded economy(Sino - foreign joint ventures. Sino - foreign cooperative enterprises and foreign ventures exclusively with their own investment), economy funded by the entrepreneurs from Hong Kong, Macao and Taiwan(joint ventures and cooperative enterprises with the mainland as well as ventures exclusively with their own investment) and other types of ownership.

Light industry refers to the industry which produces consumer goods and hand tools. It consists of two categories, depending on the materials used:

(1) Industries using farm products as raw materials. These are branches of light industry which directly or indirectly use farm products as basic raw materials, including the manufacture of food and beverages, tobacco processing, textile, clothing, fur and leather manufacturing, paper making, printing, etc.

(2) Industries using non - farm products as raw materials. These are branches of light industry which use manufactured goods as raw materials, including the manufacture of cultural, educational articles and sports goods, chemicals, synthetic fiber, chemical products for daily use, glass products for daily use. metal products for daily use, hand tools, medical apparatus and instruments, and the manufacture of cultural and clerical machinery.

Heavy industry refers to the industry which produces capital goods, and provides various sectors of the national economy with necessary material and technical basis. It consists of the following three branches according to the purpose of production or the use of products:

(1) Milling, quarrying and logging industry refers to the industry that extracts natural resources, including extraction of petroleum, coal, metal and non - metal ores and logging.

(2) Raw materials industry refers to the industry that provides various sectors of the national economy with raw materials, fuels and power. It includes smelting and processing of metals, coking and coke chemistry, chemical materials and building materials such as cement, plywood, and power, petroleum refining and coal dressing.

(3) Manufacturing industry refers to the industry that processes raw materials. It includes machine – building industry which equips sectors of the national economy, industries of metal structure and cement products, industries producing means of agricultural production, such as chemical fertilizers and pesticides.

According to the above principle of classification, the repairing trades which are engaged primarity in repairing products of heavy industry are classified into heavy industry while these engaged in repairing products of light industry are classified into light industry.

Gross Industrial Output Value is the total volume of industrial products sold or available for sale in value terms which reflects the total achievements and overall scale of industrial production during a given period。 It includes the value of the finished products, which are not to be further processed in the enterprises and have been inspected, packed and put in storage, the Value of industrial services rendered to other units and the ehanges in the value of the semi finished products and products in process between the beginning and closing of the period(only the enterprises with long production cycle are required to calculate the changes). The gross industrial output value is calculated with" factory method". No double calculations are to be made within the same enterprise. However, double counting does oceur among different enterprises.

Output value of light and heavy industries are also classified with the" factory" method. Under normal conditions, if the major products of an industrial enterprise belong to light industry products, the gross output value of that enterprise is classified wholly into light industry; the same principle applies to heavy industry.

Value Added of Industry refers to the final results of industrial production of the industrial trade in money terms during the reference period.

Original Value of Fixed Assets refers to the original value of all fixed assets owned by industrial enterprises, calculated at the cost paid at the time of purchase, installation, reconstruction, expansion, and technical innovation and transformation of the said assets, which includes expenses on purchase, package, transportation, and installation, etc.

Net Value of Fixed Assets is obtained by deducting depreciation over years from the original value of fixed assets.

Working Capital(Current Assets) refers to assets which can be cashed in or spent or consumed in an operating cycle of one year or over one year, which includes cash, various deposits, short – term investment, receivable payments, advance payments, and stock, etc.

Total Value of Profit and Tax(Pre – tax Profits) refers to the sum of the total profits, products sales tax and surcharges and the value added tax payable of industrial enterprises. It is also called pretax profits.

Energy Consumptions of Industrial Enterprises Energy Consumptions of industrial enterprises in the industrial production and non – industrial production activities. Including energy utilized as fuel, power, raw materials, auxiliary materials during industrial production activities, energy for manufacturing, processing and conversion, and non – industrial production activities

四、农　　业

AGRICULTURE

资料整理人员：胡　红　陈业林　郑文毅　李　珣

STAFF FOR DATA PROCESSING:
Hu Hong　Chen Yelin　Zheng Wenyi　Li Xun

简要说明

本篇资料反映我市农业生产和农村经济的基本情况，内容主要包括乡村从业人员、耕地、农业机械拥有量、农林牧渔业产值、主要农产品产量、国营农场基本情况等方面的统计资料。

有关资料根据《农林牧渔业统计报表制度》和《农业产值统计报表制度》整理。《农林牧渔业统计报表制度》由各级统计部门根据所在地实际情况，采取抽样调查、重点调查或全面调查的办法搜集资料并层层上报；或利用同级业务部门统计资料。

2016－2017 年农林牧渔业产值数据根据第三次农业普查修订；2013－2017 年产量、面积数据根据第三次农业普查修订。

Brief Description

The data in this chapter show the basic conditions of agricultural production and rural economy, including mainly rural laborer, cultivated land, quantity of agricultural machinery, output value of farming, forestry, animal husbandry and fishery, output of major agricultural products, and basic conditions of the state－owned farms.

Data related are processed according to the comprehensive statistical reporting on farming, forestry, animal husbandry and fishery, the comprehensive statistical reporting on agricultural output value. The comprehensive statistical reporting on farming, forestry, animal husbandry and fishery is collected by statistical offices at all levels by means of sample surveys, surveys of key units or full enumeration depending on the local circumstances, or estimated by using information from other government agencies at the same level.

The gross output value of farming、forestry、animal husbandry and fishery from 2016－2017 are revised based on the third agricultural census. The output and area data from 2013－2017 are revised based on the third agricultural census.

4-1 农村基层组织、户数、人口、从业人员
RURAL GRASSROOT UNITS, HOUSEHOLDS, POPULATION, LABOR FORCES

指标名称 Index Name	2014	2015	2016	2017	2018
一、农村基层组织(个) Rural Grassroots Units(unit)					
乡政府(个) Township Governments(unit)	3	3	3	3	3
镇政府(个) Town Governments(unit)	5	3	1	1	1
办事处(个) Subdistrict Office(unit)	68	72	72	74	118
村委会(个) Villagers Committees(unit)	1957	1902	1895	1923	1893
村民小组(个) Villagers Subcommittees(unit)	17346	16948	16787	16735	16649
二、乡村从业人员(万人) Number of Rural Laborers By Sector(10 000 persons)	145.83	136.43	136.14	138.58	138.56
1. 农林牧渔业(万人) Farming, Forestry, Animal Husbandry & Fishery (10 000 persons)	49.93	42.88	42.96	43.84	42.69
2. 非农从业人员(万人) Non-agriculture Employees(10000 persons)	95.90	93.55	93.18	94.74	95.87
三、国营农林牧渔场从业人员(万人) Number of Laborers in State-owned Farms(10000 persons)	6.43	6.53	6.11	3.57	2.72
1. 农业从业人员(万人) Agricultural Laborers(10 000 persons)	2.64	2.87	2.61	1.31	0.79
2. 非农业从业人员(万人) Non-Agricultural Laborers(10 000 persons)	3.79	3.66	3.50	2.26	1.93

注:村委会含具有村级行政管理职能的村级组织。

Note: Villagers Committees include village organizations having administrative functions at village level.

4-2 农村社会基础设施
RURAL SOCIAL INFRASTRUCTURE

指标名称	Index Name	2017	2018
自来水受益村数(个)	Number of Villages with Access to Tap Water(unit)	1920	1892
占全部村民委员会比重(%)	Proportion in All Villages(%)	99.8	99.9
通有线电视村数(个)	Number of Villages with Access to Cable Television	1920	1893
占全部村民委员会比重(%)	Proportion in All Villages(%)	99.8	100
通宽带村数(个)	Number of Villages with Access to Broadband	1919	1893
占全部村民委员会比重(%)	Proportion in All Villages(%)	99.8	100

4-3 农业生产条件和农业投入
AGRICULTURAL PRODUCTION CONDITION AND CONSUMPTION

指标名称	Index Name	2017	2018
一、农田水利建设情况	**Irrigation and Water Conservancy**		
有效灌溉面积(千公顷)	Effective Irrigation Area(1 000 hectares)	151.52	159.84
旱涝保收面积(千公顷)	Flood - Free and Drought - Free Area(1 000 hectares)	114.65	119.00
机电排灌面积(千公顷)	Motor - pumped Irrigation Area(1 000 hectares)	113.97	120.42
二、主要能源及物质消耗	**Consumption of Main Energy and Materials**		
农村用电量(万千瓦小时)	Consumption of Electricity in Rural Area(10 000 kwh)	144490	142982
农用化肥施用量(折纯量,吨)	Consumption of Chemical Fertilizers(scalar quantity,ton)	119236	115844
1. 氮肥(吨)	Nitrogenous Fertilizer(ton)	43199	41716
2. 磷肥(吨)	Phosphate Fertilizer(ton)	17724	17502
3. 钾肥(吨)	Potash Fertilizer(ton)	14595	14001
4. 复合肥(吨)	Compound Fertilizer(ton)	43718	42625
农用塑料薄膜使用量(吨)	Consumption of Plastic Film for Farm Use(ton)	6060	5709
#地膜(吨)	Mulch Film(ton)	3579	3271
#地膜覆盖面积(千公顷)	Coverage Area of Mulch Film(1 000 hectares)	28.03	26.84
农用柴油(吨)	Agricultural Diesel Oil(ton)	21324	20587
农药使用量(吨)	Consumption of Pesticide(ton)	3816	3577

4-4 农业机械化情况
BASIC CONDITIONS OF FARM MECHANIZATION

指标名称	Index Name	2017	2018
农业机械总动力(万千瓦)	Total Power of Agricultural Machinery(10 000 kw)	228.71	234.37
1.柴油发动机动力	Diesel Engines	133.5	137.28
2.汽油发动机动力	Gasoline Engines	7.51	7.69
一、耕作机械	Machines for Cultivation		
大中型拖拉机(台)	Large & Medium Tractors(unit)	10479	8831
动力(万千瓦)	Power(10 000kw)	35.96	34.36
小型及手扶拖拉机(台)	Mini – tractors(unit)	20655	22448
动力(万千瓦)	Power(10 000kw)	18.1	20.63
大中型拖拉机配套农具(部)	Number of Machinery Farm Tools Matching With Large & Medium Tractors(unit)	23198	
小型拖拉机配套农具(部)	Number of Machinery Farm Tools Matching With Mini – Tractors(unit)	36664	
二、排灌机械	Irrigation Machinery		
柴油机(台)	Diesels(Unit)	16752	
动力(万千瓦)	Power(10 000kw)	15.33	
电动机(台)	Electric Motors(unit)	36480	
动力(万千瓦)	Power(10 000kw)	52.2	
农用水泵(台)	Pumps(unit)	43810	39165
喷灌机械(套)	Spray Irrigation Machine(unit)	21029	
三、收割机械	Harvest Machinery		
联合收割机(台)	Combine(unit)	1886	1979
动力(千瓦)	Power(kw)	99712	104414
机动脱粒机(台)	Motorized Thresher(unit)	14286	14544
四、植保机械	Equipment for Plant Protection		
机动喷粉(雾)器(部)	Motorized Sprayer(unit)	33679	
动力(千瓦)	Power(kw)	42397	
五、农产品加工动力机械(万千瓦)	Machinery for Processing of Farm Products(10 000 kw)	29.2	28.9
轧花机(部)	Cotton Rolling Mill(unit)	689	
榨油机(部)	Oil Press(unit)	1592	
六、推土机(台)	Bulldozer(unit)		
动力(万千瓦)	Power(10 000kw)		

4-5 历年农林牧渔业总产值

GROSS OUTPUT VALUE OF FARMING, FORESTRY, ANIMAL HUSBANDRY AND FISHERY OVER THE YEARS

单位:万元 (10 000 yuan)

年份 Year	产值 Output Value	年份 Year	产值 Output Value
1951	9930	1985	161919
1952	11134	1986	178272
1953	13934	1987	216576
1954	10565	1988	294433
1955	14089	1989	326277
1956	17254	1990	368637
1957	19424	1991	352689
1958	20250	1992	411035
1959	16722	1993	485043
1960	19239	1994	723819
1961	20144	1995	943381
1962	22901	1996	1098393
1963	29824	1997	1213162
1964	29568	1998	1176359
1965	40569	1999	1211291
1966	46023	2000	1269443
1967	44789	2001	1337788
1968	44403	2002	1412480
1969	36686	2003	1517909
1970	43815	2004	1656507
1971	50414	2005	1805957
1972	53667	2006	1912103
1973	56244	2007	2159177
1974	62128	2008	2446364
1975	59702	2009	2517873
1976	61725	2010	2810947
1977	61436	2011	3294880
1978	65218	2012	4760365
1979	87748	2013	5302657
1980	69502	2014	5594354
1981	81558	2015	6202842
1982	99678	2016	5648500
1983	94353	2017	6118426
1984	133116	2018	6197369

注:2016-2017年数据根据第三次农业普查修订。

Note: Data for 2016-2017 are revised based on the third agricultural census.

4-6 历年农林牧渔业总产值指数(上年=100)
INDICES OF GROSS OUTPUT VALUE OF FARMING, FORESTRY, ANIMAL HUSBANDRY AND FISHERY OVER THE YEARS (preceding year=100)

年份 Year	农林牧渔业总计 Total	农业 Farming	林业 Forestry	牧业 Animal Husbandry	渔业 Fishery
1951	111.4	111.9	137.9	109.6	106.2
1952	110.0	109.3	116.1	115.0	108.5
1953	113.9	114.6	111.8	113.4	105.9
1954	76.3	61.0	125.6	125.1	173.8
1955	129.2	158.1	95.2	79.3	71.5
1956	116.3	117.9	135.6	107.6	111.3
1957	109.8	106.8	103.8	129.2	111.7
1958	100.6	103.5	108.8	85.3	99.1
1959	78.2	76.9	110.3	76.0	91.0
1960	111.2	115.6	97.9	94.3	96.2
1961	89.8	91.6	83.1	95.4	61.5
1962	112.7	111.5	77.2	119.7	128.9
1963	129.9	128.2	168.7	142.7	121.7
1964	100.6	101.0	122.9	92.9	107.0
1965	130.5	134.2	118.1	121.5	97.1
1966	98.1	93.3	139.7	122.4	119.5
1967	97.3	99.4	86.6	92.2	81.9
1968	99.3	100.2	66.7	93.0	115.2
1969	79.8	75.6	101.5	95.2	109.0
1970	119.3	124.2	144.6	102.8	90.4
1971	117.5	118.9	112.9	127.4	72.7
1972	104.3	104.8	92.0	104.6	96.4
1973	104.7	105.5	121.3	95.5	115.9
1974	106.9	109.2	99.1	95.4	94.5
1975	96.1	95.2	108.2	100.7	97.1
1976	104.5	103.8	106.4	109.5	106.0
1977	98.2	98.5	94.2	93.6	111.3
1978	103.3	102.5	89.1	111.0	102.8
1979	114.8	112.9	92.6	133.2	106.0
1980	81.4	80.1	87.8	79.2	122.8
1981	110.2	109.3	122.7	116.4	101.8
1982	121.0	122.4	101.2	113.9	124.3
1983	91.0	87.9	93.4	106.6	100.5
1984	125.8	127.1	103.1	119.5	132.9

注:2016-2017年数据根据第三次农业普查修订。

Note: Data for 2016-2017 are revised based on the third agricultural census.

4-6 续 表 Continued

年份 Year	农林牧渔业总计 Total	农业 Farming	林业 Forestry	牧业 Animal Husbandry	渔业 Fishery
1985	107.5	102.0	104.4	131.2	124.9
1986	104.1	102.3	99.8	106.1	122.1
1987	106.6	103.2	105.8	114.1	122.0
1988	104.1	100.0	107.3	114.7	114.3
1989	103.8	102.4	96.7	106.3	109.8
1990	106.3	96.5	99.5	115.8	157.8
1991	94.4	88.9	104.3	104.4	100.3
1992	113.3	115.8	78.0	110.4	111.0
1993	107.9	105.8	114.6	107.1	118.2
1994	109.4	104.6	101.9	111.4	124.1
1995	112.0	109.3	122.6	110.0	123.6
1996	108.7	106.7	103.4	113.0	108.7
1997	108.4	108.7	99.1	107.0	109.9
1998	99.7	97.8	110.3	93.4	113.6
1999	106.9	106.6	118.9	107.1	107.1
2000	105.3	104.5	108.0	106.9	105.2
2001	105.6	104.6	88.7	106.1	108.1
2002	105.2	104.7	124.9	104.7	106.2
2003	106.5	103.0	139.5	108.5	103.0
2004	106.2	107.9	91.1	102.3	107.9
2005	105.5	105.8	100.8	106.3	105.0
2006	105.1	105.6	85.8	102.8	107.9
2007	104.0	102.2	99.3	106.6	106.8
2008	103.5	101.3	97.1	110.9	99.5
2009	102.9	100.8	84.9	104.9	107.1
2010	104.5	102.8	125.4	106.5	106.4
2011	104.0	102.4	160.4	105.1	104.7
2012	105.7	106.2	127.7	106.3	102.0
2013	104.5	108.5	122.9	97.6	100.6
2014	105.0	105.6	118.2	103.0	102.5
2015	104.8	105.2	111.7	101.2	105.0
2016	103.6	106.6	83.0	95.2	102.7
2017	104.8	105.2	100.6	101.6	100.6
2018	103.3	103.5	107.7	99.6	101.3

4-7 农林牧渔业总产值及构成
GROSS OUTPUT VALUE OF FARMING, FORESTRY, ANIMAL HUSBANDRY, FISHERY AND ITS COMPOSITION

年份 Year	农林牧渔业总计 Total	农业 Farming	林业 Forestry	牧业 Animal Husbandry	渔业 Fishery	农林牧渔服务业 Farming, Forestry, Animal Husbandry & Fishery Service
产值(万元) Output Value(10 000 yuan)						
1999	1211291	757552	7905	263655	182179	
2000	1269443	782006	8473	291210	187754	
2001	1337788	794920	7284	325084	210500	
2002	1412480	842941	8658	338440	222441	
2003	1517909	881895	15520	368760	233701	
2004	1656507	959760	13744	409578	260177	13248
2005	1805957	1033226	14974	458194	289117	10446
2006	1912103	1122949	13214	447692	317139	11109
2007	2159177	1212819	13738	561204	359839	11577
2008	2446364	1322469	14598	695589	401135	12573
2009	2517873	1388083	13867	647831	455231	12861
2010	2810947	1512017	19902	739386	525628	14014
2011	3294880	1746823	34861	900221	594045	18930
2012	4760365	2585872	48708	1213014	784105	128666
2013	5302657	3051002	65857	1186703	836617	162478
2014	5594354	3162714	87107	1269943	874004	200586
2015	6202842	3591590	99532	1352725	918058	240937
2016	5648500	3525000	101400	778300	942500	301300
2017	6118426	3844815	107029	732446	1033166	400969
2018	6197369	3924611	116594	668744	1032789	454631
比重(%) Composition(%)						
1999	100.0	62.5	0.7	21.8	15.0	
2000	100.0	61.6	0.7	22.9	14.8	
2001	100.0	59.4	0.5	24.3	15.8	
2002	100.0	59.7	0.6	24.0	15.7	
2003	100.0	58.1	1.0	24.3	15.4	
2004	100.0	58.0	0.8	24.7	15.7	0.8
2005	100.0	57.2	0.8	25.4	16.0	0.6
2006	100.0	58.7	0.7	23.4	16.6	0.6
2007	100.0	56.2	0.6	26.0	16.7	0.5
2008	100.0	54.1	0.6	28.4	16.4	0.5
2009	100.0	55.1	0.6	25.7	18.1	0.5
2010	100.0	53.8	0.7	26.3	18.7	0.5
2011	100.0	53.0	1.1	27.3	18.0	0.6
2012	100.0	54.3	1.0	25.5	16.5	2.7
2013	100.0	57.5	1.2	22.4	15.8	3.1
2014	100.0	56.5	1.6	22.7	15.6	3.6
2015	100.0	57.9	1.6	21.8	14.8	3.9
2016	100.0	62.4	1.8	13.8	16.7	5.3
2017	100.0	62.8	1.7	12.0	16.9	6.6
2018	100.0	63.3	1.9	10.8	16.7	7.3

注:2016-2017年数据根据第三次农业普查修订。

Note: Data for 2016-2017 are revised based on the third agricultural census.

4-8 农林牧渔业分类总产值
GROSS OUTPUT VALUE OF FFAF BY CATEGORY OF AGRICULTURAL PRODUCTS

单位:万元 (10 000 yuan)

项目	Item	按当年价格计算 At Current Prices 2017	2018
农林牧渔业产值	**Output Value of Farming, Forestry, Animal Husbandry and Fishery**	6118426	6197369
一、农业产值	Farming	3844815	3924611
1. 谷物	Cereal	277240	269500
2. 豆类	Beans	7805	9030
3. 棉花	Cotton	28602	27959
4. 油料	Oil - bearing Crops	88240	86123
5. 麻类	Fiber Crops	2	1
6. 糖料	Sugar Crops	73135	42483
7. 烟叶	Tobacco		
8. 药材	Herb Crops	2089	5746
9. 薯类	Tuber Crops	3643	5896
10. 蔬菜及食用菌(含菜用瓜)	Vegetables & Edible Fungi (Including Melons)	2509802	2595281
11. 茶、桑、果	Tea, Mulberry & Fruit	224221	243219
12. 花卉园艺	Flower and Hoticulture	601633	614636
13. 其他农作物	Other Crops	26799	24737
14. 采集野生植物	Cathering of Wild Plants		
二、林业产值	Forestry	107029	116594
三、牧业产值	Animal Husbandry	732446	668744
四、渔业产值	Fishery	1033166	1032789
五、农林牧渔服务业产值	Farming, Forestry, Aminal Husbandry and Fishery Service	400969	454631

4-9 主要农产品产量
OUTPUT OF MAJOR AGRICULTURAL PRODUCTS

项目	Item	2014	2015	2016	2017	2018
粮　食(吨)	Grains(ton)	998279	1073228	959977	947717	941423
棉　花(吨)	Cotton(ton)	32102	28314	13498	12775	11700
油　料(吨)	Oil - bearing Crops(ton)	137426	131718	131211	137123	133568
蔬　菜(吨)	Vegetables(ton)	6700148	7025218	7176243	7389953	7668384
水　果(吨)	Fruit(ton)	92107	97079	100816	112488	128486
肉猪出栏(万头)	Slaughtered Hogs (10 000 heads)	289.97	278.34	263.31	251.57	246.57
家禽出笼(万只)	Slaughtered Poultry(10 000 heads)	3835.96	3829.04	3751.97	3735.12	3820.34
禽蛋产量(吨)	Eggs(ton)	81241	89402	87546	87654	90250
牛　奶(吨)	Milk(ton)	17251	20153	15966	23251	9471
水产品(吨)	Aquatic Products(ton)			441401	436546	443141

4－10 农 作 物 播 种 面 积
SOWN AREA OF FARM CROPS

单位:千公顷　　　　(1 000 hectares)

项目	Item	2014	2015	2016	2017	2018
一、粮食作物	Sown Area of Grain Crops	153.77	161.80	156	151.36	150.79
1.夏收粮食	Summer Grain Crops	10.28	10.15	10.63	10.45	11.18
#小　麦	Wheat	10.28	10.15	10.63	10.34	10.14
大　豆	Soybean	0.00	0.00	0.00	0.00	0.22
薯　类	Tuber Crops	0.00	0.00	0.00	0.00	0.72
其他杂粮	Other Coarse Cereals	0.00	0.00	0.00	0.00	0.10
2.早　稻	Early Season Rice	143.49	32.40	28.07	18.97	18.73
3.秋收粮食	Autumn Grain Crops	115.16	119.26	116.80	121.80	120.88
稻　谷	Paddy Rice	30.26	87.90	85.49	90.59	90.49
中稻(含一季晚)	Mid－Season Rice(Including Single Rotation Late Season Rice)	51.28	53.90	62.81	69.64	69.84
双季晚稻	Double Rotation Late Rice	33.62	34.00	22.68	20.95	20.65
玉　米	Corn	17.99	21.73	20.11	20.29	18.64
大　豆	Soybean	8.43	6.74	8.95	8.70	9.79
薯　类	Tuber Crops	1.62	2.50	2.15	1.83	1.96
其他杂粮	Other Coarse Cereals	0.29	0.39	0.10	0.39	
二、棉　花	Sown Area of Cotton	37.36	24.02	14.46	14.17	12.45
三、油　料	Sown Area of Oil－bearing Crops	63.03	59.41	56.21	54.19	53.69
#油菜籽	Rape Seeds	38.91	36.69	34.24	32.73	32.41
花　生	Peanuts	13.60	13.45	13.35	13.17	13.18
芝　麻	Sesame	10.53	9.28	8.47	8.13	8.10
四、麻　类	Fiber Crops	0.03	0.00	0.00	0.00	0.00
五、糖　料	Sugar Crops	0.53	0.47	0.42	0.42	0.42
六、烟　叶	Tobacco	0.00	0.00	0.00	0.00	0.00
七、药　材	Herb Crops	0.35	0.27	0.25	0.26	0.31
八、蔬菜、瓜类	Sown Area of Vegetables & Melons	175.02	177.08	178.04	176.82	180.56
蔬　菜	Vegetables	159.66	162.35	163.06	159.48	164.18
瓜　类	Melons	15.36	14.73	14.98	17.34	16.38
九、青饲料	Green Fodder	6.47	6.97	6.91	6.69	5.79
十、绿　肥	Green Fertilizer Crops	5.78	6.15	5.53	3.52	2.86
十一、其他作物	Other Crops	1.12	1.86	1.39	0.77	2.91

4-11 农作物总产量
TOTAL OUTPUT OF FARM CROPS

单位:吨 (ton)

项目	Item	2014	2015	2016	2017	2018
一、粮食作物	Grain Crops	998279	1073228	959977	947717	941423
1. 夏收粮食	Summer Grain Crops	28984	27153	29465	29505	31460
#小　麦	Wheat	28984	27153	29465	29118	28600
大　豆	Soybean					348
薯　类	Tuber Crops					2135
其他杂粮	Other Coarse Cereals				387	377
2. 早　稻	Early Season Rice	969295	198415	141163	106983	107237
3. 秋收粮食	Autumn Grain Crops	824974	847661	789347	811075	802726
稻　谷	Paddy Rice	188595	696309	667660	689446	695860
中稻(含一季晚)	Mid-Season Rice(Including Single Rotation Late Season Rice)	420094	467073	515948	557739	563700
双季晚稻	Double Rotation Late Rice	216285	229236	151712	131707	132160
玉　米	Corn	108790	121837	99183	99469	81800
大　豆	Soybean	25939	15067	14022	14423	16532
薯　类	Tuber Crops	8928	13119	8127	7121	8534
其他杂粮	Other Coarse Cereals	664	1329	355	616	
二、棉　花	Cotton	32102	28314	13498	12775	11700
三、油　料	Oil-bearing Crops	137426	131718	131211	137123	133568
#油菜籽	Rape Seeds	84554	79803	75603	76673	75114
花　生	Peanuts	42820	43979	44460	44619	44126
芝　麻	Sesame	10053	7936	10792	15481	14328
四、麻　类	Fiber Crops	148	9	3	3	2
五、糖　料	Sugar Crops	20472	16479	16787	16787	19820
六、烟　叶	Tobacco					
七、药　材	Herb Crops	4689	2633	1895	1932	
八、蔬菜、瓜类	Vegetables & Melons	7191429	7503633	7677539	7937662	8219890
蔬　菜	Vegetables	6700148	7025218	7176243	7389953	7668384
瓜　类	Melons	491281	478415	501296	547709	551506

4-12 农作物单位面积产量
PER HECTARE OUTPUT OF FARM CROPS

单位:公斤/公顷 (kilogram/hectare)

项目	Item	2014	2015	2016	2017	2018
一、粮食作物	Grain Crops	6492	6633	6173	6261	6243
1.夏收粮食	Summer Grain Crops	2819	2676	2773	2825	2814
#小　麦	Wheat	2819	2676	2773	2815	2821
大　豆	Soybean					1582
薯　类	Tuber Crops					2965
其他杂粮	Other Coarse Cereals				3762	3770
2.早　稻	Early Season Rice	6755	6124	5029	5640	5725
3.秋收粮食	Autumn Grain Crops	7164	7108	6758	6659	6641
稻　谷	Paddy Rice	6233	7922	7810	7611	7690
中稻(含一季晚)	Mid-Season Rice(Including Single Rotation Late Season Rice)	8192	8666	8214	8009	8071
双季晚稻	Double Rotation Late Rice	6433	6742	6689	6287	6400
玉　米	Corn	6047	5608	4931	4902	4388
大　豆	Soybean	3076	2235	1567	1657	1689
薯　类	Tuber Crops	5523	5240	3774	3900	4354
其他杂粮	Other Coarse Cereals	2277	3415	3553	1561	
二、棉　花	Cotton	859	1179	933	902	940
三、油　料	Oil-bearing Crops	2180	2217	2334	2531	2488
#油菜籽	Rape Seeds	2173	2175	2208	2343	2318
花　生	Peanuts	3149	3271	3330	3389	3348
芝　麻	Sesame	955	856	1275	1903	1769
四、麻　类	Fiber Crops	4506	3116	2813	2813	3333
五、糖　料	Sugar Crops	38606	34781	40444	40444	47190
六、烟　叶	Tobacco					
七、药　材	Herb Crops	13554	9607	7710	7431	
八、蔬菜、瓜类	Vegetables & Melons	41088	42373	43123	44890	45524
蔬　菜	Vegetables	41964	43271	44009	46338	46707
瓜　类	Melons	31982	32481	33470	31578	33669

4-13 林业生产情况
STATISTICS ON FORESTRY PRODUCTION

项目	Item	2017	2018
一、荒山、荒沙造林面积(亩)	Barren Mountain(sand) Afforestation(acres)	50024	55833
二、有林地造林面积(亩)	Forest Afforestation Area(acres)	876	1215
三、更新改造面积(亩)	Reforestation Area(acres)	5242	5511
四、四旁零星植树(亩)	Scattered(Four - side) Tree planging(acres)	788.14	555.06
五、森林抚育面积(亩)	Tending Area of Forest(acres)	238259	238259
六、林木种苗	Forest Germchit		
1. 当年苗木产量(万株)	Seedling Yield of The Year(10 000 plants)	2373	2447
2. 育苗面积(亩)	Seedling Area(acres)	149486	148207
七、竹木采伐(万立方米)	Bamboo and Timber Harvesting(10 000 cubic meters)		
1. 木材	Timber	14.79	19.06
其中:村及村以下采伐	Among Them: Harvesting at Village Level and Below	3.14	8.39
2. 竹材(万根)	Bamboo Timber(10 000 plants)	36.33	37.54
其中:村及村以下采伐	Among Them: Harvesting at Village Level and Below	35.01	37.54
(1)楠竹	Nan Bamboo	5.63	10.13
(2)杂竹	Sundry Bamboo	30.7	27.41

4-14 主要林产品产量
OUTPUT OF MAIN FORESTRY PRODUCTS

单位:吨　　(ton)

项目	Item	2017	2018
油桐籽	Seeds of Tung Oil Tree		
油茶籽	Oil-tea Camellia Seed	13002	13290
乌桕籽	Chinese Sapium Seed		
五倍子	Chinese Gall		
板栗	Chinese Chestnut	2577	3375
香菇	Mushroom		
白木耳	White Fungus		
黑木耳	Black Fungus		

4-15 牧业生产情况
STATISTICS ON ANIMAL HUSBANDRY PRODUCTION

项目	Item	2017	2018
年末大牲畜存栏(头)	Year-end Large Animals In Stock(head)	75590	67779
(1)良种及改良种乳牛(头)	Cows of Fine Breed & Improved Variety(head)	5548	3503
(2)肉用牛(头)	Beef Cattle(head)	44769	63701
(3)马(头)	Horses(head)	100	
(4)驴(头)	Donkeys(head)	103	39
(5)骡(头)	Mutes(head)		
年末羊只数(只)	Year-end Sheep And Goats in Stock(head)	32577	31441
年末牲猪存栏(万头)	Year-end Hogs in stock(10 000 heads)	130.86	127.99
#能繁母猪(万头)	Female Hogs of Reproductive Ability(10 000 heads)	12.86	12.07
全年肉猪出栏(万头/吨)	Slaughtered Fattened Hogs(10 000 heads/ton)	251.57/194200	246.57/192300
全年出售和自宰肉用牛(头/吨)	Slaughtered Cattle(head/ton)	25259/3680	23307/3343
全年出售和自宰肉用羊(只/吨)	Slaughtered Sheep and Goats(head/ton)	36381/621	37080/647
全年出售和自宰家禽(万只/吨)	Slaghtered Poultry(10 000 heads/ton)	3735.12/48273	3820.34/50130
牛奶产量(吨)	Milk(ton)	23251	9471
蜂蜜产量(吨)	Honey(ton)	1266	996
禽蛋产量(吨)	Eggs(ton)	87654	90250

4－16 茶叶、水果生产情况
STATISTICS ON PRODUCTION OF TEA & FRUIT

项　　目	Item	2017	2018
茶叶产量(吨)	Output of Tea(ton)	2298	2568
#绿　　茶(吨)	Green Tea(ton)	2188	2450
青　　茶(吨)	Wulong Tea(ton)	0	
白　　茶(吨)	White Tea(ton)	70	74
其它茶(吨)	Other Tea(ton)	7	7
年末茶园面积(公顷)	Tea Plantation Area(hectare)	6676	7179
#本年采摘面积(公顷)	Picked Area This Year(hectare)	5387	5837
水果产量(吨)	Output of Fruit(ton)	112488	128486
#桃　　子(吨)	Peaches(ton)	53561	49373
苹　　果(吨)	Apples(ton)	401	313
柑　　桔(吨)	Citrus(ton)	30297	32138
梨　　子(吨)	Pears(ton)	4666	9689
葡　　萄(吨)	Grapes(ton)	20050	26863
柿　　子(吨)	Persimmons(ton)	178	1420
年末果园面积(公顷)	Year－end Orchard Area(hectare)	7747	8208
#苹果园面积(公顷)	Apples(hectare)	23	11
柑桔园面积(公顷)	Citrus(hectare)	2187	2455
梨园面积(公顷)	Pears(hectare)	307	506
葡萄园面积(公顷)	Grapes(hectare)	1291	1450
桃园面积(公顷)	Peachs(hectare)	2332	2246

4－17 渔业生产情况
STATISTICS ON FISHERY PRODUCTION

项　　目	Item	2017	2018
一、水产品产量(吨)	Total Aquatic Products(ton)	436546	443141
(一)淡水捕捞产量(吨)	Fish Caught in Fresh Water(ton)	31820	19645
1.鱼　　类(吨)	Fish(ton)	27512	14744
2.虾蟹类(吨)	Shrimps,Prawns & Crabs(ton)	4268	4862
3.贝　　类(吨)	Shellfish(ton)	40	39
4.其他类(吨)	Others(ton)		
(二)淡水养殖产量(吨)	Fish Artificially Cultured(ton)	404726	401274
1.鱼　　类(吨)	Fish(ton)	363015	355901
2.虾蟹类(吨)	Shrimps,Prawns & Crabs(ton)	39553	42897
3.贝　　类(吨)	Shellfish(ton)		
4.其他类(吨)	Others(ton)	2158	2476
(三)增值养殖产量(吨)	Artificially Cultured in Proliferation Fishery(ton)		22222
1.鱼　　类(吨)	Fish(ton)		22222
2.贝　　类(吨)	Shellfish(ton)		
3.其他类(吨)	Others(ton)		
二、淡水养殖面积(池塘养殖)(公顷)	Artificially Cultured Area in Fresh Water(Ponds)(hectares)	87300	45345
附报:1.稻田养殖面积(公顷)	Artificially Cultured in Paddy Fields(hectares)	14080	10943
2.增殖养殖面积	Artificially Cultured in Proliferation Fishery(hectares)		35893

主 要 统 计 指 标 解 释

农林牧渔业总产值　是以货币表现的农、林、牧、渔业全部产品的总量,它反映一定时期内农业生产总规模和总成果。

农、林、牧、渔业的统计范围包括国有经济的各种专业农(农、林、牧、渔)场的农业生产活动;国家各级机关、团体、学校、部队进行的农业生产活动;集体所有制的乡、镇,村办农场的农业生产活动;工矿企业经营的农、林、牧、渔业生产活动;以及农村各种经济组织和农户经营的农林牧渔业生产活动和农民家庭兼营的商品性工业生产活动等。

(1)农业包括种植业和其他农业。

种植业包括谷物、豆类、薯类、棉、油料、糖料、麻类、烟叶、蔬菜、药材、瓜类和其他农作物的种植,以及茶园、桑园、果园的生产经营。

其他农业包括采集野生植物的果实、纤维、树胶、树脂、油料以及柴草、野生药材、菌类等及农民家庭兼营的商品性工业。

(2)林业包括林木的栽培(不包括茶园、桑园和果园的栽培,管理和收获等活动),林产品的采集和村及村以下合作经济组织和农户的竹木采伐。

(3)牧业包括牲畜饲养和放牧、家禽饲养以及野生动物的捕猎和饲养。

(4)渔业包括水生动物和海藻类植物的养殖和捕捞。

农业总产值的计算方法通常是按农林牧渔业产品及其副产品的产量分别乘以各自单位产品价格求得,少数生产周期较长,当年没有产品或产品产量不易统计的,则采用间接方法匡算其产值,然后将四业产品产值相加即为农业总产值。

粮食产量　指全社会的产量。包括国有经济经营的、集体统一经营的和农民家庭经营的粮食产量,还包括工矿企业办的农场和其他生产单位的产量。粮食除包括稻谷、小麦、玉米、高粱、谷子及其他杂粮外,还包括薯类和豆类,其产量计算方法,豆类按去豆荚后的干豆计算;薯类(包括甘薯和马铃薯,不包括芋头和木薯)1963 年以前按每 4 公斤鲜薯折 1 公斤粮食计算,从 1964 年开始及以后改为按 5 公斤鲜薯折 1 公斤粮食计算。

油料产量　指全部油料作物的生产量。包括花生、油菜籽、芝麻、向日葵籽、胡麻籽(亚麻籽)和其他油料。不包括大豆,也不包括木本油料和野生油料。花生以带壳干花生计算。

水产品产量　指人工养殖的水产品和天然生长的水产品的捕捞量。包括海水的鱼类、虾蟹类、贝类和藻类以及内陆水域的鱼类、虾蟹类和贝类,不包括淡水生植物。

猪、牛、羊肉产量　指当年出栏并已屠宰后除去头蹄下水后带骨肉(即胴体重)的重量。

耕地面积　指年初可以用来种植农作物、经常进行耕锄的田地,除包括熟地、当年新开荒地、连续撂荒未满三年的耕地和当年的休闲地(轮歇地)外,还包括以种植农作物为主并附带种植桑树、茶树、果树和其他林木的土地,以及沿海、沿湖地区已围垦利用的"海涂"、"湖田"等面积。但不包括属于专业性的桑园、茶园、果园、果木苗圃、林地、芦苇地、天然或人工草地面积。

农作物播种面积　指实际播种或移植有农作物的面积。凡是实际种植有农作物的面积,不论种植在耕地上还是种植在非耕地上,均包括在农作物播种面积中。在播种季节基本结束后,因遭灾而重新改种和补种的农作物面积,也包括在内。

有效灌溉面积　指具有一定的水源,地块比较平整,灌溉工程或设备已经配套,在一般年景下当年能够进行正常灌溉的耕地面积。

农用化肥施用量　指本年内实际用于农业生产的化肥数量,包括氮肥、磷肥、钾肥和复合肥。化肥施用量要求按折纯量计算数量,折纯法化肥施用量是把氮肥、磷肥和钾肥分别按含氮、含五氧化二磷、含氧化钾的百分之一百成分折算后的数量。复合肥按其所含主要成分折算。

农业机械总动力　指主要用于农、林、牧、渔业的各种动力机械的动力总和。包括耕作机械、排灌机械、收获机械、农用运输机械、植物保护机械、牧业机械、林业机械、渔业机械和其他农业机械(内燃机按引擎马力折成瓦(特)计算,电动机按功率折成瓦(特)计算)。不包括专门用于乡、镇、村、组办工业、基本建设。非农业运输、科学试验和教学等非农业生产方面用的动力机械与作业机械。

农林牧渔业从业人员　指直接参加农林牧渔业生产劳动的从业人员。

谷物　指籽实主要供作粮食的作物。这类作物包括稻:谷、小麦、玉米、谷子、高粱和其他谷物,不包括豆类和薯类作物。

Explanatory Notes on Main Statistical Indicators

Gross Output Value of Farming, Forestry, Animal Husbandry and Fishery refers to the total volume of products of farming, forestry, animal husbandry and fishery in value terms, which reflects the total scale and total result of agricultural production during a given period of time.

The statistical coverage of farming, forestry, animal husbandry and fishery are as follows:

Specialized state farms (farming, forestry, animal husbandry, fishery), farms managed by various government agencies, organizations, schools, research institutions, and army; farms managed by rural collective organizations at levels of township, town, and village; farming, forestry, animal husbandry, fishery run by mining and industrial enterprises, various rural collective organizations and individual farmers, and some additional commodity industries of individual farmers.

(1) Farming includes cultivation of farm crops and other agricultural activities. Cultivation includes the cultivation of grain crops, beans, tubers, cotton, oil – bearing crops, sugar crops, fiber crops, tobacco, vegetables, medicinal herbs, melons and others, and cultivation and management of tea plantations, mulberry fields and orchards. Other agricultural activities include gathering fruits, fiber, gum and resin of wild plants, oil – bearing plants, grass wild medicinal herbs, fungus plants, and commodity industries of the rural house holds.

(2) Forestry refers to planting trees of various kinds (excluding tea plantations, mulberry fields and orchards), gathering of forest products, and cutting and felling of bamboo and trees by villages and other cooperative organizations under villages.

(3) Animal husbandry refers to raising and grazing of livestock, raising poultries, and hunting and raising wild animals.

(4) Fishery refers to cultivation and catching of fish and other aquatic animals and cultivation and collection of sea weed and other aquatic plants.

Gross output value of agriculture is obtained by first multiplying the output of each product or by – product by its price, resulting in the output value of each single item. For a small number of products, annual output of which is not available or difficult to get due to the long production/growing process involved, the output value is estimated through an indirect approach. The sum of output value of all products of farming, forestry, animal husbandry, and fishery is then equal to the gross output value of agricuhure.

Ouptput of Grain refers to the output in the whole country or region including grains produced by state farms, collective units, industrial enterprises and mines. Grain includes rice, wheat, corn, sorghum, millet and other miscellaneous grains as well as tubers and beans. Output of beans refers to dry beans without pods. The output of tubers (sweet potatoes and potatoes, not including taros or cassava) was converted into that of grain at the ratio 4:1, i. e. four kilograms of fresh tubers were equivalent to one kilogram of grain up to 1963. Since 1964 the ratio for conversion has been 5:1.

Output of Oil – bearing Crops refers to the total output of oil – bearing crops of various kinds, including peanuts, (dry, in shell) rape seeds, sesame, sunflower seeds, flax seeds, and other oil – bearing crops. Soybeans, oil – bearing woody plants, and wild oil – bearing crops are not included.

Output of Aquatic Products refers to catches of both artificially cultured and naturally grown aquatic products, including fish, shrimps, crabs and shellfish in sea and inland water as well as seaweed. Freshwater plants are not included.

Output of Pork, Beef, and Mutton refers to the meat of slaughtered hogs, cattle, sheep and goats with head, feet, and offal taken away.

Cultivated Area refers to farmland which is plowed constantly for growing crops, including cultivated land, newly cultivated land in the current year, farmland left without cultivation for less than three years and fallow land in the current year, rotation land, rotation land of grass and crops, farmland with some fruit trees, mulberry trees and other trees and cultivated seashore land, lake land, and etc. The land of mulberry fields, tea plantations, orchards, nurseries of young plants, forest land, reed land, natural and man – made grassland and other land are not included in cultivated land.

Sown Area of Crops refers to area of land sown or transplanted with crops regardless of being in cultivated area or non – cultivated area. Area of land resown due to natural disasters is also included.

Irrigated Area refers to areas that are effectively irrigated, i. elevel land which has water source and complete sets of irrigation facilities to lift and move adequate water for irrigation purpose under normal conditions.

Consumption of Chemical Fertilizers refers to the quantity of chemical fertilizers applied in agricuhure in the year, including nitrogenous fertilizer, phosphate fertilizer, potash fertilizer, and compound fertilizer. The consumption of chemical fertilizers is required in calculation to convert the gross weight into weight containing 100% effective component (eg. 100% nitrogen content in nitrogenous fertilizer, 100% phosphorous pentoxide content in phosphate fertilizer, 1 00% potasium oxide content in potash fertilizer). Compound fertilizer is converted with its major component.

Total Power of Farm Machinery refers to total mechanical power of machinery used in farming, forestry, animal husbandry, and fishery, including ploughing, irrigation and drainage, harvesting, transport, plant protection, stock breeding, forestry and fishery. The power of internal combustion engines is required to convert horsepower into watts and the power of electric motors is required to be converted into watts. Machinery employed for non – agricultural purposes, such as the machines used in township – run and village – run industry, construction, non—agncultural transport, scientific experiments and teaching, is excluded.

Laborers Engaged in Farming, Forestry, Animal Husbandry and Fishery refers to the total laborers who are directly engaged in production of farming, forestry, animal husbandry and fishery.

Cereals refer to seeds of various kinds of crops that are used mainly for grain. Cereals include paddy, wheat, maize, millet, Chinese sorghum, etc. , except beans or tubers.

五、固定资产投资与建筑业

INVESTMENT IN FIXED ASSETS CONSTRUCTION

资料整理人员：帅国豪　余芙蓉　胡　海　陈弥灵　琚宏飞　朱　颖　黄文婷　樊　来

STAFF FOR DATA PROCESSING:

Shuai Guohao　Yu Furong　Hu Hai　Chen Miling　Ju Hongfei　Zhu Ying　Huang Wenting　Fan Lai

简要说明

本篇资料通过对一定时期全社会建造和购置固定资产活动的数量方面的描述,反映报告期内武汉市固定资产投资的规模和速度、固定资产投资的结构和比例关系、固定资产投资的资金来源及新增固定资产以及建设项目的新增生产或效益等和有资质的总承包、专业承包建筑业企业生产经营,房地产企业开发经营的基本情况。

全社会固定资产投资统计的范围包括:500 万元以上项目投资、房地产开发投资、农村私人(农户)固定资产投资。500 万元以上项目投资统计范围包括:城乡各种登记注册类型的企业、事业、行政单位及个体户进行的计划总投资(或实际需要总投资)500 万元及以上的建设项目或固定资产购置。

固定资产投资按国民经济行业划分　建设项目归哪个行业,按其建成投产后的主要产品或主要用途及社会经济活动性质来确定。基本建设按建设项目划分国民经济行业,更新改造、国有经济单位其他固定资产投资及城镇集体投资根据整个企业、事业单位所属的行业来划分。一般情况下,一个建设项目或一个企业、事业单位只能属于一种国民经济行业。为了更准确地反映国民经济各行业之间的比例关系,联合企业(总厂)所属分厂属于不同行业的,原则上按分厂划分行业。

Brief Description

The Data in this chapter show the size and pace, structural and proportional relations, funded sources of fixed assets, newly increased fixed assets, newly increased production capacity of construction projects, or efficiency of the investment in fixed assets and production of procure construction or professind construction enterprises and status of real estate enterprises business in reposed period by describing the volume of construction and purchase of fixed assets.

The investment in fixed assets in the whole country includes the investment in capital construction projects over 500 million yuan, the investment in real estate development, the investment by individuals in rural areas. Statistics on the investment of projects over 500 million yuan cover construction projects of 5 million yuan and above which are invested by enterprises, institutions, administrative units and individuals registed in urban and rural areas.

Investment in Fixed Assets by Sector　The classification of construction projects by sector is determined by the major products of the purpose of the projects when they are put into production or use, and by the nature of their social economic activities. The investment in capital construction is classified by construction projects, while investment in innovation, other investment by state owned units and urban collective units are classified according to the sector which the whole enterprise or institution belongs to. In general, one project or one enterprise or institution can only belong to one sector. In order to reflect the proportions among various sectors more accurately, the branch factories of integrated complex are classified into different sectors according to their economic activities.

5-1 全社会固定资产投资
TOTAL INVESTMENT IN FIXED ASSETS

同比增速(%)

项目 Item	2017	2018
全社会固定资产投资 **Total Investment in Fixed Assets**	11.0	10.6
一、按登记注册类型分 Grouped by Ownership		
(一)内资企业 Domestic Funded Enterprises	10.1	11.9
国　有 State - owned Units	5.9	26.8
集　体 Collective - owned Units	-13.7	302.3
股份合作 Share - holding Cooperative	-58.9	-86.4
联　营 Joint - owned Economic Units	-62.0	-58.1
#国有联营 Joint State - owned Units	-85.3	-100.0
#集体联营 Joint Collective - owned Unit	-57.0	-56.8
有限责任公司 Companies of Limited Liabilities	8.3	4.4
#国有独资公司 Companies with State - owned Exclusive Investment	37.5	-1.2
股份有限公司 Companies of Share holding with Limited Liabilities	2.0	-9.7
私营企业 Private - owned Units	26.3	35.0
其他内资公司 Other Companies	45.1	-55.2
(二)外商投资企业 Foreign - Funded Enterprises	39.6	-5.8
中外合资经营 Sino - Foreign Joint Economic Units	37.5	-32.2
中外合作经营 Sino - Foreign Cooperative Economic Units		-100.0
外资企业 Foreign Enterprises	69.5	43.4
外商投资股份有限公司 Foreign Investment Limited Company	48.3	13.0
其他外商投资 Other Foreign Funded Enterprises	-67.4	58.3

5－1 续 表 Continued

项 目 Item	2017	2018
(三)港澳台商投资企业 Economic Units Funded from Hong Kong,Macao and Taiwan	13.2	－13.0
与港澳台商合资经营 Joint Ventures With Hong Kong, Macao and Taiwan Businessmen	66.3	－20.5
与港澳台商合作经营 Joint Operation With Hong Kong, Macan and Taiwan Businessmen	－37.6	－2.8
港澳台商独资企业 Economic Units Funded by Entrepreneurs from Hong Kong,Macao and Taiwan	1.9	－17.2
港澳台商投资股份有限公司 Share－holding Corporations Funded from HongKong, Macao and Taiwan	94.2	66.8
其他港澳台商投资 Others	－17.1	
(四)个体经营 Individual Business		76.5
二、按构成分 Grouped by Structure		
建筑安装工程 Construction Installation	－2.7	11.6
设备工器具购置 Purchase of Equipment and Instruments	55.2	3.2
其它费用 Others	58.3	10.8
三、按三次产业分 Grouped by Industry		
第一产业 Primary Industry	1.2	－35.6
第二产业 Secondary Industry	10.8	12.1
#工 业 Industry	13.6	12.1
#制造业 Manufacturing	12.2	12.3
电力、燃气及水的生产和供应业 Production and Supply of Electricity,Cas and Water	44.7	8.7
第三产业 Tertiary Industry	11.2	10.4
#交通运输、仓储、邮电通信业 Transportation,Storage,Postal and Telecommunications Services	－4.9	－5.7
信息传输、软件和信息技术服务业 Information transmission,I. T and Software Services	69.4	244.0
#电信、广播电视和卫星传输服务业 Telecommunication、Ratio and TV and Satellite Transmission Services	91.7	513.4
水利、环境和公共设施管理业 Water Conservancy,Environment and Public Facilities Management	37.4	8.4

5-2 历年全社会固定资产投资
TOTAL INVESTMENT IN FIXED ASSETS OVER THE YEARS

单位:万元 (10 000 yuan)

年份 Year	全社会固定资产投资 Total Investment in Fixed Assets	1.500万元以上项目固定资产投资 Investment of Construction Projects over 5 Million Yuan	2.房地产开发投资 Investment in Real Estate Development	3.农户(私人)投资 Investment of Farm Households in Rural Areas
1950	1170	1170		
1951	3180	3180		
1952	6741	6741		
1953	15656	15656		
1954	20901	20901		
1955	28200	28200		
1956	42740	42740		
1957	45184	45184		
1958	68222	68222		
1959	84323	84323		
1960	72920	72920		
1961	15651	15651		
1962	7034	7034		
1963	9576	9576		
1964	17283	17283		
1965	23474	23474		
1966	32646	32646		
1967	21013	21013		
1968	13381	13381		
1969	20035	20035		
1970	41436	41436		
1971	45621	45621		
1972	43245	43245		
1973	34687	34687		
1974	40909	40909		
1975	70842	70842		
1976	146559	145873		
1977	228047	227232		
1978	117384	116592		
1979	88384	87258		
1980	100751	97404		
1981	95404	89561		
1982	112112	100015		2125

5-2 续 表 Continued

年 份 Year	全社会固定资产投资 Total Investment in Fixed Assets	1.500万元以上项目固定资产投资 Investment of Construction Projects over 5 Million Yuan	2.房地产开发投资 Investment in Real Estate Development	3.农户(私人)投资 Investment of Farm Households in Rural Areas
1983	115984	107380		
1984	179294	148241		15507
1985	234020	199298		19038
1986	271164	217734		28182
1987	327384	270862		22681
1988	363111	315420		20376
1989	320134	274153		23584
1990	389728	314321	33452	28074
1991	437967	358547	34190	29446
1992	683566	577934	55821	26033
1993	1189811	897523	246322	28587
1994	2060165	1426027	570618	42665
1995	3222274	2057945	916194	92264
1996	3870259	2573798	972609	122553
1997	4081797	2555482	1065729	166680
1998	4204250	2642270	1067997	163203
1999	4312456	2853591	967130	170872
2000	4619265	3448981	1013105	104170
2001	5084427	3737461	1153357	111915
2002	5704258	4210086	1325012	76412
2003	6450642	4592141	1695468	79608
2004	8222009	5708088	2333006	95133
2005	10551808	7464910	2979919	64511
2006	13252872	9515715	3661516	75641
2007	17327895	12611534	4597498	118863
2008	22520524	16698038	5703605	118881
2009	30011045	22028211	7785946	196888
2010	37531682	27050971	10173987	306724
2011	42551621	29582102	12741746	227773
2012	50312488	34412161	15748605	151722
2013	60019555	40689272	19056000	274283
2014	70028536	46089075	23536263	403198
2015	77252645	50990998	25817857	443790
2016	70931658	45223562	25174350	533746
2017	78716603	51308716	26863358	544529

5-3 全社会住宅投资
TOTAL INVESTMENT IN RESIDENTIAL BUILDINGS

单位:万元 (10 000 yuan)

项目 Item	2014	2015	2016	2017	2018
总计 **Total**	16188031	18103094	17925880	19083755	19830839
一、500 万元以上项目固定资产投资 Investment of Construction Projects over 5 Mollion Yuan	379517	106158	369123	374189	259159
二、房地产开发投资 Investment in Real Estate Development	15605526	17779333	17267922	18403091	19571680

5-4 全社会竣工房屋建筑面积
TOTAL FLOOR SPACE OF BUILDINGS COMPLETED

单位:万平方米 (10 000 sq. m)

项目 Item	2014	2015	2016	2017	2018
总计 **Total**	2993.46	3326.92	1931.86	1465.93	650.02
一、500 万元以上项目固定资产投资 Investment of Construction Projects over 5 Million Yuan	2037.51	2319.32	840.87	345.31	191.38
二、房地产开发投资 Investment in Real Estate Development	765.42	804.58	813.17	776.30	458.63

5-5 全社会住宅竣工面积
TOTAL FLOOR SPACE OF RESIDENTIAL BUILDINGS COMPLETED

单位:万平方米 (10 000 sq. m)

项目 Item	2014	2015	2016	2017	2018
总计 Total	849.96	921.53	880.25	880.25	305.77
一、500万元以上项目固定资产投资 Investment of Construction Projects over 5 million Yuan	19.27	75.86	14.22	602.22	0.06
二、房地产开发 Investment in Real Estate Development	645.98	654.63	600.10	597.82	305.71

5-6 全社会新增固定资产
TOTAL NEWLY INCREASED FIXED ASSETS

单位:万元 (10 000 yuan)

项目 Item	2017	2018
总计 Total	26230082	17464449
一、500万元以上项目固定资产投资 Investment of Construction Projects over 5 million Yuan	22001938	15159520
二、房地产开发 Investment in Real Estate Development	4034642	2304929

5-7 固 定 资 产 投 资(不含农户)
TOTAL INVESTMENT IN FIXED ASSETS(FARMING HOUSEHOLD EXCLUSIVE)

同比增速(%)

项 目 Item	2017	2018
计划总投资 **Total Planned Investment**	26.8	21.1
自开始建设累计完成投资 **Total Investment from Started**	21.8	14.2
本年完成投资 **Total Investment Completed this Year**	11.0	10.6
按建设性质分 **Grouped by Type of consturction**		
#新 建 New construction	-4.5	26.2
扩 建 Expansion	12.1	-32.5
改建和技术改造 Reconsturcion and Technological Transformation	147.9	34.3

5-8 500万元以上项目投资效率
EFFICIENCY OF INVESTMENT OF PROJECTS OVER 5 MILLION YUAN

项目 Item	2017	2018
一、建设项目投产率(%) Rate of Projects Completed and Put into Use(%)	**69.4**	**42.9**
全部投产项目(个) Number of Projects Fully Completed and Put into Use(unit)	2410	1163
施工项目(个) Number of Projects under Construction(unit)	3472	2709
二、房屋建筑面积竣工率(%) Rate of Floor Space of Buildings Completed(%)	**16.7**	**18.0**
房屋竣工面积(万平方米) Floor Space of Buildings Completed(10 000 sq. m)	345.31	191.38
房屋施工面积(万平方米) Floor Space of Buildings Under Construction(10 000 sq. m)	2069.17	1061.56
#住宅建筑面积竣工率(%) Rate of Floor Space of Residential Buildings Completed(%)	4.1	0.1
住宅竣工面积(万平方米) Floor Space of Residential Buildings Completed(10 000 sq. m)	4.40	0.06
住宅施工面积(万平方米) Floor Space of Residential Buildings Under Construction(10 000 sq. m)	107.01	48.26

5-9 500万元以上项目分行业投资
INVESTMENT OF PROJECTS OVER 5 MILLION YUAN BY SECTOR

同比增速(%)

项目 Item	2017	2018
总计 Total	**13.5**	**15.8**
农、林、牧、渔业 Agriculture, Forestry, Animal Husbandry and Fishery	-3.7	-34.0
采矿业 Mining	142.1	1351.9
制造业 Manufacturing	12.2	12.3
电力、燃气及水的生产和供应业 Production and Supply of Electricity, Gas and Water	44.7	8.7
建筑业 Construction	-29.8	16.7
批发和零售业 Wholesale and Retail Trade	8.5	63.1
交通运输、仓储及邮政业 Transportation, Storage and Post	-4.9	-5.7
住宿和餐饮业 Hotel and Catering services	26.3	76.2
信息传输、计算机服务和软件业 Information Transmission, Computer and Software Services	69.4	244.0
金融业 Financial Intermediation	199.9	109.2
房地产业 Real Estate	9.4	52.6
租赁和商务服务业 Leasing and Business Services	12.8	21.0
科学研究、技术服务和地质勘查业 Scientific Research, Technical Services and Geological Prospecting	-25.5	47.4
水利、环境和公共设施管理业 Water Conservancy, Environment and Pulic Facilities Management	37.4	8.4
居民服务和其他服务业 Service to Households and other Services	-80.3	-93.4
教育 Education	-16.5	128.0
卫生和社会工作 Health and Social Work	27.4	74.5
文化、体育和娱乐业 Culture, Sports and Entertainment	28.6	176.0
公共管理、社会保障和社会组织 Public management, Social Security and Social Organization	124.8	-2.4
国际组织 International Organizations		

5－10　500万元以上项目制造业投资
INVESTMENT OF MANUFACTURING IN PROJECTS OVER 5 MILLION YUAN

同比增速(%)

项　　目 Item	2017	2018
制　造　业 Manafacturing	**12.2**	**12.3**
农副食品加工业 Processing of Food from Agricultural Products	-22.6	0.9
食品制造业 Food Production	-28.9	34.1
酒、饮料和精制茶制造业 Liquor, Beverage and Refined Tea Production	206.6	-56.1
烟草制品业 Tobacco Processing	3201.4	-80.2
纺织业 Textile Industry	111.0	2.7
纺织服装、服饰业 Textile, Garments and Fashion Industry	-24.7	94.5
皮革、毛皮、羽毛及其制品和制鞋业 Leather, Furs, Feather and Related Products	85.5	-95.5
木材加工和木、竹、藤、棕、草制品业 Timber Processing, Wood, Bamboo, Cane, Palm Fiber and Straw Products	5.1	-72.5
家具制造业 Furniture Manufacturing	-40.8	-65.2
造纸和纸制品业 Papermaking and Paper Products	36.8	-47.9
印刷和记录媒介复制业 Printing and Reproduction of Recording Media	105.6	37.1
文教、工美、体育和娱乐用品制造业 Manufacture of Articles for Culture, Education, Arts and Crafts Sport and Entertainment Activities	75.8	216.5
石油加工、炼焦和核燃料加工业 Petroleum Processing, Coking Products and Nuclear Fuel Processing	-4.6	15.6
化学原料和化学制品制造业 Raw Chemical Materials and Chemical Products	69.1	22.5
医药制造业 Medical and Pharmaceutical Products	25.2	-7.5

5-10 续 表 Continued

项　　目 Item	2017	2018
化学纤维制造业 Chemical Fiber Manufacturing	24.6	-100.0
橡胶和塑料制品业 Rubber and Plastic Products	-13.1	-14.1
非金属矿物制品业 Non-metallic Mineral Products	-5.7	75.2
黑色金属冶炼和压延加工业 Smelting and Pressing of Ferrous Metals	-33.0	-6.8
有色金属冶炼和压延加工业 Smelting and Pressing of Non-ferrous Metals	146.7	-67.9
金属制品业 Metal Products	31.7	25.4
通用设备制造业 General Purpose Machinery Manufacturing	-18.1	-43.4
专用设备制造业 Special Purpose Equipment Manufacturing	-20.7	156.9
汽车制造业 Automobile Manufacturing	5.6	-11.3
铁路、船舶、航空航天和其他运输设备制造业 Railway, Watercraft, Aviation and Other Transportation Equipment Manufacturing	226.5	53.5
电气机械和器材制造业 Electric Equipment and Machinery manufacturing	22.3	20.6
计算机、通信和其他电子设备制造业 Computer, Telecommunication and Other Electronic Equipment Manufacturing	26.6	41.7
仪器仪表制造业 Manufacture of Measuring Instruments and Machinery	49.7	-63.0
其他制造业 Other Manufacturing	28.8	-69.3
废弃资源综合利用业 Utilization of Discard Resource and Material	16.7	72.7
金属制品、机械和设备修理业 Metal Products, Machinery and Repair of Equipment	-57.3	

5－11　500万元以上项目投资资金来源情况
SOURCE OF INVESTMENT FUNDS OF PROJECTS OVER 5 MILLION YUAN

项　　目	Item	2017	2018
一、本年资金来源合计(万元)	**Total Sources of Funds this year**	**48074183**	**38098462**
1. 上年末结余资金	Residual Funds last year	1690815	5181721
2. 本年资金来源小计	Subtotal Sources of Funds this year	46383368	32916741
(1)国家预算内资金	State Budgetary Funds	4985765	4192812
(2)国内贷款	Domestic Loans	5837292	4720318
(3)债券	Bonds	1735	11498
(4)利用外资	Foreign Investment	56056	86928
(5)自筹资金	Self－raising Funds	30642114	21382208
(6)其他资金来源	Others	4860406	2522977
二、各项应付款合计(万元)	**All Account Payable this year**	**3530929**	**3294496**
其中:工程款	Funds of Projects	1541447	1557474

5－12 房地产开发投资
INVESTMENT IN REAL ESTATE DEVELOPMENT

单位:万元 (10 000 yuan)

项目	Item	2017	2018
房地产开发投资完成额	**Total Investment**	**26863358**	**27800098**
一、按企业登记注册类型分	**Grouped by Type of Company Registration**		
(一)内资	Domestic－funded Enterprises	25368025	26314528
国有	State－owned	109688	178312
集体	Collective－owned	8810	
联营	Joint－owned Companies	0	
有限责任公司	Companies of Limited Liabilities	17440518	16257616
股份有限公司	Companies of Share－holding With Limited Liabilities	1835116	700026
私营企业	Private－owned Enterprises	5966548	9178574
其他内资	Other Type of Enterprises	7345	
(二)港、澳、台商投资	Enterprises Funded by Enterpreneurs from Hongkong, Macao & Taiwan	1078646	867670
(三)外商投资	Foreign－funded Enterprises	416687	617900
二、按构成分	**Grouped by Structure**		
建筑工程	Construction	13759868	13018749
安装工程	Installation	2465271	3034559
设备工器具购置	Purchase of Equipment and Instruments	476171	349236
其他费用	Others	10162048	11397554
其中:土地购置费	Purchase of Land	8056336	9409746
三、按工程用途分	**Grouped by Use**		
住　宅	Residential Buildings	18403091	19571680
其中:别墅、高档公寓	Villas, High－Grade Flats	368039	599463
办公楼	Office Buildings	2545234	2201957
商业营业用房	Houses for Business Use	2889031	3493211
其他	Others	3026002	2533250

5-13 房地产开发投资效率
EFFICIENCY OF INVESTMENT IN REAL ESTATE DEVELOPMENT

项目	Item	2017	2018
一、固定资产交付使用率(%)	**Rate of Projects of Fixed Assets Completed and Put into Use (%)**	**15.0**	**8.3**
本年新增固定资产(万元)	Newly Increased Fixed Assets(10 000 yuan)	4034642	2304929
二、房屋建筑面积竣工率(%)	**Rate of Floor Space of Buildings Completed(%)**	**6.5**	**3.9**
房屋竣工面积(平方米)	Floor Space of Buildings Completed(sq. m)	7762977	4586349
房屋施工面积(平方米)	Floor Space of Buildings under Construction(sq. m)	119129752	117597932
#住宅建筑面积竣工率(%)	Rate of Floor Space of Residential Buildings Completed(%)	7.1	3.7
住宅竣工面积(平方米)	Floor Space of Residential Buildings Completed(sq. m)	5978214	3057099
住宅施工面积(平方米)	Floor Space of Residential Buildings under Construction(sq. m)	84198495	82639413
待开发土地面积(平方米)	Land Space Undeveloped(sq. m)	4211669	5137158
本年购置土地面积(平方米)	Land Space Purchased This Year(sq. m)	1048042	770524
本年土地成交价款(万元)	Land Transaction Value This Year(10000 yuan)	2557735	827856
三、建设周期(年)	**Cycle of Construction(year)**	**5.8**	**6.5**
计划总投资(万元)	Total Planned Investment(10 000 yuan)	155531509	180611092

5－14 房屋施工面积和房屋竣工价值(2018 年)
FLOOR SPACE OF BUILDINGS UNDER CONSTRUCTION AND VALUE OF BUILDINGS COMPLETED(2018)

项　目 Item	房屋施工面积合计(平方米) Total Floor Space of Buildings under Construction(sq. m)	本年新开工面积(平方米) Starting this year(sq. m)	房屋竣工面积(平方米) Floor Space of Buildings Completed(sq. m)	房屋竣工价值(万元) Value of Buildings Completed(10 000 yuan)
合　计 Total	**117597932**	**31069246**	**4586349**	**2176583**
1. 住宅 Residential Buildings	82639413	22348441	3057099	1441787
#别墅高档公寓 Villas, High－Grade Flats	2207857	658748	20240	2400
2. 办公楼 Office Buildings	9060768	2047230	413279	346985
3. 商业营业用房 Houses for Business Use	10431154	2352037	431391	180247
4. 其　他 Others	15466597	4321538	684580	207564

5－15 商品房销售、出租与待售情况(2018 年)
SELLING AND UNSOLD OF COMMERCIAL HOUSES(2018)

项　目 Item	商品房销售额(万元) Sales Value of Commercial Houses(10 000 yuan)			待售面积(平方米) Unsold Floor Space(sq. m)	
	合　计 Total	现房销售 Sales of Present Houses	期房销售 Advance Booking	合　计 Total	1－3 年 1－3 year
合　计 Total	**47805003**	**3239017**	**44565986**	**2748035**	**1880677**
住　宅 Residential Buildings	40948372	1957090	38991282	1262316	1025589
#别墅、高档公寓 Aillas, High－Grade Flats	618859	54929	563930	137169	74484
办公楼 Office Buildings	3188252	835554	2352698	460607	236902
商业营业用房 Houses for Business Use	2842786	275686	2567100	635629	323838
其　他 Others	825593	170687	654906	389483	294348

5－16　按资质等级分房地产开发投资情况(2018 年)
BASIC STATUS OF INVESTMENT IN REAL ESTATE DEVELOPMENT GROUPED BY ENTERPRISE GRADE(2018)

项　　目 Item	总　　计 Total	一　级 First Grade	二　级 Secondary Grade	三　级 Third Grade
计划总投资(万元) **Total Planned Investment** (10 000 **yuan**)	**180611092**	**12918428**	**29969851**	**10417903**
自开始建设累计完成投资(万元) Total Investment Complted this year (10 000 yuan)	121321853	9785712	25512551	9258856
本年完成投资(万元) **Investment Completed in this Year** (10 000 **yuan**)	**27800098**	**1861255**	**3003961**	**1200625**
按构成分: Grouped by Construction				
建筑工程(万元) Construction(10 000 yuan)	13018749	884644	1695721	769474
安装工程(万元) Installation(10 000 yuan)	3034559	205873	760867	166848
设备工器具购置(万元) Purchase of Equipment and Instruments(10 000 yuan)	349236	4243	75150	48371
其他费用(万元) Others(10 000 yuan)	11397554	766495	472223	215932
其中:旧建筑物购置费(万元) Purchase of Old Construction(10 000 yuan)	123468	9668	10145	3628
土地购置费(万元) Purchase of Land(10 000 yuan)	9409746	452854	290284	
按工程用途分: Grouped by Use of Project				
住　宅(万元) Residential Buildings(10 000 yuan)	19571680	1499804	1999836	717740
其中:90 平方米及以下住房(万元) Residential Building Below 90 m^2(10 000 yuan)	3446433	228714	549541	169613
别墅、高档公寓(万元) Villas, High－Grade Flats(10 000 yuan)	599463	192350	76062	18384

5－16 续 表 1 Continued 1

项　　目 Item	总　　计 Total	一　级 First Grade	二　级 Secondary Grade	三　级 Third Grade
办公楼(万元) Office Buildings(10 000 yuan)	2201957	117069	447861	100811
商业营业用房(万元) Houses for Business Use(10 000 yuan)	3493211	95673	353111	140095
其　　他(万元) Other(10 000 yuan)	2533250	148709	203153	241979
本年新增固定资产(万元) New Increased Fixed Assets in this year(10 000 yuan)	2304929	450167	421724	106828
待开发土地面积(平方米) Land Space Undeveloped(sq. m)	6377128	325750	424953	1144978
本年土地购置面积(平方米) Land Space Purchased this year(sq. m)	870387	188448	0	0
房屋施工面积(平方米) **Floor Space of Building Under Construction(sq. m)**	**117597932**	**8225057**	**20644051**	**9652108**
住宅(平方米) Residential Space Under Construction(sq. m)	82639413	5735752	14277607	7125098
其中:90 平方米及以下住房(平方米) Residential Space Below 90 m^2 Under Construction(sq. m)	22870964	2316198	4087991	2784045
其中:别墅、高档公寓(平方米) Floor Space of Villas, High－Grade Flats Under Construction(sq. m)	2207857	272342	312868	457781
办公楼(平方米) Floor Space of Office Buildings under Construction(sq. m)	9060768	728206	2220582	587282
商业营业用房(平方米) Floor Space of Houses for Business Use under Construction(sq. m)	10431154	826744	1678217	738332
其他(平方米) Floor Space of other Building under Construction(sq. m)	15466597	934355	2467645	1201396

5-16 续 表 2 Continued 2

项 目 Item	总 计 Total	一 级 First Grade	二 级 Secondary Grade	三 级 Third Grade
本年新开工面积(平方米) New space started this year(sq. m)	**31069246**	**1373330**	**3010682**	**1365421**
住宅(平方米) New Residential Space Started this year(sq. m)	22348441	942833	2556754	1000468
其中:90 平方米及以下住房(平方米) New Resdidential Space Below 90m^2 Started this year(sq. m)	2775563	370380	345073	271723
其中:别墅、高档公寓(平方米) New Villas, High Grade Flats Space Started(sq. m)	658748	0	43035	52755
办公楼(平方米) New Office Buildings Space Started this year(sq. m)	2047230	98000	74778	115462
商业营业用房(平方米) New Space of House for Business Use Started this year(sq. m)	2352037	140989	78523	51614
其他(平方米) New Space of Other Building Started this year(sq. m)	4321538	191508	300627	197877
房屋竣工面积(平方米) Floor Space of Completed Building(sq. m)	**4586349**	**759784**	**929167**	**261934**
住宅(平方米) Floor Space of Residential Completed(sq. m)	3057099	567629	690561	234772
其中:90 平方米及以下住房(平方米) Floor Space of Residential Buildings Below 90m^2 Completed(sq. m)	919967	314869	199788	34626
其中:别墅、高档公寓(平方米) Floor Space of Villas, High Grade Flats Completed(sq. m)	20240	0	0	20240
办公楼(平方米) Floor Space of Office Buildings Completed(sq. m)	413279	74686	50179	0
商业营业用房(平方米) Floor Space of House for Business Use Completed(sq. m)	431391	47975	30166	400
其他(平方米) Floor Space of Other Building Completed(sq. m)	684580	69494	158261	26762

5-16 续 表 3 Continued 3

项 目 Item	总 计 Total	一 级 First	二 级 Secondary Grade	三 级 Third Grade
商品房销售额(万元) **Sales Value of Commercial Houses**(10 000 **yuan**)	**47805003**	**3044213**	**8121874**	**2164182**
住宅(万元) Sales Value of Residential Buildings(10 000 yuan)	40948372	2841938	6644800	1775593
其中:90 平方米及以下住房(万元) Sales Value of Residential Buildings Below 90m^2(10 000 yuan)	4538564	539729	806424	270568
其中:别墅、高档公寓(万元) Sales Value of Villas, High Grade Flats(10 000 yuan)	618859	0	120988	73339
办公楼(万元) Sales Value of Office Building(10 000 yuan)	3188252	100633	738509	139448
商业营业用房(万元) Sales Value of Houses for Commercial or Business Use(10 000 yuan)	2842786	86983	358899	105098
其他(万元) Sales Value of Other Buildings(10 000 yuan)	825593	14659	379666	144043
现房销售额(万元) **Sales Value of Present Buildings**(10 000 **yuan**)	**3239017**	**529357**	**1389613**	**246813**
住宅(万元) Sales Value of Present residential Buildings(10 000 yuan)	1957090	447720	796339	75846
其中:90 平方米及以下住房(万元) Sales Value of Present Residential Buildings Below 90m^2(10 000 yuan)	854848	124694	299131	2738
其中:别墅、高档公寓(万元) Sales Value of Present Villas, High Grade Flats(10 000 yuan)	54929	0	9300	41041
办公楼(万元) Sales Value of Present Office Buildings(10 000 yuan)	835554	58006	511360	65515
商业营业用房(万元) Sales Value of Present Houses for Commercial or Business Use(10 000 yuan)	275686	8972	33542	16574
其他(万元) Sales Value of other Present Houses(10 000 yuan)	170687	14659	48372	88878

5-16 续 表 4 Continued 4

项目 Item	总计 Total	一级 First	二级 Secondary Grade	三级 Third Grade
期房销售额(万元) **Sales Value of Future Buildings(10 000 yuan)**	**44565986**	**2514856**	**6732261**	**1917369**
住宅(万元) Sales Value of Future Residential Houses(10 000 yuan)	38991282	2394218	5848461	1699747
其中:90 平方米及以下住房(万元) Sales Value of Future Residential Houses Below $90m^2$(10 000 yuan)	3683716	415035	507293	267830
其中:别墅、高档公寓(万元) Sales Value of Future Villas, High Grade Flats(10 000 yuan)	563930	0	111688	32298
办公楼(万元) Sales Value of Future Office Buildings(10 000 yuan)	2352698	42627	227149	73933
商业营业用房(万元) Sales Value of Future Fouses for Commercial or Business Use(10 000 yuan)	2567100	78011	325357	88524
其他(万元) Sales Value of other Future Houses(10 000 yuan)	654906	0	331294	55165
待售面积(平方米) **Unsold Floor Space(sq. m)**	**2748035**	**293188**	**816397**	**340102**
住宅(平方米) Unsold Floor Space of Residential Buildings(sq. m)	1262316	165575	319506	122920
其中:90 平方米及以下住房(平方米) Unsold Floor Space of Residential Buildings Below $90m^2$(sq. m)	609961	158721	149237	43692
其中:别墅、高档公寓(平方米) Unsold Floor Space of Villas, High Grade Flats(sq. m)	137169	0	41904	1818
办公楼(平方米) Unsold Floor Space of Office Buildings(sq. m)	460607	59049	61064	67470
商业营业用房(平方米) Unsold Floor Space of Houses for Commercial or Business Use(sq. m)	635629	61934	257693	91208
其他(平方米) Unsold Floor Space of other Houses(sq. m)	389483	6630	178134	58504

5－17　房地产开发资金来源情况
SOURCES OF FUNDS OF REAL ESTATE DEVELOPMENT

单位:万元　　(10 000 yuan)

项　目	Item	2017	2018
一、本年实际到位资金合计	**The Actual Funds in Place This Year**	**52967696**	**61288662**
1、上年末结余资金	Residual Funds last year	11957470	14321919
2、本年实际到位资金小计	The Actual Funds in Subtotal this Year	41010226	46966743
(1)国内贷款	Domestic Loans	6975783	8836035
其中:银行贷款	Loans of Bank	5675359	5465715
(2)利用外资	Foreign Investment	11024	
(3)自筹资金	Self－raising Funds	13861497	14353943
(4)其他资金来源	Other Resoureces of Funds	20161922	23776765
二、本年各项应付款合计	**All Account Payable this year**	**7764728**	**7818656**
其中:工程款	Funds of Projects	3113005	3697836

5－18 建筑业(总承包和专业承包)企业生产情况(2018 年)

单位:千元

项 目 Item	企业个数 Number of Enterprises 建筑企业个数(个) Number of Construction Enterprises (unit)	建筑业合同情况 About Contracts 签订合同额 Value of Signed Contracts
总 计 **Total**	**1548**	**2380144311**
其中:国有及国有控股企业 of the Total:State－holding Enterprises	127	1731374943
一、按登记注册类型分组 **Grouped by Ownership**		
(一)内资企业 Domestic funded Enterprises	1544	2379803731
国有企业 State－owned Units	24	20220375
集体企业 Collective－owned Units	11	1448283
股份合作企业 Share－holding Cooperative		
联营企业 Joint－owned Ewnomic units	2	227537
有限责任公司 Companies of Limited Liabilities	475	1854504207
股份有限公司 Companies of Share－holding with Limited Liabilities	34	64463185
私营企业 Private－owned	998	438940144
其他企业 Others		
(二)港澳台商投资企业 Enterprises Funded by Entrepreneurs from Hongkong,Macao & Taiwan	3	324368
(三)外商投资企业 Foreign Funded	1	16212
二、按国民经济行业分组 **Grouped by Sector**		
房屋建筑业 Construction of Buildings	646	1297539107
土木工程建筑业 Givil Engineering Construction	252	980505945
建筑安装业 Construction Installation	306	63673274
建筑装饰和其他建筑业 Construction Decoration and Other Construction	344	38425985

PRODUCTION OF CONSTRUCTION (PROCURE CONSTRUCTION OR PROFESSIOND CONSTRUCTION) ENTERPRISES(2018)

(1 000 yuan)

建筑业总产值 Gross Output Value				竣工产值 Output Value of Completed Construction
建筑业总产值 Gross Ouput Value	建筑工程产值 Output Value of Construction	安装工程产值 OutputValue of Installation	其他产值 Output Value of Others	
919429003	**812411043**	**80908091**	**26109729**	**571030169**
529471238	479657270	36934575	12879393	209174555
919140263	812129301	80904630	26106192	571010496
10210260	9356638	51670	801952	2039658
985515	631675	347547	6293	541672
110293	0	29413	80880	55775
608143430	541343801	50564797	16234692	271011087
23914433	19587305	2691071	1636057	10021019
275776332	241209882	27220132	7346318	287341285
272528	265530	3461	3537	3461
16212	16212	0	0	16212
533593213	466329182	54983792	12280239	435101663
322505736	308326887	7063856	7114853	100145566
35118381	18890557	13562313	2665511	17578870
28211673	18864417	5298130	4049126	18204070

5-18 续 表

项 目 Item	房屋施工面积(平方米) Floor Space of Buildings under Consturction(sq. m)	
	合 计 Total	其中:新开工面积 New Space Started this year
总 计 **Total**	**560638656**	**217145678**
其中:国有及国有控股企业 of the Total:State - holding Enterprises	336959144	94819954
一、按登记注册类型分组 **Grouped by Ownership**		
(一)内资企业 Domestic - funded Enterprises	560638656	217145678
国有企业 State - owned Units	582529	22513
集体企业 Collective - owned Units	464546	380676
股份合作企业 Share - holding Cooperative		
联营企业 Joint - owned Ewnomic Units	0	0
有限责任公司 Companies of Limited Liabilities	412968311	127279072
股份有限公司 Companies of Share - holding with Limited Liabilities	12014837	5341548
私营企业 Private - owned	134608433	84121869
其他企业 Others		
(二)港澳台商投资企业 Enterprises Funded by Entrepreneurs from Hongkong,Macao & Taiwan	0	0
(三)外商投资企业 Foreign Funded	0	0
二、按国民经济行业分组 **Grouped by Sector**		
房屋建筑业 Construction of Buildings	527239238	206952383
土木工程建筑业 Civil Engineering Construction	25109353	5357143
建筑安装业 Construction Installation	7623080	4763767
建筑装饰和其他建筑业 Construction Decoration and Other Construction	666985	72385

5-18 Continued

房屋竣工面积(平方米) Floor Space Completed(sq. m)		从业人员(人) Employees(person)
合计 Total	其中:住宅房屋 Residential Houses	从事建筑业活动的平均人数 Average Emplooyees Engaged in Construction
156294164	**103393181**	**1167982**
45367545	21937642	386411
156294164	103393181	1167777
36367	36367	9917
341375	301572	2648
0	0	184
77298073	47892076	546969
2216510	1607134	26507
76401839	53556032	581552
0	0	199
0	0	6
147786748	96767948	722196
2819489	1904260	301966
5246927	4337531	93550
441000	383442	50270

5－19 建筑业(总承包和专业承包)企业财务情况(2018 年)

单位:千元

项目 Item	一、期末资产负债 Assets and Liabilities at the end of Year		
	流动资产合计 Circulating Funds	固定资产合计 Fixed Assets	累计折旧 Accumulated Depreciation
总计 **Total**	**693828213**	**92596468**	**40424594**
其中:国有及国有控股企业 of the Total;State－holding Enterprises	507557557	65353530	29241436
一、按登记注册类型分组 **Grouped by Ownership**			
(一)内资企业 Domestic－funded Enterprises	693750045	92589534	40418754
国有企业 State－owned Units	9016274	947028	524005
集体企业 Collective－owned Units	663941	120103	61534
股份合作企业 Share－holding Cooperative			
联营企业 Joint－owned Ewnomic Units			
有限责任公司 Companies of Limited Liabilities	577373000	77486264	33732882
股份有限公司 Companies of Share－holding with Limited Liabilities	31392585	2658585	1154204
私营企业 Private－owned	75304245	11377554	4946129
其他企业 Others			
(二)港澳台商投资企业 Enterprises Funded by Entrepreneurs from Hongkong, Macao & Taiwan	70220	5093	4178
(三)外商投资企业 Foreign Funded	7948	1841	1662
二、按国民经济行业分组 **Grouped by Sector**			
房屋建筑业 Construction of Buildings	266462552	26101774	10822751
土木工程建筑业 Civil Engineering Construction	377089920	60384009	26860948
建筑安装业 Construction Installation	31235803	3591401	1550519
建筑装饰和其他建筑业 Construction Decoration and Other Construction	19039938	2519284	1190376

THE FINANCIAL SITUATION IN CONSTRUCTION (PROCURE CONSTRUCTION OR PROFESSIOND CONSTRUCTION) ENTERPRISES(2018)

(1 000 yuan)

一、期末资产负债 Assets and Liabilities at the end of Year			二、损益及分配 Profits Loss and Distribution	
资产总计 Total Assets	负债合计 Total Liabilities	所有者权益合计 Owners´Equity	营业收入 Sales Income	主营业务收入 Sales Income from Principal Business
924421679	**681207734**	**240534379**	**905493567**	**902456236**
702481029	567219107	135261922	569372377	567088593
924327270	681167922	240479328	905451873	902414542
12321812	8467070	3854742	8751340	8692559
757995	455242	302753	1047144	1044339
785029251	596020888	186357459	750140512	747314623
35309403	29822303	5487100	27311410	27267768
90908809	46402419	44477274	118201467	118095253
85542	34561	51435	26799	26799
8867	5251	3616	14895	14895
318486277	222233188	93729941	486117406	485500551
547260976	421020006	126207986	360158048	357942660
37165604	25743435	11298282	31744861	31691927
21508822	12211105	9298170	27473252	27321098

5-19 续 表

单位：千元

项目 Item	二、损益及分配 Profits Loss and Distribution		
	营业成本 Sales Cost	主营业务成本 Sales Cost from Principal Business	税金及附加 Business Taxes and Extras
总计 Total	**820286122**	**816383794**	**9071308**
其中：国有及国有控股企业 of the Total: State - holding Enterprises	519688481	516926539	2916547
一、按登记注册类型分组 Grouped by Ownership			
（一）内资企业 Domestic - funded Enterprises	820249190	816346862	9071172
国有企业 State - owned Units	7608342	7597770	38150
集体企业 Collective - owned Units	935741	933292	24051
股份合作企业 Share - holding Cooperative			
联营企业 Joint - owned Ewnomic Units			
有限责任公司 Companies of Limited Liabilities	682223105	678745085	6985854
股份有限公司 Companies of Share - holding with Limited Liabilities	25038315	25015206	128499
私营企业 Private - owned	104443687	104055509	1894618
其他企业 Others			
（二）港澳台商投资企业 Enterprises Funded by Entrepreneurs from Hongkong, Macao & Taiwan	23190	23190	92
（三）外商投资企业 Foreign Funded	13742	13742	44
二、按国民经济行业分组 Grouped by Sector			
房屋建筑业 Construction of Buildings	447576715	445607265	6080392
土木工程建筑业 Civil Engineering Construction	320028666	318470218	2575092
建筑安装业 Construction Installation	28146472	28046846	235532
建筑装饰和其他建筑业 Construction Decoration and Other Construction	24534269	24259465	180292

5－19 Continued

(1 000 yuan)

二、损益及分配 Profits Loss and Distribution				人工成本及增值税 Labour Cost and Added Value Tax	
主营业务税金及附加 Main Business Taxes and Extras	营业利润 Operating Profits	利润总额 Total Profits	所得税费用 Income Tax Expenses	应付职工薪酬（本年贷方累计发生额）Employee Compensation (Credit Amout Accumulated this Year)	应交增值税 Added Value Tax Payable
8340675	**35558625**	**35631613**	**8788405**	**78005273**	**23602496**
2897463	18533266	18534267	3330755	42080096	11363609
8340539	35556946	35630007	8787766	77998233	23601446
38147	501793	540372	78790	1054420	218825
24051	40895	39921	12808	144478	25681
6294650	28264503	28263357	6623114	58963047	18571792
128473	－33511	－24733	130759	3479179	748378
1855218	6783266	6811090	1942295	14357109	4036770
92	1183	1110	589	5451	474
44	496	496	50	1589	576
5370202	18904976	18902477	5331148	43718136	12345423
2559577	15117781	15137024	2810218	27710605	9277488
232733	489016	526222	356676	3955927	836653
178163	1046852	1065890	290363	2620605	1142932

5-20 建筑业(总承包和专业承包)企业主要经济效益指标(2018年)
MAIN ECONOMIC INDICATORS OF CONSTRUCTION (PROCURE CONSTRUCTION OR PROFESSIOND CONSTRUCTION)(2018)

项目 Item	全员劳动生产率(按建筑业总产值计算)(元/人) Overall Labor Productivity (yuan/person)	资产负债率(%) Assets Liabilities Ratio (%)	产值利润率(%) Output Value - Profit Ratio(%)
总计 Total	**787194**	**73.7**	**3.9**
其中:国有及国有控股企业 of the Total: State - holding Enterprises	1370228	80.7	3.5
一、按登记注册类型分组 Grouped by Ownership			
(一)内资企业 Domestic - funded Enterprises	787085	73.7	3.9
国有企业 State - owned Units	1029571	68.7	5.3
集体企业 Collective - owned Units	372173	60.1	4.1
股份合作企业 Share - holding Cooperative			
联营企业 Joint - owned Ewnomic Units	599418		
有限责任公司 Companies of Limited Liabilities	1111843	75.9	4.6
股份有限公司 Companies of Share - holding with Limited Liabilities	902193	84.5	-0.1
私营企业 Private - owned	474208	51.0	2.5
其他企业 Others			
(二)港澳台商投资企业 Enterprises Funded by Entrepreneurs from Hongkong, Macao & Taiwan	1369487	40.4	0.4
(三)外商投资企业 Foreign Funded	2702000	59.2	3.1
二、按国民经济行业分组 Grouped by Sector			
房屋建筑业 Construction of Buildings	738848	69.8	3.5
土木工程建筑业 Civil Engineering Construction	1068020	76.9	4.7
建筑安装业 Construction Installation	375397	69.3	1.5
建筑装饰和其他建筑业 Construction Decoration and Other Construction	561203	56.8	3.8

主 要 统 计 指 标 解 释

固定资产投资额 指以货币形式表现的在一定时期内建造和购置固定资产的工作量以及与此有关的费用的总称。

本年新增固定资产 指在报告期已经完成建造和购置过程,并已交付生产或使用单位的固定资产的价值,包括已经建成投入生产或交付使用的工程投资和达到固定资产标准的设备、工具、器具的投资及有关应摊入的费用。属于增加固定资产价值的其他建设费用,应随同交付使用的工程一并计入新增固定资产。

调查单位通过划拨方式取得土地使用权所发生的建设用地费计入新增固定资产;房地产开发企业、工业商业等企业通过出让或“招拍挂”方式取得土地使用权而发生的建设用地费不计入新增固定资产。租用建设用地的费用,不计入新增固定资产投资。

施工和竣工房屋建筑面积 房屋建筑面积是从房屋外墙线算起的各层平面面积的总和,包括房屋结构(如柱、墙)占用的面积和地下室面积。多层建筑按各自然层面积总和计算,包括房屋内的楼隔层,突出墙面的眺望间、门斗、有柱雨罩的面积。不包括突出墙面结构的构件、艺术装饰等所占的面积,如台阶等。凹阳台、挑阳台按其水平投影面积一半计算建筑面积。

住宅建筑面积 指施工和竣工房屋建筑面积中供居住用的施工和竣工房屋建筑面积。

房屋施工面积 指报告期内施工的全部房屋建筑面积。包括本期新开工的房屋建筑面积、上期跨入本期继续施工的房屋建筑面积、上期停缓建在本期恢复施工的房屋建筑面积、本期竣工的房屋建筑面积以及本期施工后又停缓建的房屋建筑面积。多层建筑应填各层建筑面积之和。

房屋峻工面积 指报告期内房屋建筑按照设计要求已全部完工,达到住人和使用条件,经验收鉴定合格或达到竣工验收标准,可正式移交使用的各栋房屋建筑面积的总和。

主营业务收入 指企业经营主要业务所实现的收入。如果会计“利润表”列示“主营业务收入”项目,则根据其本年累计数填报;或者,根据会计“主要业务收入”科目的本年各月贷方余额(结转前)之和填报,如未设置该科目,以“营业收入”代替填报。

利润总额 指企业在一定会计期间的经营成果,是生产经营过程中各种收入扣除各种耗费后的盈余,反映企业在报告期内实现的盈亏总额。利润总额为营业利润加上营业外收入,减去营业外支出后的金额,根据会计“利润表”中“利润总额”项目的本期累计数填报。

建筑业总产值 指以货币表现的建筑业企业在一定时期内生产的建筑业产品和服务的总和。建筑业总产值包括:①建筑工程产值:指列入建筑工程预算内的各种工程价值。②安装工程产值:指设备安装工程价值以及将预制部品部件安装成建筑工程产品的价值。③其他产值:建筑业总产值中除建筑工程、安装工程以外的产值。包括房屋构筑物修理产值、非标准设备制造产值、总包企业向分包企业收取的管理费以及不能明确划分的施工活动所完成的产值。

Explanatory Notes on Main Statistical Indicators

Amount of investment in fixed assets refers to the volume of work in construction and purchases of fixed assets and related expenses in monetary terms.

Newly Increased Fixed Assets this Year Refer to the value of fixed assets which have been completed in construction, and accepted by production unit, including investments of equipments, instruments reach the standard of fixed assets, and projects which have been put into production or use, and other costs should be added. Other construction expenses, which belong to the added value of fixed assets, should be included in the newly increased fixed assets with projects which are put into use together.

The Construction land cost occurred in which enterprises getting land usage rights by way of transfer should be added into newly increased fixed assets; and cost occunred which real estate and instustrial and other enterprises obtained the land usage rights by means of recruitment and Bid invitation should not be added into newly increased fixed assets. The cost of renting construction land should not be included in the newly increased fixed assets.

Floor Space of Buildings Under Construction and Completed refer to total floor space in each story of buildings calculated from the outside line of building walls, including the space occupied by constructions like pillars or walls and basements. The floor space of multi – story building includes the total floor space of each story, including area occupied by separating walls, watching rooms, doorways, and pillars, but excluding protruding wall structures and artistic decoration, such as steps. The space of recessed verand and tantilevered balcony is counted by half of the projection area.

Floor Space of Residential Buildings refers to the floor space of the residential buildings under construction and completed among the total space of buildings under construction and completed.

Floor Space of Buildings Under Construction refers to floor space of buildings under construction during the reference period, including newly started buildings, buildings started earlier and continued during the reference period, buildings suspended earlier but restarted during the reference period, buildings completed during the reference period, and buildings suspended during the reference period. The floor space of multistoried buildings under construction should be fulled in the sum of space of each floor.

Floor Space of Buildings Completed refers to the floor space of buildings that are completed in the reference period in accord – ance with the requirements of the design, up to the standard for putting them into use or living, and have been checked and accepted by concerned departments as qualified ones or reach the standard of completion acceptance.

Main Business Revenue refers to the income of the main business confirmed by enterprises, such as the sale of goods, services, etc. Enterprise accountant fill in data on the final credit balance before carry – over of the subject of the accounting"main business income". The enterprise implementing the accounting standards for Business Enterprises or small – sized enterprises fill instead of"Business income", if the enterprise doesn't set the subject.

Total Profits refers to the enterprise's operating results of a certain accounting period, it is the production and operation of a variety of income after deducting the cost of surplus, and is a reflection of the enterprise in the reporting period to achieve the totalprofit and loss. The total profit is the sales profit plus sales exclusive income, minus sales exclusive expense. Enterprise fill data according to the current amount of the total profit project in the accounting profit table.

For the enterprise implementing the Accounting Standards for Business Enterprises or small – sized enterprises, For the enterprise implementing other accounting standards, the total profit is the sales profit plus investment income, subsidy income, sales exclusive income, minus Sales exclusive expenses.

Gross Output Value of Construction refers to the gross output value of construction and services showed in moneytary terms produced by construction enterprises during a certain period. It includes:

(1) Output value of construction projects, that is the value of projects covered by the project budgets;

(2) Output value of installation projects, that is the value of the installation of equipment;

(3) Output Value of Others: refers to output value exdude output value of aonstruction projects and output value of instcellation projects in Gross Output Value of Construction. It includes output value of repair of buildings and structures, output value of manfactured nonstandard equipment and management expenses iohich main contractors collect from Subcontractors. and output value of construction activities which can not be clearly defined and others.

六、公用事业

URBAN PUBLIC UTILITIES

资料整理人员:胡　海
STAFF FOR DATA PROCESSING: Hu Hai

简要说明

本篇资料反映武汉城市建设面貌，其内容根据市城乡建设局、市交通运输局提供的2018年《城市、县城建设统计报表制度》汇总整理而成。

Brief Description

The data in this chapter reflect the feature of urban construction and public utilities. Data are collected, prepared according to 2017 statistical system of Urban – Rural Construction Development that is provided by the Wuhan Urban and Rural Construction Bureau、Wuhan Transportation Bureau Transpotation Committee.

6-1 道路、下水道、堤防、绿化情况
ROADS, DRAINPIPES, DIKES AND VIRESCENCE

指标名称 Index Name	2017	2018
道路面积(万平方米) Area of Roads (10 000 sq. m)	10353	12084
#人行道面积(万平方米) Area of Pavement(10 000 sq. m)	2923	3151
人均拥有道路面积(平方米) Per Capita Area of Roads(sq. m)	13.51	13.16
污水年排放量(万吨) Annual Discharge Volume of Sewage(10 000 tons)	97517	107466
污水处理厂(座) Disposal Plants of Sewage(seat)	19	19
#二、三级处理(座) The Second, Third Disposal Plants of Sewage(seat)	19	19
污水处理能力(万立方米/日) Disposal Capacity of Sewage(10 000 cu. m/day)	282.00	285.75
#二、三级处理(万立方米/日) The Second, Third Disposal Capacity of Sewage(10 000 cu. m/day)	282.00	285.75
其他污水处理设施处理能力(万立方米/日) Other Disposal Capacity of Sewage(10 000 cu. m/day)	4.90	15
污水处理总量(万立方米) Total Disposal Capacity of Sewage(10 000 cu. m/day)	93617.00	103672.30
排水管道长度(公里) Length of Sewage Pipes(km)	9350.00	8240.46
建成区排水管道密度(公里/平方公里) Density of Drain Pipes in Completed Area(km/sq. m)	15.97	-
城市生活污水集中处理率(%) Percentage of Collective Disposal of Sewage in Urban Area(%)	97.83	-
污水处理厂集中处理率(%) Percentage of Collective Disposal by plants of Sewage(%)	96.00	96.47
防洪堤长度(公里) Length of Anti - Flood Dikes(km)	808	808
人均公园绿地面积(平方米) Park Green Area Per Capita(sq. m)	10.91	9.65
建城区绿地率(%) Greenbelt Rate of Completed Area(%)	34.47	35.37
建城区绿化覆盖率(%) Coverage Rate of Green Area in Completed Area(%)	39.55	39.46

注:2018 年度道路数据已在“住建部城乡建设统计信息管理系统”填报,待住建部审核。

Note: The road date of 2018 degrees has been filled in the "Statistical Information Management System for Urban and Rural Construction of the Ministry of Housing and Construction" and is awaiting the examination and approval of the Ministry of Housing and Construction.

6-2 自 来 水 情 况
BASIC STATISTICS ON TAP WATER SUPPLY

指标名称 Index Name	2017	2018
水厂综合生产能力(万立方米/日) General Productive Capacity of Water Works(10 000 tons/day)	536.00	531.33
供水管网长度(公里) Length of Water Supply Pipelines(km)	15431.51	12554.44
供水总量(万立方米) Total Volume of Water Supply (10 000 tons)	142052.89	149800.00
售水总量(万立方米) Sales Volume of Tap Water (10 000 tons)	116945.73	115958.39
居民家庭用水(万立方米) For Residential Use(10 000 cu. m)	59835.72	56700.00
行政事业用水量(万立方米) Water Use of Administrative Institutions(10 000 cu. m)	13792.05	11771.90
工业用水量(万立方米) Water Use of Industry(10 000 cu. m)	25539.17	32265.06
经营服务用水量(万立方米) Water Use of Businesss Services(10 000 cu. m)	17482.44	14921.43
特种行业用水量(万立方米) Water use of Special Industry(10 000 cu. m)	296.35	300.00
免费供水量(万立方米) Supply of Water for Free(10 000 cu. m)	6869.69	6700.00
自备水取水量(万立方米) Withdrawals of Owned Water(10 000 cu. m)	11345.83	9800.00
* 工业取水量(万立方米) * Withdrawals of Industry(10 000 cu. m)	11021.83	9400.00
其他取水量(万立方米) Withdrawals of Other(10 000 cu. m)	324.00	400.00
万元 GDP 用水量(立方米/万元)(含一产业) Water GDP Consumption of Annual ten Thousands GDP (cu. m/10 000 yuan)(include Primary Industry)	26	24
万元 GDP 用水量(立方米/万元)(不含一产业) Water GDP Consumption of Annual ten Thousands GDP(cu. m/10 000 yuan)(Not include Primary Industry)	20	19.1
万元工业增加值用水量(立方米/万元) Water consumption of Per Unit of Indutry Added Value(cu. m/10 000 yuan)	30	29
城市居民生活用水量(L/人日) Water Comsumption for Residentical Use in Urban Area(L/person. day)	166	169
工业用水量重复利用率(%) Reuse Ratio of Water Used by Industry(%)	90.1	90.7

注:* 自备水工业取水量不含火力发电直流冷却用水量。

Note: Withdrawals of Industry exclude thermal power dc cooling water consumption.

6-3 公共交通情况
PUBLIC TRAFFIC

指标名称 Index Name	2017	2018
营运公共车辆(辆) Operating Public Vehicles(unit)	9049	9710

#公共汽车(辆)
Buses(unit)
	9009	9670

无轨电车(辆) Trolley Buses(unit)	40	40
标准营运车数(标台) Number of Operating Public Vehicles (converted into standard unit)	11441	12107.6
客运总量(万人次) Passenger Volime of Traffic(10 000 persons)	148163.3	145245.9
每万人拥有公共交通车辆(标台)(按城区人口计算) Per 10 000 Capita Public Vehicles (converted into standard unit)(According to Urban Population)	13.4	13.7
营运出租汽车(辆) Operating Taxes(unit)	17797	17885
营运渡江客轮(艘) Operating Ferries(unit)	36	23
渡江客轮客运总数(万人次) Number of Passengers Carried by Ferries(10 000 persons)	1655.2	786.1
轨道交通运营车数(辆) Number of Operating Light Rail Vehicles(unit)	1356	1828
轨道交通客运总量(万人次) Number of Passagers Carried by Light Rail(10 000 persons)	92683.2	103709.5

6-4 城市天然气情况
BASIC STATISTICS ON SUPPLY OF GAS IN URBAN AREA

指标名称 Index Name	2017	2018
储气能力(万立方米) Gross Storage Quantity(10 000 cu. m)	1600	1817.39
供气管道长度(公里) Length of Pipeline of Gas Supply(km)	12717	13747.08
销售气量(万立方米) Volume of Sale(10 000 cu. m)	190000	212021.99
#居民家庭(万立方米) Residential Household(10 000 cu. m)	44000	64190.53
用气户数(户) Number of Consumers(household)	2390000	3488372
#家庭用户 Household Consumers	2360000	3475761
用气人口(万人) Population with Access to Gas(10 000 Persons)	676	766
汽车加气站座数(座) Gas Supply Seat(seat)	63	74

注:数据来源为武汉市城市管理委员会,以上数据已在"住建部城乡建设统计信息管理系统"填报,待住建部审核。

Note: The data comes from Wuhan City Management Law Enforcement Committee. The above data has been filled in and submitted in the "Statistical Information Management System for Urban and Rural Construction of the Ministry of Housing and Construction" for examination by the Ministry of Housing and Construction.

6-5 清 洁 卫 生 情 况
ENVIRONMENT AND SANITATION IN THE CITY PROPER

指标名称	Index Name	2017	2018
生活垃圾无害化处理率(%)	Percentage of Harmless Treatment for Living Garbage(%)	100	100
实际清扫面积(万平方米)	Actual Area Cleaned(10 000sq. m)	13853.00	14404
清运生活垃圾量(万吨)	Volume of Garbage Disposal(10 000 tons)	396.38	406.68
生活垃圾无害化处理厂(场)(座)	Treatment Farms for Making Garbage Harmless(unit)	8	9
无害化垃圾处理能力(吨/日)	Halmless Treatment Capacity for Garbage(ton/day)	9650	13950
生活垃圾处理量(万吨)	Treatment Capacity of Living Garbage(10 000 tons)	396.38	406.68
生活垃圾无害化处理量(万吨)	Harmless Treatment Capacity for Living Garbage(10 000 tons)	396.38	406.68
公共厕所(座)	Number of Public Lavatories(set)	1202	1220

注:数据来源为武汉市城市管理委员会,以上数据已在"住建部城乡建设统计信息管理系统"填报,待住建部审核。

Note:The data comes from Wuhan City Management Law Enforcement Committee. The above data has been filled in and submitted in the "Statistical Information Management System for Urban and Rural Construction of the Ministry of Housing and Construction" for examination by the Ministry of Housing and Construction.

七、公共交通、邮电

PUBLIC TRANSPORTATION, POST AND TELECOMMUNICATIONS

资料整理人员：杨　丹　夏洪全　王　立　付梦丹　袁　阳　闫　倩

STAFF FOR DATA PROCESSING：

Yang Dan　Xia Hongquan　Wang Li　Fu Mengdan　Yuan Yang　Yan Qian

简要说明

本篇交通、邮电资料内容包括交通运输全行业(水路、铁路、公路、航空)运行情况和邮政电信业务基本情况。交通部分内容由武汉市交通运输局提供,邮政部分内容由武汉市邮政管理局和湖北省邮政公司武汉市分公司提供,电信部分内容由移动、联通、电信、铁通四家武汉分公司提供。

Brief Description

Data in this chapter present the development of transportation (railway、highway、waterway、aviation), post and telecommunications in Wuhan. Data on transportation are from Wuhan Transportation Bureau. Data on postal and telecommunication services are from Wuhan branch of Hubei post company, Telecom part of the content are provided by wuhan branches of China Mobile, China Unicom, China Telecom, China Railway Communication.

7-1 全社会交通运输量
TOTAL PASSENGER AND FREIGHT TRAFFIC

指标名称	Index Name	2017	2018
换算周转量(亿吨公里)	**Converted Turnover(100 million ton - km)**	**4353.78**	**4635.82**
铁　路(亿吨公里)	Railway(100 million ton - km)	2026.70	2101.90
水　运(亿吨公里)	Waterway(100 million ton - km)	1603.22	1752.93
航　空(亿吨公里)	Aviation(100 million ton - km)	19.82	23.72
公　路(亿吨公里)	Highway(100 million ton - km)	704.03	757.26
客运量(万人)	**Passenger Traffic(10 000 persons)**	**29950.30**	**28638.88**
铁　路(万人)	Railway(10 000 persons)	18074.30	18220.30
航　空(万人)	Aviation(10 000 persons)	1466.00	1551.58
公　路(万人)	Highway(10 000 persons)	10410.00	8867.00
旅客周转量(亿人公里)	**Passenger Turnover(100 million persons - km)**	**1244.75**	**1232.52**
铁　路(亿人公里)	Railway(100 million persons - km)	969.00	956.60
航　空(亿人公里)	Aviation(100 million persons - km)	198.47	208.94
公　路(亿人公里)	Highway(100 million persons - km)	77.28	66.99
货运量(万吨)	**Freight Traffic(10 000 tons)**	**57271.17**	**62517.88**
铁　路(万吨)	Railway(10 000 tons)	6980.90	7372.80
水　运(万吨)	Waterway(10 000 tons)	15292.25	16491.33
航　空(万吨)	Aviation(10 000 tons)	16.04	19.85
公　路(万吨)	Highway(10 000 tons)	34981.98	38633.90
货物周转量(亿吨公里)	**Freight Turnover(100 million ton - km)**	**3360.19**	**3654.73**
铁　路(亿吨公里)	Railway(100 million ton - km)	1057.70	1145.30
水　运(亿吨公里)	Waterway(100 million ton - km)	1603.22	1752.93
航　空(亿吨公里)	Aviation(100 million ton - km)	2.97	5.93
公　路(亿吨公里)	Highway(100 million ton - km)	696.31	750.56
旅客吞吐量(万人)	**Passenger Throughput(10 000 persons)**	**2312.94**	**2450.04**
机　场(天河)(万人)	Airport(Tian He)(10 000 persons)	2312.94	2450.04
货物吞吐量(万吨)	**Cargo Throughput(10 000 tons)**	**10036.47**	**10340.54**
机　场(天河)(万吨)	Airport(Tian He)(10 000 tons)	18.50	22.16
港　口(万吨)	Port(10 000 tons)	10017.97	10318.38
其中:集装箱(万 TEU)	#Container(10 000 TEU)	135.70	157.46

7-2 客 运 量
PASSENGER TRAFFIC

单位:万人　　　　(10 000 persons)

年份 Year	总计 Total	铁路 Railway	水运 Waterway	航空 Aviation	公路 Highway
1978	4337.60	2138.50	1361.70	4.20	833.20
1980	5482.30	2337.40	1615.70	7.30	1521.90
1985	6518.90	2119.90	1754.00	8.70	2636.30
1986	6389.90	1841.90	1573.80	10.40	2963.80
1987	7480.20	2851.10	1514.50	18.20	3096.40
1988	7688.30	3177.50	1634.60	16.00	2860.70
1989	7263.10	2781.60	1517.40	13.10	2951.00
1990	6266.80	2088.00	1166.40	16.30	2996.20
1991	6700.20	1959.00	1241.00	34.00	3466.20
1992	7146.00	2035.00	1396.00	120.00	3595.00
1993	7294.00	2231.00	1254.00	114.00	3695.00
1994	7455.60	2311.60	886.00	162.00	4086.00
1995	7250.00	2242.00	624.60	216.00	4166.90
1996	7088.90	1994.10	514.00	241.00	4339.80
1997	7416.55	1974.10	555.50	217.48	4669.50
1998	8585.36	2105.60	443.20	222.96	5813.60
1999	9034.64	2256.70	332.10	237.14	6208.70
2000	8362.40	2498.60	261.40	260.40	5342.00
2001	8124.00	2654.20	198.40	277.30	4994.10
2002	11933.30	2774.30		308.00	8851.00
2003	11882.00	2611.60		334.40	8936.00
2004	12885.70	2956.90		448.80	9480.00
2005	15413.40	4626.40		493.70	10293.30
2006	16193.70	4849.00		573.70	10771.00
2007	17338.36	5124.90		712.56	11500.90
2008	18882.06	6026.50		773.56	12082.00
2009	21735.62	6439.80		763.82	14532.00
2010	22896.71	7281.30		885.41	14730.00
2011	25743.22	8511.70		914.52	16317.00
2012	27492.40	9764.90		933.50	16794.00
2013	29621.69	12105.40		995.29	16521.00
2014	27899.48	14053.90		1097.58	12748.00
2015	27628.71	15083.90		1163.55	11381.26
2016	29177.15	16393.10		1300.05	11484.00
2017	29950.30	18074.30		1466.00	10410.00
2018	28638.88	18220.30		1551.58	8867.00

7-3 旅 客 周 转 量
PASSENGER TURNOVER

单位:亿人公里 (100 million persons - km)

年份 Year	总计 Total	铁路 Railway	水运 Waterway	航空 Aviation	公路 Highway
1978	52.00	21.69	25.16	0.17	4.97
1980	55.84	23.91	24.18	0.37	7.37
1985	80.65	43.96	33.26	0.52	11.91
1986	91.07	45.21	32.37	0.69	12.79
1987	142.89	94.58	33.29	1.24	13.78
1988	161.41	109.59	36.48	1.08	14.26
1989	147.03	97.94	33.31	0.91	14.88
1990	127.25	85.00	26.35	1.09	14.81
1991	141.37	94.10	27.23	2.70	17.34
1992	167.10	105.30	32.10	2.70	18.60
1993	168.90	111.60	31.06	11.00	15.30
1994	179.70	117.00	25.90	15.70	21.10
1995	181.00	119.60	19.60	21.20	20.62
1996	171.09	107.50	18.13	24.32	21.15
1997	181.26	115.56	20.80	21.91	23.00
1998	185.81	122.39	16.40	21.81	25.21
1999	206.89	141.01	12.23	24.12	29.54
2000	220.02	158.58	10.06	25.49	25.89
2001	231.53	171.60	7.27	26.88	25.78
2002	266.00	182.80		28.90	54.30
2003	266.40	175.50		33.70	57.20
2004	317.60	213.00		44.20	60.40
2005	507.80	388.00		51.20	68.60
2006	543.14	410.00		62.06	71.08
2007	596.70	440.80		77.79	78.20
2008	634.51	474.01		78.80	81.70
2009	654.94	466.70		78.72	109.53
2010	747.45	528.90		99.06	119.49
2011	873.84	646.30		102.96	124.58
2012	897.34	663.60		106.36	127.38
2013	1011.82	763.00		124.06	124.76
2014	1059.22	834.10		138.02	87.10
2015	1102.36	869.30		151.97	81.09
2016	1157.13	901.50		174.25	81.38
2017	1244.75	969.00		198.47	77.28
2018	1232.52	956.60		208.94	66.99

7-4 货 运 量
FREIGHT TRAFFIC

单位:万吨 (10 000 tons)

年份 Year	总计 Total	铁路 Railway	水运 Waterway	航空 Aviation	公路 Highway
1978	6620.10	2499.40	2329.00	0.08	1791.60
1980	5926.60	2238.20	2015.30	0.17	1672.90
1985	6830.90	2312.90	2735.30	0.29	1782.40
1986	7001.80	2423.00	2859.20	0.19	1719.30
1987	9034.30	4631.40	2836.60	0.30	1566.00
1988	9078.10	4728.00	2914.60	0.29	1435.20
1989	8866.60	4831.30	2735.40	0.17	1299.70
1990	8378.50	4758.50	2485.60	0.10	1134.30
1991	8545.40	4809.00	2604.00	0.38	1132.00
1992	8700.00	4903.00	2741.00	2.00	1054.00
1993	8820.00	5046.00	2695.00	2.00	1077.00
1994	8227.10	5012.10	2193.00	2.00	1020.00
1995	8311.90	5055.00	2319.30	3.00	934.60
1996	8202.89	5030.80	2233.00	3.29	935.80
1997	7989.83	5004.00	2193.00	3.12	789.71
1998	9441.92	4854.60	3357.00	3.62	1226.70
1999	9612.14	4748.80	3655.90	4.84	1202.60
2000	9464.30	4921.10	3664.00	5.20	874.00
2001	9713.13	5253.20	3557.60	4.13	898.20
2002	15942.60	5472.20	3096.90	4.50	7369.00
2003	16609.80	5823.60	2994.60	5.30	7786.30
2004	17044.80	5860.80	3366.30	6.10	7811.60
2005	19611.70	8491.50	2629.10	6.20	8485.00
2006	20817.75	8990.00	2848.97	6.78	8972.00
2007	22554.93	9728.50	2899.40	8.89	9918.10
2008	29142.98	10201.80	8417.83	7.85	10515.50
2009	34409.19	9839.10	7884.00	7.09	16679.00
2010	40287.93	10145.60	9013.00	9.33	21120.00
2011	41804.45	10059.40	9293.06	9.99	22442.00
2012	43892.49	9177.40	10351.73	9.36	24354.00
2013	44528.75	9010.40	10485.55	9.80	25023.00
2014	48529.99	7683.20	12753.56	10.23	28083.00
2015	48185.19	6579.00	13099.71	10.89	28495.59
2016	49981.81	6744.20	14331.86	13.83	28891.92
2017	57271.17	6980.90	15292.25	16.04	34981.98
2018	62517.88	7372.80	16491.33	19.85	38633.90

7-5 货物周转量
FREIGHT TURNOVER

单位:亿吨公里 (100 million tons - km)

年份 Year	总计 Total	铁路 Railway	水运 Waterway	航空 Aviation	公路 Highway
1978	261.92	134.64	124.22		3.06
1980	258.00	140.54	114.89	0.01	2.57
1985	386.81	185.33	196.86	0.03	4.59
1986	408.40	194.44	209.15	0.02	4.80
1987	616.45	399.11	212.50	0.02	4.82
1988	643.09	415.41	222.54	0.02	5.13
1989	671.29	443.03	223.70	0.01	4.55
1990	645.75	455.60	196.47	0.01	3.67
1991	679.82	470.80	205.53	0.03	3.66
1992	713.36	502.80	207.10	0.16	3.60
1993	724.90	514.40	206.60	0.20	3.70
1994	723.40	547.10	172.20	0.20	3.90
1995	751.60	563.70	184.80	0.27	2.81
1996	739.81	560.42	176.23	0.36	2.81
1997	673.70	488.83	182.07	0.35	2.45
1998	643.38	440.84	198.28	0.39	3.87
1999	636.11	420.25	211.29	0.54	4.02
2000	638.61	421.28	212.77	0.56	4.00
2001	655.02	432.60	219.39	0.44	2.59
2002	737.70	466.90	215.90	0.50	54.40
2003	764.00	488.50	218.50	0.60	56.50
2004	835.20	538.00	238.00	0.70	58.50
2005	1277.70	987.00	223.60	0.70	66.40
2006	1312.73	1017.00	225.53	0.76	69.45
2007	1418.00	1138.20	203.96	1.05	74.80
2008	1750.01	1096.91	573.26	0.94	78.90
2009	1900.05	1032.40	584.63	0.83	282.19
2010	2263.60	1144.60	810.28	1.11	307.61
2011	2644.18	1226.60	1072.86	1.46	343.26
2012	2910.22	1194.10	1303.94	1.36	410.82
2013	2555.96	1198.20	887.87	1.54	468.35
2014	3025.72	1113.00	1345.64	1.49	565.59
2015	2951.92	995.70	1357.68	1.67	596.87
2016	3082.35	971.50	1471.73	2.51	636.61
2017	3360.19	1057.70	1603.22	2.97	696.31
2018	3654.73	1145.30	1752.93	5.93	750.56

7-6 民用车辆拥有量(2018 年)
NUMBER OF CIVIL VEHICLES(2018)

计量单位:辆 (unit)

指标名称	总计 Total	营运 For Earning Income and Profit	非营运 Not for Earning Income or Profit	校车 School Bus	总计中: in total 进口 Import	个人 Individuals	新注册 New Registered	报废 Scrap
合计 Total	**3125901**	**188926**	**2935838**	**1137**	**180626**	**2717819**	**428569**	**17127**
一、汽车 Cars	2985545	175022	2809386	1137	179992	2591648	418502	15707
1. 载客汽车 Passenger Vehicles	2807569	49390	2757042	1137	179452	2566139	390726	14339
其中:大型 Large - sized	21827	12794	8504	529	127	90	2782	1636
中型 Medium - sized	6892	762	5522	608	330	1817	246	399
小型 Small - sized	2770703	35834	2734869	0	177633	2557406	387293	12119
微型 Mini - sized	8147	0	8147	0	1362	6826	405	185
其中:轿车 Cars	1708965	35474	1673491	0	65796	1577047	216826	8231
2. 载货汽车 Trucks	159553	123093	36460	0	517	19262	25684	936
其中:重型 Large - sized	70101	63107	6994	0	307	4191	11061	308
中型 Medium - sized	9497	6652	2845	0	4	939	823	115
轻型 Small - sized	79931	53324	26607	0	206	14119	13800	505
微型 Mini - sized	24	10	14	0	0	13	0	8
其中:普通载货 Ordinary Trucks	33136	19370	13766	0	201	7809	3955	324
3. 其他汽车 Others	18423	2539	15884	0	23	6247	2092	432
其中:三轮汽车 Three Wheeled	219	0	219	0	0	218	3	6
低速货车 Low Speed Truck	2837	33	2804	0	0	2639	0	28
二、电车 Trolleys	40	40	0	0	0	0	0	2
1. 无轨 Trolley Bus	40	40	0	0	0	0	0	2
2. 有轨 Tram	0	0	0	0	0	0	0	0
三、摩托车 Motorcycles	126402	350	126052	0	631	125952	6305	1183
1. 普通 Ordinary	125714	345	125369	0	631	125264	6305	1177
2. 轻便 Light	688	5	683	0	0	688	0	6
四、挂车 Trilers	13892	13513	379	0	3	217	3762	235
五、其他类型车 Others	22	1	21	0	0	2	0	0

7-7 邮电业务基本情况
BASIC CONDITIONS OF POST AND TELECOMMUNICATION SERVICES

指标名称	Index Name	2017	2018
一、邮政主要指标	**Main Items of Post**		
邮政业业务总量(2010年不变价格)(万元)	Business Volume of Post(in 2010 constant price)(10 000 yuan)	1502800	1961600
邮政业业务收入(万元)	Income of Post Services(10 000 yuan)	1011000	1158500
函件(万件)	Number of Letters(10 000 pcs)	3709.44	4174.76
包件(万件)	Number of Parcels(10 000 pcs)	30.74	23.95
报纸累计份数(万份)	Number of Newspaper(10 000 copies)	13094.64	13432.10
杂志累计份数(万份)	Number of Magazines(10 000 copies)	603.15	649.54
邮电局、所(处)	Number of Post & Telecommuniucation Offices(station)	262	259
信筒信箱(个)	Number of Post Boxes(unit)	520	515
邮路总长度(单程)(公里)	Length of Postal Routes(one way)(km)	41647	43679
二、电信主要指标	**Main Items of Telecommunication**		
电信业务总量(2015年不变价格)(万元)	Business Volume of Telecommunication (in 2015 constant price)(10 000 yuan)	3211919	7079000
电信业务收入(万元)	Income of Telecommunication Services(10 000 yuan)	2075851	1528000
固定电话用户数(万户)	Number of Subscribers of Telephone(10 000 subscribers)	208.82	175.10
公用电话(万户)	Number of Public Telephones(10 000 subscribers)	29.25	28.70
移动电话用户数(万户)	Number of Mobile Telephone Subscribers(10 000 subscribers)	1601.17	1684.40
局用交换机容量(万门)	Capacity of Office Telephone Exchanges(10 000 lines)	582.00	66.45
移动交换机容量(万户)	Capacity of Mobile Telephone Exchanges(10 000 subscribers)	3164.24	1906.00
互联网用户(万户)	Internet Users(10 000 subscribers)	429.86	495.70
电话普及率(部/百人)	Coverage Rate of Telephones(unit/100 persons)	166.16	170.60
固定电话普及率(部/百人)	Coverage Rate of House Telephones(unit/100 person)	19.17	16.00
移动电话普及率(部/百人)	Coverage Rate of Mobile Telephones(unit/100 persons)	146.99	154.60

说明:2017年初武汉电信运营商在计算电信业务总量时将2010年不变价格调整为2015年不变价格。由于爱普撤销了武汉分公司,故互联网用户采用移动、联通、电信、铁通、长城宽带五家数据;2018年电信数据来源经信局。

Note:In early 2017, Wuhan telecom operators adjusted the fixed price in 2010 to the same price in 2015 when calculating the total telecommunication business. Because Epp cancelled Wuhan Branch, Internet users used mobile, Unicom, telecommunications, Tietong, Great Wall broadband five data. The data for 2018 is provided by Wuhan Economic and Information Bureau.

主要统计指标解释

货(客)运量 指在一定时期内,各种运输工具实际运送的货物(旅客)数量。该指标是反映运输业为国民经济和人民生活服务的数量指标,也是制定和检查运输生产计划、研究运输发展规模和速度的重要指标。货运按吨计算,客运按人计算。货物不论运输距离长短、货物类别,均按实际重量统计。旅客不论行程远近或票价多少,均按一人次客运量统计,半价票、小孩票也按人统计。

货物(旅客)周转量 指在一定时期内,由各种运输工具运送的货物(旅客)数量与其相应运输距离的乘积之总和。该指标可以反映运输业生产的总成果,也是编制和检查运输生产计划,计算运输效率、劳动生产率以及核算运输单位成本的主要基础资料。计算货物周转量通常按发出站与到达站之间的最短距离,也就是计费距离计算。计算公式为

$$货物(旅客)周转量=\sum[货物(旅客)运输量\times运输距离]$$

港口货物吞吐量(又称港口吞吐量) 指经由水路运进、出港区范围,并经过装卸的货物数量。按货物流向分为进港吞吐量和出港吞吐量:按货物的贸易性质分为内贸和外贸吞吐量,按货物的类别分,可根据现行的交通行业标准《运输货物分类和代码》分类。

邮电业业务总量 指以价值量形式表现的邮电通信企业为社会提供各类邮电通信服务的总数量。邮电业务量按专业分类包括函件、包件、汇票、报刊发行、邮政快件、特快专递、邮政储蓄、集邮、公众电报、用户电报、传真、长途电话、出租电路、无线寻呼、移动电话、分组交换数据通信、出租代维等。计算方法为各类产品乘以相应的平均单价(不变价)之和,再加上出租电路和设备、代用户维护电话交换机和线路等的服务收入。该指标综合反映了一定时期邮电业务发展的总成果,是研究邮电业务量构成和发展趋势的重要指标。计算公式为:

$$邮电业务总量=\sum(各类邮电业务量\times不变单价)+出租代维及其他业务收入=邮政业务总量+电信业务总量$$

民用汽车拥有量 指报告期末,在公安交通管理部门按照《机动车注册登记工作规范》,已注册登记领有民用车辆牌照的全部汽车数量。汽车拥有量统计的主要分类:根据汽车结构分为载客汽车、载货汽车及其他汽车,根据汽车所有者不同分为个人(私人)汽车、单位汽车.根据汽车的使用性质分为营运汽车、非营运汽车和特种汽车,根据汽车大小规格不同载客汽车分为大型、中型、小型和微型,载货汽车分为重型、中型、轻型和微型。

局用电话交换机容量 指安装在电信运营企业内用于接续本地固定电话的电话交换机容量,包括现用和备用的人工或自动交换机的全部容量。不包括用户交换机容量。

移动电话交换机容量 指移动电话交换机根据一定话务模型和交换机处理能力计算出来的最大同时服务用户的数量。

Explanatory Notes On Main Statistical Indicators

Freight(Passenger)Traffc refers to the volume of freight(passenger) transported with various means within a specific period of time. This indicatar reflects the service of the transport industry towards the national economy and people's living conditions, as well as an important indicator used in formulating and monitoring transport production plans and research into the scale and pace of transport development. Freight transport is calculated in tons and passenger traffic is calculated in terms of number of persons. Freigh transport is calculated in terms of the actual weight of the goods and takes no account of the type of freight and distance of travel. Passenger traffic is calculated by the principle that one person can be counted only once in one trip and takes no account of the travelling distance and ticket price. The passengers who travel with a half price ticket or a child's ticket is also calculated as one person.

Freight(Passenger)Turnover refers to the sum of the product of the volume of transported cargo(passengers) multiplied by the transport distance. It is an important indicator to reflect the achievement of the transportation industry. This is an important indicator to show the total results of the transport industry; to prepare and examine the transport plan; and to serve as the main basic data for calculating the efficiency labour productivity and unit cost of transport. Normally, the shortest distance between the departure station and the destination station(i. e., the payable distance) is the basis in calculating the freight ton – kilometres. The formulas as foflows:

Turnover Volume of Freight(Passenger)Trafficc = ∑ Freight(Passenger) ∑ Freight(Passenger) Distance of Transportation

Ports Cargo Throughput Capacity refers to the volume of cargo passing in and out the harbor area and having been loaded and unloaded. The volume of freight handled may be classified as in – port&out – port. It can also be classified as national trade and international trade by the attribute of trade or be classified by the classification of cargo according to the standard of Transportation use" The Classification and Code of Transported Cargo".

Business Volume of Post and Telecommunications Services refers to the total amount of post and telecommunications services, expressed in value terms, provided by the post and telecommunications departments for the society. Post and telecommunications services can be classified as ietters, parcels, remittance issue of newspapers and magazines, fastmail service, express mail service, savings deposits, stamps for collection, public and individual telegraph service, facsimiles, long – distance telephone service, leasing of telephonelines, urban paging service, mobile telephone service, data transfer and transmission etc. The accounting approach is to multiply the service products of all types with their average unit price(constant price) to get sum of business value, plus income from other services such as leasing of telephone lines and equipment, maintenance of telephone switchboards and lines on behalf of customers. This indicator reflects the overall results of post and telecommunications service during a given period, and is important to study the composition of business service and the development of post and telecommunications service. The formulas as follows:

Business volume of Post and Telecommunication Services = ∑ (Transaction of Post and Telecommunication Services Constant Price) + Income from leasing. Maintenance and Other Services = Business Volume of Post + Business Volume of Telecommunication.

Number of Civil Vehicles refers to the total number of vehicles that are registered and received vehicles license according to the Work Standard for Motor Vehicles Registration formulated by transport management office under department of public security at the end of reference period. They are divided into following categories according to the structure of motor vehicles: passenger vehicles, trucks and others; private vehicles and vehicles for units use according to ownerships; working vehicles, non – working vehicles and special motor vehicles according to kind of usage; large passenger vehicles, medium passenger vehicles, small passenger vehicles and mini passenger vehicle, heavy trucks, medium trucks, light trucks and mini trucks according to sizes of vehicles.

Capacity of Office Telephone Exchanges refers to the capacity(measured in gate) of telephone exchanges installed in the offices of telecommunication service providers for communication between fixed telephones. It indudes the capacity of both manual and automatic exchanges in use and for stand—by purpose, excluding the capacity of subscribers' exchanges.

Capacity of Mobile Telephone Exchanges refers to the capacity of the maximum services provided to subscribers at one time basing on a certain model and transacting capacity of the mobile telephone exchanges.

八、贸易、外经、旅游业

DOMESTIC TRADE, FOREIGN TRADE, ECONOMIC COOPERATION AND TOURISM

资料整理人员：王保汉　曾德辉　涂孝斌　陈　圆　杨　敏　董　烁　王　琛

STAFF FOR DATA PROCESSING：

Wang Baohan　Zeng Dehui　Tu Xiaobin　Chen Yuan　Yang Min　Dong Shuo　Wang Chen

简要说明

本篇资料反映武汉市国内贸易、对外经济及旅游情况。国内贸易资料内容包括社会消费品零售总额、批发和零售业商品流转情况、住宿和餐饮业经营情况、限额以上批发和零售业财务状况、限额以上住宿和餐饮业财务状况、连锁企业经营情况、亿元商品交易市场基本情况等。国内贸易数据采集方式:对限额以上企业及大个体户采用全面调查的方法,从2011年年报起,由企业在国家统计局统计数据联网直报平台上报送企业一套表;对限额以下企业及个体户采用抽样调查方法;亿元商品交易市场、连锁企业实行全面调查。对外经济资料包括进出口贸易、实际利用外资等,其中进出口贸易资料由武汉海关提供,利用外资资料由武汉市商务局提供。旅游资料包括接待旅游者人数、旅游总收入以及星级饭店个数、客房数、床位数等,由武汉市文化和旅游局提供。

Brief Description

The data in this chapter reflect the development of domestic-trade, foreign trade, economic cooperation and tourism. Data on domestic trade includes total retail sales of consumer goods, circulation of goods in wholesale and retail trade, operation of hotel and catering services, financial conditions on wholesale, retail, hotel and catering services above designated size, operation of chain business, bussiness of transaction over 100 million yuan, business combination, etc. The way data on clomestic trade are obtained complete survey is used for enterprises above desighated size and big individuals, and since 2011, enterprises have reported integrated survey tables on cyber – reporting system of State Statistics Bureau; sample survey is used for enterprises below designated size and individuals; complete survey is used for business of transaction over 100 million yuan and chain bussiness; major survey is used for bussiness combination. Data on foreign trade and economic coorperation involve imports and exports, foreign capital actually used, etc. The information of impots and exports of foreign trade comes from Wuhan customs. The infromation of utilization of foreign capital comes from Wuhan Bureau of Commerce. Data on tourism are provided by Wuhan Cultural and Tourism Bureau, including number of tourists abroad, revenue of tourism, number of Star – rated hotels, rooms, beds, etc.

8-1 历年社会消费品零售总额及指数
TOTAL RETAIL SALES OF CONSUMER GOODS AND INDICES OVER THE YEARS

年份 Year	消费品零售总额（万元） Total Retail Sales of Consumer Goods (10 000 yuan)	指数（上年=100） Indice (preceding year=100)	年份 Year	消费品零售总额（万元） Total Retail Sales of Consumer Goods (10 000 yuan)	指数（上年=100） Indice (preceding year=100)
1952	41082	—	1986	534462	109.9
1953	54166	131.8	1987	636886	119.2
1954	51675	95.4	1988	833627	130.9
1955	52224	101.1	1989	932510	111.9
1956	72538	138.9	1990	957229	102.7
1957	77584	107.0	1991	1091230	114.0
1958	83757	108.0	1992	1236422	113.2
1959	92593	110.5	1993	1725865	139.6
1960	98845	106.8	1994	2396113	138.8
1961	88515	89.5	1995	3109558	129.8
1962	87404	98.7	1996	3885447	125.0
1963	80004	91.5	1997	4526332	116.5
1964	80766	101.0	1998	5022531	111.0
1965	80921	100.2	1999	5598203	111.5
1966	86446	106.8	2000	6511410	116.3
1967	94690	109.5	2001	7344851	112.8
1968	96140	101.5	2002	8074502	109.9
1969	95908	99.8	2003	9094980	112.6
1970	95631	99.7	2004	10226924	112.4
1971	96836	101.3	2005	11755034	114.9
1972	104620	108.0	2006	13611836	115.8
1973	114218	109.2	2007	16081951	118.1
1974	117409	102.8	2008	19704283	122.5
1975	127036	108.2	2009	22806054	115.7
1976	132784	104.5	2010	27239487	119.4
1977	139750	105.2	2011	32350075	118.8
1978	157086	112.4	2012	37030815	114.5
1979	179840	114.5	2013	42057385	113.6
1980	219490	122.0	2014	47883874	113.9
1981	244985	111.6	2015	53018198	110.7
1982	266412	108.7	2016	58436632	110.2
1983	296380	111.2	2017	64932430	111.1
1984	362100	122.2	2018	71696981	110.4
1985	486210	134.3			

注：1992年－2018年社会消费品零售额及指数根据第四次经济普查结果修正。

Note: The retail Sales Volume and index of consumer goods in 1992－2018 were revised according to the results of the fourth conomic census.

8-2 社会消费品零售总额及构成
TOTAL RETAIL SALES OF CONSUMER GOODS AND ITS COMPOSITION

单位:亿元　　(100 million yuan)

项　目 Item	2014 年	2015 年	2016 年	2017 年	2018 年
社会消费品零售总额 Total Retail Sales of Consumer Goods	**4788.39**	**5301.82**	**5843.66**	**6493.24**	**7169.70**
其中限额以上: Total Retail Sales of Consumer Goods Above Designated	3183.23	3519.32	3585.32	3956.53	3767.64
一、按经营单位所在地分 Accorading to the Division of Business Location					
城镇 Urban	4486.39	4898.81	5534.13	6129.30	6699.18
其中:城区 Town	4081.17	4659.87	5245.11	5781.87	6344.18
乡村 Rural	302.00	403.01	309.53	363.94	470.52
二、按商品形态分 Accorading to the Division of Commodity Form					
餐饮收入 Revenue From Catering	415.48	490.88	553.41	616.93	678.65
商品零售 Goods Retailing	4372.91	4810.94	5290.25	5876.31	6491.05

8－3 限额以上批发和零售业商品销售类值(2018年)
TOTAL SALES OF ENTERPRISES ABOVE DESIGNATED SIZE IN WHOLESALE AND RETAIL TRADE BY CATEGORY OF COMMODITIED(2018)

单位:万元 (10 000 yuan)

指标名称	Index name	商品销售总额 Total	批发额 Wholesale	零售额 Retail
总计	**Total**	**130361136.0**	**94319711.8**	**36041424.2**
粮油、食品类	Food	8629911.1	3057054.3	5572856.8
饮料类	Beverage	754873.6	192120.9	562752.7
烟酒类	Tabacco and Alcohol	5821350.7	4919966.1	901384.6
服装、鞋帽、针纺织品类	Garments、Shoes Hats and Textile Products	4767792.1	806503.4	3961288.7
化妆品类	Cosmetics	1894335.4	184989.0	1709346.4
金银珠宝类	Jewelry	1459735.2	706383.5	753351.7
日用品类	Articles for Daily Use	2964694.7	540158.0	2424536.7
五金、电料类	Hardware and Electrical Tools	115918.6	61248.6	54670.0
体育、娱乐用品类	Sports and Recreation Articles	148416.9	3091.5	145325.4
书报杂志类	Books and Newspapers	819419.3	609217.9	210201.4
电子出版物及音像制品类	Electronic Publications and Audio Video Products	3643.5	1940.6	1702.9
家用电器和音像器材类	Household Appliances and Audio and Video Apparatus	4332196.8	1565553.6	2766643.2
中西药品类	Medicines	15858925.5	14925317.2	933608.3
文化办公用品类	Culture and Office Articles	3023594.9	1687523.5	1336071.4
家具类	Furniture	548627.6	29946.6	518681.0
通讯器材类	Telecommunication Equipments	5719427.4	3703471.5	2015955.9
煤炭及制品类	Coal Products	1725685.5	1725685.5	0.0
木材及制品类	Timber and Products	55563.5	55563.5	0.0
石油及制品类	Petroleum and Products	35900195.4	33366510.5	2533684.9
化工材料及制品类	Chemical Materials and Products	2095685.1	2095685.1	0.0
金属材料类	Metal Materials	12939054.6	12939054.6	0.0
建筑及装潢材料类	Building Materials	1074449.1	953906.2	120542.9
机电产品及设备类	Mechanical and electric Products	1555755.2	1534829.7	20925.5
汽车类	Automobile	15750343.0	6726766.8	9023576.2
种子饲料类	Seed and Forage	48212.3	48212.3	0.0
棉麻类	Cotton and Fiber	893999.4	893999.4	0.0
其他类	Others	1459329.6	985012.0	474317.6

8-4 限额以上批发和零售业重要商品销售数量(2018年)

TOTAL SALES OF ENTERPRISES ABOVE DESIGNATED SIZE IN WHOLESALE AND RETAIL TRADES BY COMMODITY(2018)

商品名称	Commodity name	计量单位 Unit	销售量 Sales
大米(稻米)	Rice	千克(kg)	768297012
白面(小麦面)	Flour	千克(kg)	13531250
杂　粮	Grains	千克(kg)	17503469
食用植物油	Edible Vegetable Oil	千克(kg)	548037396
猪　肉	Pork	千克(kg)	47621138
牛　肉	Beef	千克(kg)	4110870
羊　肉	Mutton	千克(kg)	578130
禽　肉	Poultry	千克(kg)	12369045
鲜　蛋	Eggs	千克(kg)	18898390
彩色电视机	Television Set	台(set)	2654063
家用电冰箱	Refrigerator	台(set)	1624335
房间空调器	Air Conditioner	台(set)	4039417
电脑(微型计算机)	Computer	台(set)	2542807
汽　车	Motor Vehicles	辆(unit)	1684406
其中:轿　车	Automobile	辆(unit)	536735
钢　材	Rolled - Steel	吨(ton)	16334163
铜	Copper	吨(ton)	327431
铝	Alluminium	吨(ton)	75201
水　泥	Cement	吨(ton)	4252541
化学肥料	Chemical Fertilizer	吨(ton)	2343134
化学农药	Chemical Pesticide	吨(ton)	5875

8－5 限额以上批发业法人企业基本情况(2018年)
BASIC SITUATION OF WHDESALE ENTERPRISE LEGAL PERSON ABOVE DESIGNATED SIZE(2018)

指标名称 Index name	法人企业数(个) Number of Enterprises	从业人员期末人数(人) Staff and Workers at Year－end	年末零售营业面积(平方米) Business Area for retail at Year－end(sq. m)
总计 Total	**1342**	**115065**	**275710**
其中:国有控股 State Owned and State holding	106	32283	74620
一、按批发行业小类分 According to the classification of the wholesale industry			
谷物、豆及薯类批发 Wholesale of Grain, Beans and Potatoes	4	493	0
种子批发 Seed Wholesale	4	231	0
畜牧渔业批发 Livestock Wholesale	8	110	0
棉、麻批发 Cotton & hamp Wholesale	5	750	0
林业产品批发 Forestry products wholesale	1	60	0
牲畜批发 Livestock Wholesale	2	51	0
其他农牧产品批发 Other Whdesale Agricultural and Livestock Produvts	2	18	200
米、面制品及食用油批发 Wholesale of Rice, Noodle and Edible Oil	22	2026	2459
糕点、糖果及糖批发 Wholesale of Cakes, Candy and Sugar	9	550	350
果品、蔬菜批发 Wholesale of Fruit and Vegetables	19	808	9343
肉、禽、蛋、奶及水产品批发 Wholesale of Meat, Bird, Eggs, Milk and Aquatic products	23	2711	3993
盐及调味品批发 Wholesale of Salt and Seasoning	4	2640	0
营养和保健品批发 Wholesale of Health Care products	4	216	200
酒、饮料及茶叶批发 Wholesale of Alcohol, Drinks and Tea	24	6830	2144
烟草制品批发 Wholesale of Tobaccos	2	1607	140

8－5 续 表 1 Continued 1

指标名称 Index name	法人企业数（个） Number of Enterprises	从业人员期末人数（人） Staff and Workers at Year－end	年末零售营业面积（平方米） Business Area for retail at Year－end(sq. m)
其他食品批发 The Other foods Wholesale	23	2315	21585
纺织品、针织品及原料批发 Wholesale of Textiles, Knitwear and Raw Material	17	288	0
服装批发 Wholesale of Gamments	43	2227	5654
鞋帽批发 Wholesale of Shoes and Hats	5	2940	7500
化妆品及卫生用品批发 Wholesale of Conmetics and Hygiene	15	1301	2477
厨房卫具及日用杂货批发 Wholesale of Kitchen Supplies, Toilet Articles and Daily Necessities	8	743	5140
家用视听设备批发 Wholesale of Home Audio and Visual Equipment	13	1799	2922
日用家电批发 Wholesale of Household appliances	15	495	700
其他家庭用品批发 Wholesale of Other household products	9	317	200
文具用品批发 Wholesale of Stationery	30	629	2790
体育用品及器材批发 Cultural and Sports Goods	2	15	0
图书批发 Wholesale of Books	4	4267	65000
首饰、工艺品及收藏品批发 Wholesale of Jewely, Handicraft and Collection	8	1378	16350
其他文化用品批发 Wholesale of Other Cultural Products	1	17	200

8-5 续 表 2 Continued 2

指标名称 Index name	法人企业数（个） Number of Enterprises	从业人员期末人数（人） Staff and Workers at Year-end	年末零售营业面积（平方米） Business Area for retail at Year-end(sq. m)
西药批发 Western Medicine Wholesale	162	35890	36924
中药批发 Traditional Chinese Medicine Wholesale	57	2976	1891
动物用药品批发 Wholesale of Animal Drugs	4	56	0
医疗用品及器材批发 Medical Supplies and Apparatus Wholesale	107	4031	3334
煤炭及制品批发 Wholesale of Coal and Related Products	22	465	0
石油及制品批发 Wholesale of Petroleum and related Products	46	17208	47204
非金属矿及制品批发 Wholesale of Non-Metal Minerals and Products	2	20	0
金属及金属矿批发 Wholesale of Metals and Metal Minerals	205	3987	4161
建材批发 Wholesale of Building Materials	54	867	1029
化肥批发 Wholesale of Fertilizers	6	545	150
农药批发 Wholesale of Pesticides	1	27	400
其他化工产品批发 Other Chemical Products Wholesale	84	1475	540
农业机械批发 Agricaltural Machinery Wholesale	2	77	0
汽车零配件批发 Wholesale of Auto Parts	60	3186	15245
摩托车及零配件批发 Wholesale of Motorcycles and Parts	2	64	0
五金产品批发 Hardware Products Wholesale	19	265	613

8-5 续 表 3 Continued 3

指标名称 Index name	法人企业数（个） Number of Enterprises	从业人员期末人数（人） Staff and Workers at Year-end	年末零售营业面积（平方米） Business Area for retail at Year-end (sq. m)
电气设备批发 Ecectrical Equipment Wholesale	20	415	206
计算机、软件及辅助设备批发 Wholesale of Computer, Software and Related Appliances	28	969	2043
通讯设备批发 Wholesale of Communications Equipment	12	831	900
广播影视设备批发 Wholesale of Radio, Film and Television Equipment	6	288	730
其他机械设备及电子产品批发 Wholesale of Other mechanical Equipment and Ecectronic Products	93	3086	3703
贸易代理 Trade Agent	3	67	0
一般物品拍卖 General Auction	1	25	0
再生物资回收与批发 Wholesale of Recycled Materials	8	148	0
互联网批发 Wholesale of Internet	2	116	500
其他未列明批发业 Other Unlisted Wholesale	10	149	6790
二、按登记注册类型分 Grouped by Registration			
内资企业 Domestic-funded Enterprises	1306	100003	235473
国有企业 State-owned Units	7	2524	30
集体企业 Collective-owned Units	5	245	400
股份合作企业 Share-holding Cooperative	1	8	60
联营企业 Joint Venture	1	225	0
集体联营企业 Collective Joint Ventures	1	225	0

8-5 续 表 4 Continued 4

指标名称 Index name	法人企业数（个） Number of Enterprises	从业人员期末人数（人） Staff and Workers at Year-end	年末零售营业面积（平方米） Business Area for retail at Year-end (sq. m)
有限责任公司 Companies of Limited Liabilities	539	36405	137635
国有独资公司 Companies with State-owned Exclusive Investment	18	3221	450
其他有限责任公司 Other Companies of Limited Liabilities	521	33184	137185
股份有限公司 Companies of Share-holding with Limited Liabilities	41	37788	1208
私营企业 Private-owned Units	711	22780	95940
私营独资企业 Private Exclusive Investment	1	24	0
私营有限责任公司 Private Companies of Limited Liabilities	695	21944	95410
私营股份有限公司 Private Companies of Limited Liabilities with Share Holding	15	812	530
其他企业 Others	1	28	200
港、澳、台商投资企业 Enterprises Funded by Entepreneurs from Hongkong, Macao & Taiwan	18	10533	19840
与港澳台商合资经营企业 Joint Ventures with Hongkong, Macao and Taiwan	4	365	640
港澳台商独资企业 Manage with Hongkong, Macao and Taiwan Jointly	13	9787	19200
港澳台商投资股份有限公司 Share-holding Corporations Funded from HongKong, Macao and Taiwan	1	381	0
外商投资企业 Foreign-funded Enterprises	18	4529	20397
中外合资经营企业 Sino-Foreign Cooperative Economic Units	9	1545	0
外资企业 Enterprises with Foreign Exclusive Investment	8	2843	20397
其他外商投资企业 Other Foreign Funded Enterprises	1	141	0

8－6 限额以上批发业法人企业商品购销存(2018 年)

单位:万元

指标名称 Index name	商品购进额 Total Amount of Purchasing Goods	进　口 Imports
总　计 Total	**90451816.1**	**441959.0**
其中:国有控股 State Owned and State holding	46199686.1	119627.2
一、按批发行业小类分 According to the classification of the wholesale industry		
谷物、豆及薯类批发 Wholesale of Grain, Beans and Potatoes	24991.0	0.0
种子批发 Seed Wholesale	25361.6	0.0
畜牧渔业饮料批发 Wholesale of Livestock and Fishery Beverages	63765.6	0.0
棉、麻批发 Cotton & hamp Wholesale	495509.4	0.0
林业产品批发 Forestry products wholesale	7307.3	0.0
牲畜批发 Livestock Wholesale	22336.6	0.0
其他农牧产品批发 Other wholesale agricultural and livestock products	108892.7	0.0
米、面制品及食用油批发 Wholesale of Rice, Noodle and Edible Oil	816553.9	4991.0
糕点、糖果及糖批发 Wholesale of Cakes, Candy and Sugar	89270.9	0.0
果品、蔬菜批发 Wholesale of Fruit and Vegetables	131611.1	0.0
肉、禽、蛋、奶及水产品批发 Wholesale of Meat, Bird, Eggs, Milk and Aquatic products	346600.1	7499.2
盐及调味品批发 Wholesale of Salt and Seasoning	63024.0	0.0
营养和保健品批发 Wholesale of Health Care products	36400.2	0.0
酒、饮料及茶叶批发 Wholesale of Alcohol, Drinks and Tea	2717909.5	0.0
烟草制品批发 Wholesale of Tobaccos	1164631.7	5152.0
其他食品批发 The Other foods Wholesale	800427.2	0.0
纺织品、针织品及原料批发 Wholesale of Textiles, Knitwear and Raw Material	175984.5	23256.8

PURCHASE, SALES AND STOCK OF ENTERPRISES ABOVE DESIGNATED SIZE IN WHOLESALE(2018)

(10 000 yuan)

商品销售额 Total Sales	批发额 Wholesale	出口 Exports	零售额 Retail	期末商品库存额 Stocks at Year - end
96469944.0	**95110441.4**	**3472941.7**	**1359502.6**	**4931305.3**
48582129.0	48199225.6	151093.4	382903.4	1810007.5
30936.6	30936.6	0.0	0.0	21429.5
29358.7	29358.7	3008.7	0.0	20424.9
64716.8	64716.8	21308.7	0.0	1606.4
899785.6	899785.6	0.0	0.0	12314.6
7307.1	7307.1	0.0	0.0	10.9
23014.6	23014.6	0.0	0.0	27.5
110025.5	84855.5	0.0	25170.0	2076.8
898965.2	783431.7	122.7	115533.5	80280.4
131548.7	131548.7	0.0	0.0	16399.7
147254.1	109992.3	0.0	37261.8	911.8
415762.7	367537.8	0.0	48224.9	10657.2
61815.0	61815.0	0.0	0.0	10041.0
38675.1	37720.9	0.0	954.2	6282.7
3212207.9	3192906.3	0.0	19301.6	81506.6
1673083.4	1671709.2	14684.4	1374.2	22849.8
991574.3	903211.9	149.8	88362.4	176317.6
192398.6	192398.6	55232.4	0.0	4812.5

8-6 续 表 1

单位:万元

指标名称 Index name	商品购进额 Total Amount of Purchasing Goods	进 口 Imports
服装批发 Wholesale of Gamments	268759.8	3854.2
鞋帽批发 Wholesale of Shoes and Hats	47860.1	0.0
化妆品及卫生用品批发 Wholesale of Conmetics and Hygiene	160374.5	35111.2
厨具卫具及日用杂货批发 Wholesale of Kitchen Supplies, Toilet Articles and Daily Necessities	49798.3	0.0
家用视听设备批发 Wholesale of Home Audio and Visual Equipment	904765.8	0.0
日用家电批发 Wholesale of Household Appliances	444721.9	0.0
其他家庭用品批发 Wholesale of Other household products	61205.3	143.1
文具用品批发 Wholesale of Stationery	1077984.4	18150.4
文具用品及器材批发 Stationery Products Wholesale	11227.9	0.0
图书批发 Wholesale of Books	658071.9	0.0
首饰、工艺品及收藏品批发 Wholesale of Jewely, Handicraft and Collection	512774.6	0.0
其他文化用品批发 Wholesale of Other Cultural Products	1814.4	0.0
西药批发 Western Medicine Wholesale	14860596.5	24223.1
中药批发 Traditional Chinese Medicine Wholesale	564050.0	39.0
动物用药品批发 Wholesale of Animal Drugs	11449.2	0.0
医疗用品及器材批发 Medical Supplies and Apparatus Wholesale	848200.7	34982.4
煤炭及制品批发 Wholesale of Coal and Related Products	1680275.2	3555.6
石油及制品批发 Wholesale of Petroleum and related Products	31271052.5	10882.3
非金属矿及制品批发 Wholesale of Non - Metal Minerals and Products	5200.5	0.0
金属及金属矿批发 Wholesale of Metals and Metal Minerals	14945721.2	0.0

8－6 Continued 1

(10 000 yuan)

商品销售额 Total Sales	批发额 Wholesale	出口 Exports	零售额 Retail	期末商品库存额 Stocks at Year－end
401161.1	371175.1	77848.1	29986.0	72811.2
215771.6	160000.1	7755.1	55771.5	47875.4
202032.2	187578.0	45703.0	14454.2	38776.2
61331.5	57952.0	20434.7	3379.5	6593.0
914442.5	901723.0	18242.5	12719.5	65118.7
470227.8	469073.4	988.8	1154.4	40032.6
59450.3	59450.3	5616.7	0.0	5111.1
1132770.8	1102354.8	0.0	30416.0	49094.0
12389.1	12389.1	0.0	0.0	555.5
737683.1	661374.8	0.0	76308.3	92765.0
661625.0	603023.8	2054.6	58601.2	13185.0
2223.4	1223.4	0.0	1000.0	11.4
15214725.4	14938724.5	20119.3	276000.9	1653720.5
661618.0	654112.3	640.9	7505.7	57759.5
16675.3	16675.3	0.0	0.0	1042.4
1232871.2	1202327.5	61841.3	30543.7	138324.0
1801472.5	1801472.5	0.0	0.0	21466.9
32265178.5	32104245.2	0.0	160933.3	759027.7
5607.0	5607.0	0.0	0.0	36.6
15143427.7	15047318.8	0.0	96108.9	623617.8

8-6 续 表 2

单位:万元

指标名称 Index name	商品购进额 Total Amount of Purchasing Goods	进口 Imports
建材批发 Wholesale of Building Materials	869771.6	1875.0
化肥批发 Wholesale of Fertilizers	578651.5	0.0
农药批发 Wholesale of Pesticides	6753.6	6753.6
其他化工产品批发 Other Chemical Products Wholesale	1608841.4	43809.0
农业机械批发 Agricaltural Machinery Wholesale	2557.8	0.0
汽车零配件批发 Wholesale of Auto Parts	6051448.3	99904.2
摩托车及零配件批发 Wholesale of Motorcycles and Parts	36225.9	7771.1
五金产品批发 Hardware Products Wholesale	104357.2	0.0
电气设备批发 Ecectrical Equipment Wholesale	100352.9	6823.0
计算机、软件及辅助设备批发 Wholesale of Computer, Software and Related Appliances	3512064.4	0.0
通讯设备批发 Wholesale of Communications Equipment	365676.2	488.1
广播影视设备批发 Wholesale of Radio, Film and Television Equipment	82190.6	0.0
其他机械设备及电子产品批发 Wholesale of Other mechanical Equipment and Ecectronic Products	1350611.8	102399.3
贸易代理 Trade Agent	45778.5	0.0
一般物品拍卖 General Auction	0.0	0.0
再生物资回收与批发 Wholesale of Recycled Materials	72448.7	0.0
互联网批发 Wholesale of Internet	15999.9	0.0
其他未列明批发业 Other Unlisted Wholesale	171603.8	295.4
二、按登记注册类型分 **Grouped by Registration**		
内资企业 Domestic - funded Enterprises	81058290.5	324241.4
国有企业 State - owned Units	1338845.5	0.0

8-6 Continued 2

(10 000 yuan)

商品销售额 Total Sales	批发额 Wholesale	出口 Exports	零售额 Retail	期末商品库存额 Stocks at Year-end
945830.0	928103.8	26073.9	17726.2	26729.2
566343.0	566092.0	0.0	251.0	59141.0
8486.6	7875.1	0.0	611.5	3112.5
1704495.3	1694880.5	65000.6	9614.8	58915.1
3971.7	3971.7	460.9	0.0	1359.2
6869555.9	6806189.5	41357.2	63366.4	455523.4
40956.3	40956.3	0.0	0.0	7539.5
105965.7	96163.1	8801.7	9802.6	7328.3
118775.6	113379.0	49.4	5396.6	7340.9
3555851.6	3541415.0	2801295.7	14436.6	35320.2
402900.8	391988.4	0.0	10912.4	20394.5
88329.0	78355.5	0.0	9973.5	2351.4
1566184.0	1543404.2	145994.9	22779.8	84143.1
53360.4	53360.4	13708.1	0.0	1022.0
7895.7	7895.7	0.0	0.0	0.0
84132.8	84132.8	0.0	0.0	1993.6
17281.0	14610.9	0.0	2670.1	2740.5
188514.7	187619.3	14447.6	895.4	1476.5
85155961.0	83996931.8	3453982.4	1159029.2	4374511.1
1863430.8	1862769.9	0.0	660.9	44391.5

8－6 续 表 3

单位:万元

指标名称 Index name	商品购进额 Total Amount of Purchasing Goods	进　口 Imports
集体企业 Collective－owned Units	56434.0	0.0
股份合作企业 Share－holding Cooperative	1344.0	0.0
联营企业 Joint Venture	2432.3	0.0
集体联营企业 Collective Joint Ventures	2432.3	0.0
有限责任公司 Companies of Limited Liabilities	49409412.5	214175.5
国有独资公司 Companies with State－owned Exclusive Investment	3139916.6	13027.3
其他有限责任公司 Other Companies of Limited Liabilities	46269495.9	201148.2
股份有限公司 Companies of Share－holding with Limited Liabilities	19974660.7	0.0
私营企业 Private－owned	10271290.3	110065.9
私营独资企业 Private Exclusive Investment	7502.1	0.0
私营有限责任公司 Private Companies of Limited Liabilities	10129486.2	110065.9
私营股份有限公司 Private Companies of Limited Liabilities with Share Holding	134302.0	0.0
其他企业 Others	3871.2	0.0
港、澳、台商投资企业 Enterprises Funded by Entepreneurs from Hongkong, Macao & Taiwan	3634059.4	8697.7
与港澳台商合资经营企业 Joint Ventures with Hongkong, Macao and Taiwan	176341.3	4531.1
港澳台商独资企业 Manage with Hongkong, Macao and Taiwan Jointly	3386111.1	4166.6
港澳台商投资股份有限公司 Share－holding Corporations Funded from HongKong, Macao and Taiwan	71607.0	0.0
外商投资企业 Foreign－funded Enterpnises	5759466.2	109019.9
中外合资经营企业 Sino－Foreign Cooperative Economic Units	4862474.0	107674.3
外资企业 Enterprises with Foreign Exclusive Investment	855392.9	1345.6
其他外商投资企业 Other Foreign Funded Enterprises	41599.3	0.0

8 -6 Continued 3

(10 000 yuan)

商品销售额 Total Sales	批发额 Wholesale	出口 Exports	零售额 Retail	期末商品库存额 Stocks at Year - end
56217.9	51579.6	0.0	4638.3	6368.7
1526.4	1075.0	0.0	451.4	240.1
6583.0	6583.0	0.0	0.0	398.8
6583.0	6583.0	0.0	0.0	398.8
52005149.5	51351099.0	3138604.1	654050.5	1941540.6
2977405.0	2855362.4	25525.3	122042.6	307825.8
49027744.5	48495736.6	3113078.8	532007.9	1633714.8
19601885.0	19549398.3	36602.2	52486.7	1738217.5
11617279.2	11171125.9	278776.1	446153.3	643340.5
7448.6	7448.6	0.0	0.0	92.5
11455766.9	11029300.2	275812.5	426466.7	622931.8
154063.7	134377.1	2963.6	19686.6	20316.2
3889.2	3301.1	0.0	588.1	13.4
4452803.5	4316223.1	0.0	136580.4	130856.1
207047.6	177723.3	0.0	29324.3	10843.0
4159947.7	4052691.6	0.0	107256.1	100513.8
85808.2	85808.2	0.0	0.0	19499.3
6861179.5	6797286.5	18959.3	63893.0	425938.1
5711459.9	5700001.6	18959.3	11458.3	321532.9
1102563.3	1050128.6	0.0	52434.7	102668.9
47156.3	47156.3	0.0	0.0	1736.3

8-7 限额以上零售业法人企业基本情况(2018)
BASIC SITUATION OF LEGAL PERSON ENTERPRISES ABOVE DESIGNATED SIZE IN RETAILING(2018)

指标名称 Index name	法人企业数（个） Number of Enterprises	从业人员期末人数（人） Staff and Workers at Year - end	年末零售营业面积（平方米） Business Area for retail at Year - end(sq. m)
总计 Total	**907**	**136285**	**8449516**
其中:国有控股 State - owned and State Holding	56	50449	4514658
一、按零售行业小类分 According to the Classfication of Retail Industry			
百货零售 Department Store	50	22707	3880503
超级市场零售 Super Market	18	35605	1496801
便利店零售 Convenience Store	3	475	23542
其他综合零售 Other Comprehensire	12	1077	55000
粮油零售 Grain and Oil	2	45	1180
糕点、面包零售 Cake and Bread	6	1381	10208
果品、蔬菜零售 Fruits and Vegetables	11	475	7195
肉、禽、蛋、奶及水产品零售 Meat, Bird, Eggs, Milk and Aquatic products	13	1140	10685
营养和保健品零售 Health Care products	2	106	1060
酒、饮料及茶叶零售 Alcohol, Drinks and Tea	20	532	28042
烟草制品零售 Tobaccos	5	547	6368
其他食品零售 Other foods Retail	11	4359	111537
纺织品及针织品零售 Textiles and Knitwear	6	161	4598
服装零售 Clothing	54	6647	324991
鞋帽零售 Shoes and Hats	6	2245	16465
化妆品及卫生用品零售 Cosmetics and Hygiene	2	194	1090

8-7 续 表 1 Continued 1

指标名称 Index name	法人企业数（个） Number of Enterprises	从业人员期末人数（人） Staff and Workers at Year-end	年末零售营业面积（平方米） Business Area for retail at Year-end(sq. m)
厨房用具及日用杂品零售 Kitchen Utensils and Daily Sundries	5	119	997
钟表、眼镜零售 Clocks, Watch and Glasses	8	662	4530
箱包零售 Luggage and Bags	2	120	250
其他日用品零售 Other Daily Necessities	6	253	2798
文具用品零售 Stationery	10	224	1986
体育用品及器材零售 Soprts Goods	1	1	110
图书、报刊零售 Books and Newspapers	9	1265	25179
珠宝首饰零售 Jewelry	16	894	13182
工艺美术品及收藏品零售 Arts and Crafts and Collectibles	3	40	300
乐器零售 Musical Instruments	4	77	3030
照相器材零售 Photographic Equipment	1	4	15
其他文化用品零售 Other Cultural Articles	8	195	3436
西药零售 Western Medicine	40	8447	150830
中药零售 Traditional Chinese Medicine	7	639	13011
动物用药品零售 Animal Drugs	1	25	1400
医疗用品及器材零售 Medical Supplies and Equipment	5	212	549
保健辅助治疗器材零售 Assistive Devices of Health Care	1	8	50
汽车新车零售 New Cars	285	24845	809926
汽车零配件零售 Atuo Parts	12	183	4904
摩托车及零配件零售 Motocycle and Spare Parts	4	67	3017
机动车燃油零售 Motor Fuel	37	5616	300679

8－7 续 表 2 Continued 2

指标名称 Index name	法人企业数（个） Number of Enterprises	从业人员期末人数（人） Staff and Workers at Year－end	年末零售营业面积（平方米） Business Area for retail at Year－end(sq. m)
机动车燃气零售 Motor Vehicle Gas	2	346	6700
家用视听设备零售 Home Auto－visual and Electronic Products Equipment	12	3156	466586
日用家电设备零售 Household Appliances	32	1543	134636
计算机、软件及辅助设备零售 Computer, Software and Auxiliary Equipment	38	1700	9454
通信设备零售 Communication Equipment	22	2647	69140
其他电子产品零售 Other Electronic Products	5	96	931
五金零售 Hardware	14	244	173902
灯具零售 Lamps and Lanterns	6	56	2208
家具零售 Furniture	25	1972	163993
卫生洁具零售 Sanitary ware	6	115	2000
木质装饰材料零售 Wood Decoration	3	63	1460
陶瓷、石材装饰材料零售 Ceramic and Stone	4	76	4580
其他室内装饰材料零售 Other Indoor Decoration Materials	8	340	71379
互联网零售 Internet	30	1717	13612
邮购及电视、电话零售 Mail Order and TV, Telephone	2	100	0
自动售货机零售 Vending Machine	1	59	0
生活用燃料零售 Domestic Fule	5	174	3956
其他未列明零售业 Other not Listed	6	289	5535

8－7 续 表 3 Continued 3

指标名称 Index name	法人企业数（个） Number of Enterprises	从业人员期末人数（人） Staff and Workers at Year－end	年末零售营业面积（平方米） Business Area for retail at Year－end(sq. m)
二、按登记注册类型分 **Grouped by Registration**			
内资企业 Domestic Investment	874	118068	7670256
国有企业 State－owned	10	676	13061
集体企业 Collective－owned	4	371	95266
股份合作企业 Cooperative of Share Holding	3	179	3896
有限责任公司 Compaines of Limited Liabilities	345	42806	2112507
国有独资公司 State Owned	7	1639	38335
其他有限责任公司 Other Companies of Limited Liabilities	338	41167	2074172
股份有限公司 Share Holding	21	42547	4029396
私营企业 Private－owned	491	31489	1416130
私营独资企业 Private Exclusive Investment	13	242	38670
私营合伙企业 Private Partnership	2	39	800
私营有限责任公司 Private Companies of Limited Liabilities	466	30579	1368760
私营股份有限公司 Private Companies of Limited Liabilities with Share Holding	10	629	7900
港、澳、台商投资企业 Enterprises funded by Entepreneurs from HongKong, Macao & Taiwan	15	7233	224169
与港澳台商合资经营企业 Joint Venture with Hongkong, Macao & Taiwan	2	139	48940
港澳台商独资企业 Hongkong and Marcro, Taiwan Owned	13	7094	175229
外商投资企业 Foreign Investment	18	10984	555091
中外合资经营企业 Chinese Foreign Equity Joint Ventures	1	12	120
外资企业 Foreign Enterprise	16	10752	553956
外商投资股份有限公司 Foveign Investment Limited Company	1	220	1015

8－8 限额以上零售业法人企业商品购销存(2018)

单位:万元

指标名称 Index name	商品购进额 Total Amount of Purchasing Goods	进口 Imports
总计 **Total**	**27397379.3**	**543856.0**
其中:国有控股 State－owned and State Holding	9928090.9	26227.9
一、按零售行业小类分 **According to the Classfication of Retail Industry**		
百货零售 Department Store	6235064.8	1793.2
超级市场零售 Super Market	3632628.6	0.0
便利店零售 Convenience Store	29617.2	0.0
其他综合零售 Other Comprehensire	96854.6	8340.3
粮油零售 Grain and Oil	3045.6	0.0
糕点、面包零售 Cake and Bread	89085.0	0.0
果品、蔬菜零售 Fruits and Vegetables	114124.1	0.0
肉、禽、蛋、奶及水产品零售 Meat, Bird, Eggs, Milk and Aquatic products	136819.2	40879.4
营养和保健品零售 Health Care products	3760.1	0.0
酒、饮料及茶叶零售 Alcohol, Drinks and Tea	59420.0	0.0
烟草制品零售 Tobaccos	52325.6	0.0
其他食品零售 Other foods Retail	580156.7	863.9
纺织品及针织品零售 Textiles and Knitwear	16495.0	0.0
服装零售 Clothing	577326.4	1288.5
鞋帽零售 Shoes and Hats	97733.8	0.0
化妆品及卫生用品零售 Cosmetics and Hygiene	1059.4	0.0

PURCHASE, SALES AND STOCK OF ENTERPRISES ABOVE DESINGATED SIZE IN RETAIL TRADE(2018)

(10 000 yuan)

商品销售额 Total Sales	批发额 Wholesale	出口 Exports	零售额 Retail	期末商品库存额 Stocks at Year - end
37306214.8	**2493290.8**	**865.6**	**34812924.0**	**2339672.0**
12545234.9	834489.7	0.0	11710745.2	742082.1
8011918.5	352868.2	0.0	7659050.3	472263.4
4193467.6	60000.0	0.0	4133467.6	271314.2
35916.1	517.0	0.0	35399.1	9917.1
116726.9	1115.6	0.0	115611.3	10792.1
23044.5	0.0	0.0	23044.5	1444.1
101972.4	1279.8	0.0	100692.6	304.5
123377.8	12537.1	0.0	110840.7	1231.4
164651.7	47911.5	0.0	116740.2	14010.4
4199.8	0.0	0.0	4199.8	256.8
84960.8	7192.2	0.0	77768.6	6307.5
74516.3	0.0	0.0	74516.3	11436.9
795241.1	3496.2	0.0	791744.9	36874.5
28341.0	0.0	0.0	28341.0	2502.2
757196.4	106036.6	0.0	651159.8	112857.7
129756.6	0.0	0.0	129756.6	14919.8
2316.9	0.0	0.0	2316.9	5.4

8-8 续表 1

单位:万元

指标名称 Index name	商品购进额 Total Amount of Purchasing Goods	进口 Imports
厨房用具及日用杂品零售 Kitchen Utensils and Daily Sundries	11010.1	0.0
钟表、眼镜零售 Clocks, Watch and Glasses	30284.5	17172.1
箱包零售 Luggage and Bags	5427.0	0.0
其他日用品零售 Other Daily Necessities	20150.9	0.0
文具用品零售 Stationery	9897.6	0.0
体育用品及器材零售 Soprts Goods	1192.1	0.0
图书、报刊零售 Books and Newspapers	80291.8	0.0
珠宝首饰零售 Jewelry	103453.8	0.0
工艺美术品及收藏品零售 Arts and Crafts and Collectibles	1939.3	0.0
乐器零售 Musical Instruments	9656.7	0.0
照相器材零售 Photographic Equipment	693.2	0.0
其他文化用品零售 Other Cultural Articles	28185.0	0.0
西药零售 Western Medicine	420706.6	0.0
中药零售 Traditional Chinese Medicine	36489.5	0.0
动物用药品零售 Animal Drugs	378.9	0.0
医疗用品及器材零售 Medical Supplies and Equipment	4889.0	91.1
保健辅助治疗器材零售 Assistive Devices of Health Care	523.3	0.0
汽车新车零售 New Cars	7942728.3	444233.8
汽车零配件零售 Atuo Parts	45180.8	0.0
摩托车及零配件零售 Motocycle and Spare Parts	17530.5	0.0
机动车燃油零售 Motor Fuel	1720392.8	692.1

8－8 Continued 1

(10 000 yuan)

商品销售额 Total Sales	批发额 Wholesale	出口 Exports	零售额 Retail	期末商品库存额 Stocks at Year－end
12937.9	247.3	0.0	12690.6	293.8
43323.0	1224.9	0.0	42098.1	16147.3
7303.6	0.0	0.0	7303.6	574.8
22017.9	0.0	0.0	22017.9	3049.2
46303.0	1783.9	0.0	44519.1	1341.4
1393.3	0.0	0.0	1393.3	0.0
76655.5	3546.5	0.0	73109.0	23782.3
118016.1	24795.8	0.0	93220.3	58617.6
14134.5	0.0	0.0	14134.5	2088.1
10174.3	0.0	0.0	10174.3	4120.3
839.9	0.0	0.0	839.9	39.3
79833.2	0.0	0.0	79833.2	5833.7
503080.8	7771.1	0.0	495309.7	75781.0
48249.6	5207.8	0.0	43041.8	9589.3
901.6	0.0	0.0	901.6	12.0
27849.3	12949.7	0.0	14899.6	2544.6
327.1	229.0	0.0	98.1	221.0
9386138.7	309687.8	0.0	9076450.9	987119.0
57140.2	3895.5	0.0	53244.7	5937.2
18076.9	0.0	0.0	18076.9	704.8
2794269.0	504561.0	0.0	2289708.0	23505.9

8-8 续 表 2

单位:万元

指标名称 Index name	商品购进额 Total Amount of Purchasing Goods	进 口 Imports
机动车燃气零售 Motor Vehicle Gas	31637.8	0.0
家用视听设备零售 Home Auto - visual and Electronic Products Equipment	984200.8	24103.5
日用家电设备零售 Household Appliances	348887.6	0.0
计算机、软件及辅助设备零售 Computer, Software and Auxiliary Equipment	178329.1	730.0
通信设备零售 Communication Equipment	1484858.8	0.0
其他电子产品零售 Other Electronic Products	3879.7	561.1
五金零售 Hardware	30751.2	0.0
灯具零售 Lamps and Lanterns	12911.1	0.0
家具零售 Furniture	107089.5	0.0
卫生洁具零售 Sanitary ware	24135.4	608.7
木质装饰材料零售 Wood Decoration	1448.5	0.0
陶瓷、石材装饰材料零售 Ceramic and Stone	7830.9	0.0
其他室内装饰材料零售 Other Indoor Decoration Materials	19360.3	0.0
互联网零售 Internet	1906502.7	145.6
邮购及电视、电话零售 Mail Order and TV, Telephone	6966.0	0.0
自动售货机零售 Vending Machine	2567.7	0.0
生活用燃料零售 Domestic Fule	13353.7	0.0
其他未列明零售业 Other not Listed	16150.7	2352.7

8-8 Continued 2

(10 000 yuan)

商品销售额 Total Sales	批发额 Wholesale	出口 Exports	零售额 Retail	期末商品库存额 Stocks at Year-end
38394.9	9637.1	0.0	28757.8	122.8
996420.0	212044.6	0.0	784375.4	55671.8
390711.0	14374.6	0.0	376336.4	11290.2
220061.6	12357.8	720.0	207703.8	16741.1
1592590.6	757842.7	0.0	834747.9	14324.1
6511.9	0.0	0.0	6511.9	711.3
48511.9	0.0	0.0	48511.9	2620.2
13426.1	0.0	0.0	13426.1	337.3
439859.8	0.0	0.0	439859.8	16399.3
25953.8	0.0	0.0	25953.8	1357.9
5562.4	1484.5	0.0	4077.9	149.0
8643.4	0.0	0.0	8643.4	3490.7
44502.7	469.0	0.0	44033.7	1563.7
5499361.3	11085.1	145.6	5488276.2	23251.6
10933.9	0.0	0.0	10933.9	95.6
7009.1	0.0	0.0	7009.1	0.0
19200.3	0.0	0.0	19200.3	343.8
21990.3	5140.9	0.0	16849.4	3461.0

8-8 续 表 3

单位:万元

指标名称 Index name	商品购进额 Total Amount of Purchasing Goods	进 口 Imports
二、按登记注册类型分 **Grouped by Registration**		
内资企业 Domestic Investment	23828377.7	516589.5
国有企业 State - owned	47032.0	0.0
集体企业 Collective - owned	49193.9	0.0
股份合作企业 Cooperative of Share Holding	9386.9	0.0
有限责任公司 Compaines of Limited Liabilities	10604457.8	287738
国有独资公司 State Owned	563506.1	0.0
其他有限责任公司 Other Companies of Limited Liabilities	10040951.7	287738.0
股份有限公司 Share Holding	7611103.5	40879.4
私营企业 Private - owned	5507203.6	187972.1
私营独资企业 Private Exclusive Investment	42524.1	0.0
私营合伙企业 Private Partnership	4417.6	0.0
私营有限责任公司 Private Companies of Limited Liabilities	5393282.2	187972.1
私营股份有限公司 Private Companies of Limited Liabilities with Share Holding	66979.7	0.0
港、澳、台商投资企业 Enterprises funded by Entepreneurs from HongKong, Macao & Taiwan	1305856.5	0.0
与港澳台商合资经营企业 Joint Venture with Hongkong, Macao & Taiwan	7523.8	0.0
港澳台商独资企业 Hongkong and Marcro, Taiwan Owned	1298332.7	0.0
外商投资企业 Foreign Investment	2263145.1	27266.5
中外合资经营企业 Chinese Foreign Equity Joint Ventures	1146.9	0.0
外资企业 Foreign Enterprise	2251285.8	27266.5
外商投资股份有限公司 Foveign Investment Limited Company	10712.4	0.0

8－8 Continued 3

(10 000 yuan)

商品销售额 Total Sales	批发额 Wholesale	出口 Exports	零售额 Retail	期末商品库存额 Stocks at Year－end
32889096.9	1753390.1	865.6	31135706.8	2167449.6
82739.4	1241.7	0.0	81497.7	9218.7
59367.4	0.0	0.0	59367.4	2013.9
11378.7	0.0	0.0	11378.7	469.4
16703932.3	1054526.2	720.0	15649406.1	897364.7
824109.4	266245.3	0.0	557864.1	12414.0
15879822.9	788280.9	720.0	15091542.0	884950.7
9021274.3	359198.7	0.0	8662075.6	642207.6
7010404.8	338423.5	145.6	6671981.3	616175.3
46243.1	0.0	0.0	46243.1	761.9
4605.4	0.0	0.0	4605.4	136.7
6849790.1	338423.5	145.6	6511366.6	601008.2
109766.2	0.0	0.0	109766.2	14268.5
1814012.8	87733.9	0.0	1726278.9	83778.9
40698.1	0.0	0.0	40698.1	201.7
1773314.7	87733.9	0.0	1685580.8	83577.2
2603105.1	652166.8	0.0	1950938.3	88443.5
2059.7	0.0	0.0	2059.7	0.0
2588292.5	650887.0	0.0	1937405.5	88369.6
12752.9	1279.8	0.0	11473.1	73.9

8-9 限额以上住宿业法人企业基本情况(2018年)

指标名称 Index name	法人企业数(个) Number of Enterprises (unit)	从业人员期末人数(人) Employed Person at Year-end (person)
总计 Total	**249**	**20106**
其中:国有控股 State Holding	23	3171
一、按住宿业行业小类分 Grouped by Small Class		
旅游饭店 Traveling Hotel	124	14891
经济型连锁酒店 Budget Hotel Chain	40	1768
其它一般旅馆 Other Generel Hotel	81	2989
其他住宿业 Other Accomodation Service	4	458
二、按登记注册类型分 Grouped by registration		
内资企业 Domestic - funded Enterprises	238	17162
国有企业 State - owned Units	7	882
集体企业 Collective - owned Units	3	451
联营企业 Joint Venture	1	170
国有联营企业 State - owned Joint Venture	1	170
有限责任公司 Companies of Limited Liabilities	95	8846
国有独资公司 Companies with State - owned Exclusive Investment	3	591
其他有限责任公司 Other Companies of Limited Liabilities	92	8255
股份有限公司 Companies of Share - holding with Limited Liabilities	7	778
私营企业 Private - owned Units	125	6035
私营独资企业 Dproprietorship	2	19
私营有限责任公司 Private Companies of Limited Liabilities	121	5877
私营股份有限公司 Private Companies of Limited Liabilities with Share Holding	2	139
港、澳、台商投资企业 Enterprises funded by Entepreneurs from HongKong, Macao & Taiwan	7	2032
与港澳台商合资经营企业 Joint Ventures with HongKong, Macao and Taiwan	1	296
港澳台商独资企业 Manage with HongKong, Macao and Taiwan jointly	4	1129
港澳台商投资股份有限公司 Exclusive investment of HongKong, Macao, and Taiwan	2	607
外商投资企业 Foreign - funded Enterprises	4	912
中外合资经营企业 sino - Foreign Cooperative Economic Units	1	420
外资企业 Enterprises with Foreign Exclusive Investment	2	225
外商投资股份有限公司 Foreign Investment Limited Company	1	267

BASIC SITUATION OF HOTELS ABOVE DESIGNATED SIZE(2018)

客房数 (间) Rooms (room)	床位数 (个) Beds (unit)	餐位数 (位) Tables of Catering(unit)	年末餐饮营业面积 (平方米) Operational Area for Catering(sq. m)
42064	**62805**	**51072**	**347222**
4593	7590	10997	48347
25577	38126	39661	278613
6002	8930	4065	12952
9431	14208	6418	53297
1054	1541	928	2360
38447	57499	44914	322861
998	1663	2692	19474
463	668	2319	5900
183	323	367	1100
183	323	367	1100
19007	27552	24161	165078
664	1113	1166	8500
18343	26439	22995	156578
1207	1746	1352	5810
16589	25547	14023	125499
144	255	86	1863
16076	24748	13801	111536
369	544	136	12100
2339	3110	4230	12121
327	426	1370	2429
1355	1892	1588	7565
657	792	1272	2127
1278	2196	1928	12240
442	620	458	1600
431	776	620	9640
405	800	850	1000

8－10 限额以上住宿业法人企业经营情况(2018 年)

单位:万元

指标名称 Index name	营业额 Total Revenue	客房收入 Revenue From Hotel
总 计 **Total**	**486543.7**	**309455.9**
其中:国有控股 State Holding	69279.6	39871.1
一、按住宿业行业小类分 **Grouped by Small Class**		
旅游饭店 Traveling Hotel	365931.2	211222.4
经济型连锁酒店 Budget Hotel Chain	42259.8	36955.1
其他一般旅馆 Other Generel Hotel	69476.7	55405.6
其他住宿业 Other Accomodation Service	8876.0	5872.8
二、按登记注册类型分 **Grouped by registration**		
内资企业 Domestic－funded Enterprises	409815.9	265387.6
国有企业 State－owned Units	12181.1	6812.6
集体企业 Collective－owned Units	11866.6	5668.6
联营企业 Joint Venture	2391.0	1328.1
国有联营企业 State－owned Joint Venture	2391.0	1328.1
有限责任公司 Companies of Limited Liabilities	230384.2	139921.6
国有独资公司 Companies with State－owned Exclusive Investment	15736.1	7547.5
其他有限责任公司 Other Companies of Limited Liabilities	214648.1	132374.1
股份有限公司 Companies of Share－holding with Limited Liabilities	14797.2	8074.5
私营企业 Private－owned Units	138195.8	103582.2
私营独资企业 Droprietorship	924.3	828.1
私营有限责任公司 Private Companies of Limited Liabilities	132682.1	99857.9
私营股份有限公司 Private Companies of Limited Liabilities with Share Holding	4589.4	2896.2
港、澳、台商投资企业 Enterprises funded by Entepreneurs from HongKong, Macao & Taiwan	50177.7	30818.4
与港澳台商合资经营企业 Joint Ventures with HongKong, Macao and Taiwan	8562.6	4970.4
港澳台商独资企业 Manage with HongKong, Macao and Taiwan jointly	25408.2	14907.1
港澳台商投资股份有限公司 Exclusive investment of HongKong, Macao, and Taiwan	16206.9	10940.9
外商投资企业 Foreign－funded Enterprises	26550.1	13249.9
中外合资经营企业 sino－Foreign Cooperative Economic Units	13975.6	6234.1
外资企业 Enterprises with Foreign Exclusive Investment	5439.3	2297.0
外商投资股份有限公司 Foreign Investment Limited Company	7135.2	4718.8

OPERATION OF HOTELS ABOVE DESIGNATED SIZE(2018)

(10 000 yuan)

餐费收入 Revenue From Meals	商品销售收入 Revenue From Commodities	其他收入 Others
126245.9	**4597.5**	**46244.4**
18658.1	111.2	10639.2
109662.0	3691.0	41355.8
4842.9	144.6	317.2
9050.5	756.5	4264.1
2690.5	5.4	307.3
100600.4	4364.1	39463.8
3824.2	41.9	1502.4
3750.8	31.3	2415.9
947.4	0.0	115.5
947.4	0.0	115.5
63064.2	2660.3	24738.1
3829.7	0.0	4358.9
59234.5	2660.3	20379.2
3562.0	583.9	2576.8
25451.8	1046.7	8115.1
96.2	0.0	0.0
24072.0	1009.9	7742.3
1283.6	36.8	372.8
15509.5	0.0	3849.8
3336.6	0.0	255.6
7370.9	0.0	3130.2
4802.0	0.0	464.0
10136.0	233.4	2930.8
6602.8	0.0	1138.7
1364.0	233.4	1544.9
2169.2	0.0	247.2

8－11 限额以上餐饮业法人企业基本情况(2018 年)

指标名称 Index name	法人企业数 (个) Number of Enterprises (unit)	从业人员期末人数 (人) Employed Person at Year－end (person)
总　计 Total	**420**	**59869**
其中:国有控股 State Holding	6	3992
一、按餐饮业行业小类分 Gropued by Small Class		
正餐服务 Dinner Service	390	35056
快餐服务 Fast Food Service	12	17714
咖啡馆服务 Cafe Service	3	2868
其他饮料及冷饮服务 Other Beverage and Related Services	1	422
餐饮配送服务 Food Distribution Service	13	3786
小吃服务 Snack Service	1	23
二、按登记注册类型分 Grouped by registration		
内资企业 Domestic－funded Enterprises	401	37711
国有企业 State－owned Units	2	137
集体企业 Collective－owned Units	1	60
联营企业 Joint Venture	1	160
集体联营企业 Collective Joint Ventures	1	160
有限责任公司 Companies of Limited Liabilities	147	14747
国有独资公司 Companies with State－owned Exclusive Investrent	2	1385
其他有限责任公司 Other Companies of Limited Liabilities	145	13362
股份有限公司 Companies of Share－holding with Limited Liabilities	2	1313
私营企业 Private－owned	248	21294
私营独资企业 Private Exclusive Ivestment	9	244
私营合伙企业 Private Partnership	2	44
私营有限责任公司 Private Companies of Limited Liabilities	236	20869
私营股份有限公司 Private Cpmpanies of Limited Liabilities with Share Holding	1	137
港、澳、台商投资企业 Enterprises funded by Entepreneurs from HongKong, Macao & Taiwan	11	20219
与港澳台商合资经营企业 Joint Ventures with HongKong, Macao and Taiwan	3	508
港澳台商独资企业 Manage with HongKong, Macao and Taiwan jointly	8	19711
外商投资企业 Foreign－funded Enterprises	8	1939
中外合资经营企业 Sino－Foreign Cooperative Economic Units	1	540
外资企业 Enterprises with Foreign Exclusive Investment	7	1399

BASIC SITUATION OF ENTERPRISES IN CATERING SERVECES ABOVE DESIGNATED SIZE(2018)

客房数（间）Rooms (room)	床位数（个）Beds (unit)	餐位数（位）Tables of Catering (unit)	年末餐饮营业面积（平方米）Operational Area for Catering(sq. m)
10273	**17402**	**306533**	**1154050**
404	738	2725	7262
10273	17402	222728	837358
0	0	59860	258439
0	0	20658	29653
0	0	500	200
0	0	2444	23060
0	0	343	5340
9726	16480	216249	830255
237	438	265	1562
0	0	50	600
0	0	3200	5000
0	0	3200	5000
3306	5711	77074	309088
40	72	2060	4700
3266	5639	75014	304388
0	0	2157	14938
6183	10331	133503	499067
42	52	3551	12600
16	28	219	4200
6125	10251	128598	474502
0	0	1135	7765
473	772	81434	305067
459	758	1250	15111
14	14	80184	289956
74	150	8850	18728
0	0	3000	6000
74	150	5850	12728

8-12 限额以上餐饮业法人企业经营情况(2018 年)

单位:万元

指标名称 Index name	营业额 Total Revenue	客房收入 Revenue From Hotel
总　计 Total	**1562638.7**	**72394.8**
其中:国有控股 State Holding	70615.2	2189.6
一、按餐饮业行业小类分 Gropued by Small Class		
正餐服务 Dinner Service	837778.9	72394.8
快餐服务 Fast Food Service	448328.1	0.0
咖啡馆服务 Cafe Service	119574.1	0.0
其他饮料及冷饮服务 Other Beverage and Related Services	10825.9	0.0
餐饮配送服务 Food Distribution Service	103088.2	0.0
小吃服务 Snack Service	43043.5	0.0
二、按登记注册类型分 Grouped by registration		
内资企业 Domestic - funded Enterprises	925128.4	68580.0
国有企业 State - owned Units	1757.1	901.3
集体企业 Collective - owned Units	5773.3	0.0
联营企业 Joint Venture	6510.7	0.0
集体联营企业 Collective Joint Ventures	6510.7	0.0
有限责任公司 Companies of Limited Liabilities	376240.7	26491.5
国有独资公司 Companies with State - owned Exclusive Investrrent	13782.8	170.0
其他有限责任公司 Other Companies of Limited Liabilities	362457.9	26321.5
股份有限公司 Companies of Share - holding with Limited Liabilities	45250.0	0.0
私营企业 Private - owned	489596.6	41187.2
私营独资企业 Private Exclusive Ivestment	12370.9	18.5
私营合伙企业 Private Partnership	676.6	80.7
私营有限责任公司 Private Companies of Limited Liabilities	474146.2	41088.0
私营股份有限公司 Private Cpmpanies of Limited Liabilities with Share Holding	2402.9	0.0
港、澳、台商投资企业 Enterprises funded by Entepreneurs from HongKong, Macao & Taiwan	575827.2	3371.9
与港澳台商合资经营企业 Joint Ventures with HongKong, Macao and Taiwan	10766.0	3084.8
港澳台商独资企业 Manage with HongKong, Macao and Taiwan jointly	565061.2	287.1
外商投资企业 Foreign - funded Enterprises	61683.1	442.9
中外合资经营企业 Sino - Foreign Cooperative Economic Units	8691.0	0.0
外资企业 Enterprises with Foreign Exclusive Investment	52992.1	442.9

OPERATION OF ENTERPRISES IN CATERING SERVICES ABOVE DESIGNATED SIZE(2018)

(10 000 yuan)

餐费收入 Revenue From Meals	商品销售收入 Revenue From Commodities	其他收入 Others
1381339.3	**83754.4**	**25150.2**
9629.3	58671.3	125.0
721298.8	22832.2	21253.1
445666.7	0.0	2661.4
108601.0	10918.2	54.9
10825.9	0.0	0.0
51903.4	50004.0	1180.8
43043.5	0.0	0.0
763328.8	72682.5	20537.1
810.8	0.0	45.0
5773.3	0.0	0.0
3879.5	0.0	2631.2
3879.5	0.0	2631.2
276011.9	65096.8	8640.5
4865.5	8667.3	80.0
271146.4	56429.5	8560.5
45250.0	0.0	0.0
431603.3	7585.7	9220.4
12009.4	21.4	321.6
595.9	0.0	0.0
416595.1	7564.3	8898.8
2402.9	0.0	0.0
556911.8	11064.7	4478.8
6121.6	27.1	1532.5
550790.2	11037.6	2946.3
61098.7	7.2	134.3
8691.0	0.0	0.0
52407.7	7.2	134.3

8－13　批发和零售业连锁经营情况(2018 年)

项　　目 Item	连锁总店数 (个) Number of Headquarters in Chain Stores (unit)	连锁门店数 (个) Number of Branches in Chain Stores (unit)	直 营 店 Direct Management
总　计 **Total**	**112**	**8219**	**5916**
其中:外商及港、澳、台投资 Foreign and HongKong, Macao and Taiwan Investment	9	587	580
按业态分 Grouped by Shape of Retail			
便利店 CVS	3	385	113
超　市 Supermarkets	6	1657	1147
大型超市 Large Scale Supermarket	3	96	96
百货店 Bazaar	3	270	270
专业店 Special Shop	53	3952	2720
其中:加油站 Among them:Gas Station	9	522	522
专卖店 Exclusive Shop	42	1834	1545
家具建材商店 Furniture Buliding Materials Store	1	7	7
其　他 Others	1	18	18

WHOLESALE AND RETAIL CHAIN BUSINESS(2018)

加盟店 Joining - in Stores	年末零售营业面积（平方米） Space of Management (10 000m^2)	从业人数（人） Number of Employees (person)	销售总额（亿元） Total Sales Revenue (100 million yuan)	零售额 Retail
2303	**5938129**	**95428**	**1907.93**	**1587.41**
7	483861	15170	349.28	265.77
272	12402	470	2.83	1.52
510	1100367	27003	340.66	329.42
0	961149	11106	191.68	187.67
0	2192409	15126	526.63	495.58
1232	1379187	27907	613.07	435.35
0	376766	5480	273.05	208.98
289	288502	13567	232.61	137.42
0	2815	138	0.17	0.17
0	1298	111	0.28	0.28

8－14 住宿和餐饮业连锁经营情况(2018 年)

项目 Item	连锁总店数(个) Number of Headquarters in Chain Stores (unit)	连锁门店数(个) Number of Branches in Chain Stores (unit)		
			直营店 Direct Management	加盟店 Joining－in Stores
总计 Total	**38**	**1386**	**1385**	**1**
#:外商及港、澳、台投资 Foreign and HongKong, Macao and Taiwan Investment	8	978	978	0
按行业分 Grouped by Sector				
住宿业 Accommodation	3	41	40	1
旅游饭店 Traveling Hotel	2	32	32	0
其他住宿业 Others	1	9	8	1
餐饮业 Catering	35	1345	1345	0
正餐服务 Dinner	26	273	273	0
快餐服务 Short Order	4	694	694	0
咖啡馆服务 Coffee Services	2	348	348	0
小吃服务 Snack Service	1	4	4	0
其他未列明餐饮业 Others	2	26	26	0

ACCOMMODATION AND CATERING INDUSTRY CHAIN OPERATION(2018)

年末餐饮营业面积（平方米）Space of Management (10 000m²)	从业人数（人）Number of Employees (person)	客房数（间）Rooms (room)	床位数（个）Beds (unit)	餐位数（位）Tables of Catering(unit)	营业额（万元）Total Sales Revenue (100 million yuan)	商品销售额及餐费收入 Revenue from Meals and Commodities
590789	**44465**	**6345**	**7994**	**133942**	**823818**	**786693**
284020	32524	0	0	79152	586618	584003
5600	949	3824	4505	881	19674	3073
5600	789	3232	3633	761	17979	3054
0	160	592	872	120	1695	19
585189	43516	2521	3489	133061	804144	783620
304928	11916	2521	3489	55344	214602	196693
249273	28679	0	0	56224	425375	422815
29360	2814	0	0	20596	119299	119244
1050	23	0	0	187	43044	43044
578	84	0	0	710	1824	1824

8－15　限额以上批发业法人财务指标(2018 年)

单位:万元

指标名称 Index name	法人企业数(个) Number of Enterprises(unit)	期末资产负债 Late Assets and Liabilities 流动资产合计 Total Liquid Assets
总　计 **Total**	**1342**	**28822674.8**
其中:国有控股 State Owned and State holding	106	9458496.8
一、按批发行业小类分 **According to the classification of the wholesale industry**		
谷物、豆及薯类批发 Wholesale of Grain, Beans and Potatoes	4	36429.7
种子批发 Seed Wholesale	4	36145.3
畜牧渔业饮料批发 Wholesale of Livestock and Fishery Beverages	8	14368.6
棉、麻批发 Cotton&hamp Wholesale	5	340332.3
林业产品批发 forestry products wholesale	1	327.5
牲畜批发 Livestock Wholesale	2	56652.1
其他农牧产品批发 Other wholesale agricultrral and livestock prodacts	2	29439.2
米、面制品及食用油批发 Wholesale of Rice, Noodle and Edible Oil	22	650124.5
糕点、糖果及糖批发 Wholesale of Cakes, Candy and Sugar	9	39135.2
果品、蔬菜批发 Wholesale of Fruit and Vegetables	19	25953.9
肉、禽、蛋、奶及水产品批发 Wholesale of Meat, Bird, Eggs, Milk and Aquatic products	23	137616.7
盐及调味品批发 Wholesale of Salt and Seasoning	4	61526.8
营养和保健品批发 Wholesale of Health Care products	4	13466.6
酒、饮料及茶叶批发 Wholesale of Alcohol, Drinks and Tea	24	1437245.9
烟草制品批发 Wholesale of Tobaccos	2	593037.3
其他食品批发 The Other foods Wholesale	23	463906.6
纺织品、针织品及原料批发 Wholesale of Textiles, Knitwear and Raw Material	17	51964.6
服装批发 Wholesale of Gamments	43	179862.2
鞋帽批发 Wholesale of Shoes and Hats	5	58767.9
化妆品及卫生用品批发 Wholesale of Conmetics and Hygiene	15	105210.4
厨具卫具及日用杂货批发 Wholesale of Kitchen Supplies, Toilet Articles and Daily Necessities	8	17939.5
家用视听设备批发 Wholesale of Home Audio and Visual Equipment	13	417187.6
日用家用电器批发 Wholesale of Household Electrical Appliances	15	153065.4
其他家庭用品批发 Wholesale of Other household products	9	24892.7

FINANCIAL INDICATORS OF ENTERPRISES ABOVE DESIGNATED SIZE IN WHOLE SALE(2018)

(10 000 yuan)

期末资产负债 Late Assets and Liabilities				损益及分配 Increase, Decrease and Assgning	
固定资产原价 Original Price of Fixed Assets	资产总计 Total Assets	负债合计 Total Liabilities	所有者权益合计 Total Interests of Own	营业收入 Sales Revenue	营业成本 Sales Cost
4121170.9	**35118105.4**	**26030192.2**	**9087913.2**	**83634990.9**	**78049444.9**
2817183.1	13485670.6	9322772.2	4162898.4	41534235.8	39400118.5
7005.0	48207.7	42214.8	5992.9	28025.3	26257.7
16641.3	58153.5	24455.3	33698.2	29442.2	21244.1
2785.6	16730.4	13243.3	3487.1	59521.5	57055.4
112318.8	460374.1	344580.8	115793.3	802790.8	693980.3
86.2	1049.2	919.9	129.3	7304.4	6979.2
432.5	74148.9	49621.0	24527.9	23014.6	22202.6
35.4	30083.2	24774.3	5308.9	98834.8	81357.6
66915.5	889965.7	536316.7	353649.0	829609.8	775964.7
1470.5	43098.9	31376.5	11722.4	111899.2	100578.3
41192.9	71760.0	52354.4	19405.6	140761.1	116362.1
15320.9	156165.6	89563.6	66602.0	363432.3	318380.5
99711.7	151587.2	90172.2	61415.0	68975.6	36540.8
4437.9	17410.7	15482.3	1928.4	32638.5	25011.6
33621.7	1525849.6	1256295.4	269554.2	2770974.1	1846933.4
125256.3	687680.7	234645.9	453034.8	1443500.4	1011751.8
26919.3	487138.4	438216.7	48921.7	928182.9	843090.6
1302.9	52486.7	41832.2	10654.5	175391.9	167580.8
15079.2	193467.8	155278.2	38189.6	396178.5	334682.4
12100.4	69831.5	35555.5	34276.0	186879.7	148267.4
1771.5	110865.3	93873.3	16992.0	180530.8	153186.3
4524.7	22421.8	16644.6	5777.2	56065.3	49320.8
1791.0	418400.7	410019.0	8381.7	818702.0	776972.5
1983.6	154535.8	142726.6	11809.2	425735.6	398063.2
8180.8	38255.3	26310.2	11945.1	59201.4	53528.0

8-15 续 表 1

单位:万元

指标名称 Index name	法人企业数(个) Number of Enterprises(unit)	期末资产负债 Late Assets and Liabilities 流动资产合计 Total Liquid Assets
文具用品批发 Wholesale of Stationery	30	229333.1
体育用品及器材批发 Cultural and Sports Goods	2	2445.8
图书批发 Wholesale of Books	4	944809.5
首饰、工艺品及收藏品批发 Wholesale of Jewely, Handicraft and Collection	8	86620.7
其他文化用品批发 Wholesale of Other Cultural Products	1	1389.1
西药批发 Western Medicine Wholesale	162	8663417.4
中药批发 Traditional Chinese Medicine Wholesale	57	398784.5
动物用药品批发 Wholesale of Animal Drugs	4	6737.4
医疗用品及器材批发 Medical Supplies and Apparatus Wholesale	107	1242854.7
煤炭及制品批发 Wholesale of Coal and Related Products	22	515831.9
石油及制品批发 Wholesale of Petroleum and related Products	46	1949847.6
非金属矿及制品批发 Wholesale of Non-Metal Minerals and Products	2	2012.5
金属及金属矿批发 Wholesale of Metals and Metal Minerals	205	3796658.0
建材批发 Wholesale of Building Materials	54	240485.0
化肥批发 Wholesale of Fertilizers	6	197295.9
农药批发 Wholesale of Pesticides	1	3987.2
其他化工产品批发 Other Chemical Products Wholesale	84	429068.4
农业机械批发 Agricaltural Machinery Wholesale	2	7634.7
汽车零配件批发 Wholesale of Auto Parts	60	2464756.9
摩托车及零配件批发 Wholesale of Motorcycles and Parts	2	10582.8
五金产品批发 Hardware Products Wholesale	19	32478.1
电气设备批发 Ecectrical Equipment Wholesale	20	64998.6
计算机、软件及辅助设备批发 Wholesale of Computer, Software and Related Appliances	28	1828692.3
通讯设备批发 Wholesale of Communications Equipment	12	124650.9
广播影视设备批发 Wholesale of Radio, Film and Television Equipment	6	18168.2
其他机械设备及电子产品批发 Other mechanical Equipment and Ecectronic Products	93	532040.9

8-15 Continued 1

(10 000 yuan)

期末资产负债 Late Assets and Liabilities				损益及分配 Increase, Decrease and Assgning	
固定资产原价 Original Price of Fixed Assets	资产总计 Total Assets	负债合计 Total Liabilities	所有者权益合计 Total Interests of Own	营业收入 Sales Revenue	营业成本 Sales Cost
12539.7	244198.7	170759.0	73439.7	972808.6	948029.2
5.7	2566.8	639.0	1927.8	10658.1	9411.4
81341.1	1070728.3	820120.1	250608.2	719799.7	604969.5
6107.2	90081.3	35018.6	55062.7	575621.6	529475.3
89.9	1456.4	1127.2	329.2	2187.9	1814.4
595448.0	9629081.7	6934890.0	2694191.7	13033109.0	11923711.7
10534.5	411927.9	300559.2	111368.7	572200.7	503935.6
80.2	6785.1	6195.9	589.2	15120.4	13797.2
104159.1	1817862.9	1152169.0	665693.9	1094871.2	860953.6
16566.8	594151.5	347680.7	246470.8	1564226.6	1523719.8
2299009.7	4503794.9	2447482.6	2056312.3	27615078.7	26719447.6
215.3	3700.7	1341.9	2358.8	4833.6	4523.0
190330.1	4201170.7	3284422.0	916748.7	13365363.5	13036902.0
12582.9	262521.0	195496.6	67024.4	846679.2	811221.7
47458.6	281005.2	225901.3	55103.9	530953.2	510568.7
68.6	4031.2	2692.3	1338.9	8523.8	7626.1
25473.4	472530.9	380333.3	92197.6	1356902.4	1292133.7
165.3	7752.6	5316.0	2436.6	3514.4	2356.7
44861.5	2912321.9	2692502.9	219819.0	5496412.2	5097556.0
221.3	10668.5	9812.8	855.7	36172.2	34562.7
1634.6	33344.0	27487.5	5856.5	97773.3	92066.3
3173.4	69446.1	51809.3	17636.8	104534.2	93749.0
8074.8	1838964.6	1696191.4	142773.2	3438063.5	3400861.9
5636.5	138963.4	540994.6	-402031.2	354968.2	323079.5
628.7	18433.6	11293.7	7139.9	76207.5	70037.2
47083.8	617136.9	463269.1	153867.8	1392291.5	1282309.7

8-15 续 表 2

单位:万元

指标名称 Index name	法人企业数(个) Number of Enterprises(unit)	期末资产负债 Late Assets and Liabilities 流动资产合计 Total Liquid Assets
贸易代理 Trade Agent	3	16163.7
一般物品拍卖 General Auction	1	12344.0
再生物资回收与批发 Wholesale of Recyded Matorials	8	10472.7
互联网批发 Wholesale of Internet	2	7876.6
其他未列明批发业 Other Non-listed Wholesale	10	35637.2
二、按登记注册类型分 **Grouped by Registration**		
内资企业 Domestic-funded Ecterprises	1306	24843217.4
国有企业 State-owned Units	7	667588.5
集体企业 Collective-owned Units	5	49972.7
股份合作企业 Share-holding Cooperative	1	1036.8
联营企业 Joint Venture	1	3045.5
集体联营企业 Collective Joint Ventures	1	3045.5
有限责任公司 Companies of Limited Liabilities	539	14233315.9
国有独资公司 Companies with State-owned Exclusive Investment	18	1393920.9
其他有限责任公司 Other Compaines of Limited Liabilities	521	12839395.0
股份有限公司 Companies of Share-holding with Limited Liabilities	41	6171629.5
私营企业 Private-owned Units	711	3715439.2
私营独资企业 Private Exclusive Investment	1	231.0
私营有限责任公司 Private Compaines of Limited Liabilities	695	3607842.5
私营股份有限公司 Private Companies of Limited Liabilities with Share Holding	15	107365.7
其他企业 Others	1	1189.3
港、澳、台商投资企业 Enterprises Funded by Entepreneurs from HongKong, Macao & Taiwan	18	2709880.8
与港澳台商合资经营企业 Joint Ventures with HongKong, Macao and Taiwan	4	992510.3
港澳台商独资企业 Manage with HongKong, Macao and Taiwan Jointly	13	1551840.1
港澳台商投资股份有限公司 Share Holding Corporations Funded from HongKong, Macao and Taiwan	1	165530.4
外商投资企业 Foreign-funded Enterprises	18	1269576.6
中外合资经营企业 Sino-Foreign Cooperative Economic Units	9	883563.1
外资企业 Enterprises with Foreign Exclusive Investment	8	380803.2
其他外商投资企业 Other Foreign Funded Enterprises	1	5210.3

8 - 15 Continued 2

(10 000 yuan)

期末资产负债 Late Assets and Liabilities				损益及分配 Increase, Decrease and Assgning	
固定资产原价 Original Price of Fixed Assets	资产总计 Total Assets	负债合计 Total Liabilities	所有者权益合计 Total Interests of Own	营业收入 Sales Revenue	营业成本 Sales Cost
192.4	16690.0	11268.0	5422.0	46965.4	45055.3
997.9	19349.5	8519.5	10830.0	6987.4	0.0
3779.6	13037.1	7855.3	5181.8	73998.1	67746.9
74.0	7933.3	3392.9	4540.4	14108.0	11679.4
1750.7	36800.0	27177.8	9622.2	166464.1	160851.7
3962026.6	30585146.3	22215188.2	8369958.1	74184747.9	70125508.1
149717.2	793254.9	316301.9	476953.0	1650249.2	1208293.3
11200.2	58623.7	60852.4	-2228.7	51355.9	48233.3
0.0	1036.8	1061.2	-24.4	1310.9	1205.1
47.2	3130.4	170.6	2959.8	5675.0	5328.1
47.2	3130.4	170.6	2959.8	5675.0	5328.1
1643560.2	16961223.3	13424887.7	3536335.6	45586631.7	43733448.8
137136.9	1896385.6	1322824.5	573561.1	2800860.1	2626695.7
1506423.3	15064837.7	12102063.2	2962774.5	42785771.6	41106753.1
1859710.4	8541908.8	5519139.2	3022769.6	16812638.7	15736572.8
295236.2	4223153.6	2892380.7	1330772.9	10073024.3	9389409.3
272.3	372.5	224.1	148.4	6421.2	6031.5
271312.9	4086923.6	2825208.1	1261715.5	9929020.2	9266018.5
23651.0	135857.5	66948.5	68909.0	137582.9	117359.3
2555.2	2814.8	394.5	2420.3	3862.2	3017.4
115645.8	3093425.4	2423055.4	670370.0	3855019.4	2835333.2
4569.4	1164094.8	1002290.3	161804.5	179580.7	151667.8
82531.2	1709918.7	1337144.8	372773.9	3601124.5	2625554.0
28545.2	219411.9	83620.3	135791.6	74314.2	58111.4
43498.5	1439533.7	1391948.6	47585.1	5595223.6	5088603.6
21279.9	1035835.7	1078578.9	-42743.2	4526129.4	4154185.8
20883.0	395294.3	306472.5	88821.8	1028442.2	899341.4
1335.6	8403.7	6897.2	1506.5	40652.0	35076.4

8－15 续 表 3

单位:万元

指标名称 Index name	损益及分配 Increase, Decrease and Assgning 税金及附加 Taxes and Extras	 其他业务利润 Profits of Other Business
总 计 Total	**314936.2**	**89434.4**
其中:国有控股 State Owned and State holding	237980.9	25215.6
一、按批发行业小类分 According to the classification of the wholesale industry		
谷物、豆及薯类批发 Wholesale of Grain, Beans and Potatoes	8.7	0.0
种子批发 Seed Wholesale	120.6	0.0
畜牧渔业饮料批发 Wholesale of Livestock and Fishery Beverages	121.8	0.0
棉、麻批发 Cotton&hamp Wholesale	727.5	2.8
林业产品批发 forestry products wholesale	2.6	0.0
牲畜批发 Livestock Wholesale	32.1	0.0
其他农牧产品批发 Other wholesale agricultrral and livestock prodacts	69.3	300.4
米、面制品及食用油批发 Wholesale of Rice, Noodle and Edible Oil	1195.2	1245.4
糕点、糖果及糖批发 Wholesale of Cakes, Candy and Sugar	194.3	8.1
果品、蔬菜批发 Wholesale of Fruit and Vegetables	697.6	0.0
肉、禽、蛋、奶及水产品批发 Wholesale of Meat, Bird, Eggs, Milk and Aquatic products	871.6	59.5
盐及调味品批发 Wholesale of Salt and Seasoning	1302.4	747.2
营养和保健品批发 Wholesale of Health Care products	77.8	0.0
酒、饮料及茶叶批发 Wholesale of Alcohol, Drinks and Tea	12833.6	526.1
烟草制品批发 Wholesale of Tobaccos	193817.4	805.0
其他食品批发 The Other foods Wholesale	1164.5	1104.1
纺织品、针织品及原料批发 Wholesale of Textiles, Knitwear and Raw Material	69.3	0.0
服装批发 Wholesale of Gamments	828.0	0.0
鞋帽批发 Wholesale of Shoes and Hats	573.7	68.5
化妆品及卫生用品批发 Wholesale of Conmetics and Hygiene	452.7	3065.7
厨具卫具及日用杂货批发 Wholesale of Kitchen Supplies, Toilet Articles and Daily Necessities	132.5	251.5
家用视听设备批发 Wholesale of Home Audio and Visual Equipment	1225.8	0.0
日用家用电器批发 Wholesale of Household Electrical Appliances	676.7	416.2
其他家庭用品批发 Wholesale of Other household products	82.6	0.0

8－15 Continued 3

(10 000 yuan)

损益及分配 Inctease, Decrease and Assgning		人工成本及增值税 Labor Cost and Value Added Tax	
营业利润 Operating Profit	利润总额 Total Profits	应付职工薪酬（本年贷方累计发生额） Employee Compensation	应交增值税 Value added Tax Payable
1582621.8	**1591811.5**	**1364370.1**	**860253.3**
614787.6	607478.8	514303.7	423342.3
-468.2	306.9	2341.1	6.2
-2482.7	-1716.3	3032.0	0.9
166.2	260.9	862.6	318.1
89862.3	89788.1	11078.6	14189.1
190.9	284.1	349.2	2.7
-363.0	-363.0	514.3	10.0
15065.8	964.9	405.0	72.7
12383.9	16165.2	15975.6	8493.2
835.0	1006.9	3503.6	994.7
5388.1	5398.2	5121.2	1496.4
10547.5	10928.5	18999.9	6042.1
-12533.6	-11946.2	29588.6	1466.1
575.5	590.3	1469.9	298.7
256895.8	270906.2	112842.8	67004.9
172603.6	173957.4	64889.1	72621.5
2652.9	2605.3	16088.1	7418.8
528.4	779.9	2322.5	1685.0
17834.5	18046.0	16970.7	15889.6
20377.4	20398.7	27906.0	3935.9
165.2	172.2	8520.0	2330.3
5.5	57.5	3516.1	147.3
5254.7	5540.0	18682.5	5848.8
9357.0	9335.3	4317.3	4770.4
1050.2	1123.2	2146.0	1355.7

8-15 续 表 4

单位:万元

指标名称 Index name	损益及分配 Increase, Decrease and Assgning	
	税金及附加 Taxes and Extras	其他业务利润 Profits of Other Business
文具用品批发 Wholesale of Stationery	649.6	250.5
体育用品及器材批发 Cultural and Sports Goods	7.4	0.0
图书批发 Wholesale of Books	1289.2	5331.6
首饰、工艺品及收藏品批发 Wholesale of Jewely, Handicraft and Collection	3842.2	6690.9
其他文化用品批发 Wholesale of Other Cultural Products	4.0	0.0
西药批发 Western Medicine Wholesale	29159.6	41806.6
中药批发 Traditional Chinese Medicine Wholesale	1333.2	243.3
动物用药品批发 Wholesale of Animal Drugs	95.1	0.0
医疗用品及器材批发 Medical Supplies and Apparatus Wholesale	4282.8	4475.9
煤炭及制品批发 Wholesale of Coal and Related Products	1341.7	0.0
石油及制品批发 Wholesale of Petroleum and related Products	23972.3	11556.7
非金属矿及制品批发 Wholesale of Non - Metal Minerals and Products	5.5	0.0
金属及金属矿批发 Wholesale of Metals and Metal Minerals	11639.8	1877.9
建材批发 Wholesale of Building Materials	1017.5	84.8
化肥批发 Wholesale of Fertilizers	735.2	34.9
农药批发 Wholesale of Pesticides	2.9	0.0
其他化工产品批发 Other Chemical Products Wholesale	1789.3	40.0
农业机械批发 Agricaltural Machinery Wholesale	17.2	0.0
汽车零配件批发 Wholesale of Auto Parts	10133.4	2778.4
摩托车及零配件批发 Wholesale of Motorcycles and Parts	41.6	0.0
五金产品批发 Hardware Products Wholesale	98.0	0.0
电气设备批发 Ecectrical Equipment Wholesale	241.5	736.5
计算机、软件及辅助设备批发 Wholesale of Computer, Software and Related Appliances	2374.1	927.8
通讯设备批发 Wholesale of Communications Equipment	768.9	892.6
广播影视设备批发 Wholesale of Radio, Film and Television Equipment	83.6	0.0
其他机械设备及电子产品批发 Other mechanical Equipment and Ecectronic Products	2166.9	3105.5

8－15 Continued 4

(10 000 yuan)

损益及分配 Inctease, Decrease and Assgning		人工成本及增值税 Labor Cost and Value Added Tax	
营业利润 Operating Profit	利润总额 Total Profits	应付职工薪酬（本年贷方累计发生额） Employee Compensation	应交增值税 Value added Tax Payable
-636.0	-475.7	6179.7	2398.1
1057.0	1057.2	94.6	25.5
38630.3	36660.5	49524.1	703.3
14012.9	14057.2	15221.5	8220.3
25.7	25.8	132.8	43.0
340917.0	344759.3	313840.9	141114.8
31.3	294.9	23130.8	9269.7
358.9	2.1	344.1	693.5
65634.4	66298.0	50854.4	32412.6
11314.8	14121.7	5916.0	17041.3
405638.2	392822.0	251615.2	198275.0
21.9	21.9	97.9	35.2
145415.6	149969.1	54600.9	90818.3
8106.8	8617.1	19699.5	7311.7
6204.6	8022.2	4524.3	1115.5
188.9	188.9	313.4	2.0
16580.5	16653.6	16167.2	16356.4
339.9	323.6	693.9	111.8
-155728.4	-155962.8	57322.8	78582.7
333.9	338.3	466.3	297.4
1069.1	1083.0	1747.6	1285.3
2105.5	2142.9	4012.9	1915.7
73834.5	73804.6	9837.2	6100.5
-49603.5	-49719.4	64745.9	6396.5
530.1	556.3	2193.4	579.1
42063.7	42962.2	35425.4	20049.7

8－15 续 表 5

单位：万元

指标名称 Index name	损益及分配 Increase, Decrease and Assgning 税金及附加 Taxes and Extras	其他业务利润 Profits of Other Business
贸易代理 Trade Agent	7.1	0.0
一般物品拍卖 General Auction	39.1	0.0
再生物资回收与批发 Wholesale of Recyded Matorials	428.0	0.0
互联网批发 Wholesale of Internet	19.8	0.0
其他未列明批发业 Other Non－listed Wholesale	71.4	0.0
二、按登记注册类型分 Grouped by Registration		
内资企业 Domestic－funded Ecterprises	287013.0	82188.6
国有企业 State－owned Units	194078.8	1552.2
集体企业 Collective－owned Units	114.2	730.3
股份合作企业 Share－holding Cooperative	2.5	0.0
联营企业 Joint Venture	3.7	0.0
集体联营企业 Collective Joint Ventures	3.7	0.0
有限责任公司 Companies of Limited Liabilities	45995.9	23481.4
国有独资公司 Companies with State－owned Exclusive Investment	4036.7	508.1
其他有限责任公司 Other Compaines of Limited Liabilities	41959.2	22973.3
股份有限公司 Companies of Share－holding with Limited Liabilities	29789.9	49764.7
私营企业 Private－owned Units	17023.9	6660.0
私营独资企业 Private Exclusive Investment	16.9	0.0
私营有限责任公司 Private Compaines of Limited Liabilities	16408.8	6660.0
私营股份有限公司 Private Companies of Limited Liabilities with Share Holding	598.2	0.0
其他企业 Others	4.1	0.0
港、澳、台商投资企业 Enterprises Funded by Entepreneurs from HongKong, Macao & Taiwan	17406.5	7245.8
与港澳台商合资经营企业 Joint Ventures with HongKong, Macao and Taiwan	483.4	40.4
港澳台商独资企业 Manage with HongKong, Macao and Taiwan Jointly	16616.0	7205.4
港澳台商投资股份有限公司 Share Holding Corporations Funded from HongKong, Macao and Taiwan	307.1	0.0
外商投资企业 Foreign－funded Enterprises	10516.7	0.0
中外合资经营企业 Sino－Foreign Cooperative Economic Units	8703.3	0.0
外资企业 Enterprises with Foreign Exclusive Investment	1695.4	0.0
其他外商投资企业 Other Foreign Funded Enterprises	118.0	0.0

8－15 Continued 5

(10 000 yuan)

损益及分配 Inctease, Decrease and Assgning		人工成本及增值税 Labor Cost and Value Added Tax	
营业利润 Operating Profit	利润总额 Total Profits	应付职工薪酬（本年贷方累计发生额） Employee Compensation	应交增值税 Value added Tax Payable
443.7	491.7	529.8	68.9
3666.4	3833.2	440.9	18.5
3845.8	3845.2	908.9	1883.8
－19.6	－19.0	1012.5	26.4
345.0	445.7	1332.6	701.7
1408101.1	1411052.1	1139129.0	647014.8
173299.6	175808.7	73042.1	71841.1
－1100.4	－1070.3	1959.9	685.1
－0.2	2.2	70.9	22.3
323.9	323.9	936.7	1.2
323.9	323.9	936.7	1.2
891579.2	897101.3	483657.4	341808.3
67862.4	55439.3	49669.2	60049.4
823716.8	841662.0	433988.2	281758.9
192388.9	186127.5	408539.3	131658.6
151413.4	152562.1	170781.0	100998.2
145.8	145.8	102.9	19.6
147136.2	148191.0	162269.2	99304.1
4131.4	4225.3	8408.9	1674.5
196.7	196.7	141.7	0.0
298241.5	303589.4	157108.6	80098.4
－1650.0	－1635.5	3996.8	4229.6
295213.4	300548.8	147597.7	74024.3
4678.1	4676.1	5514.1	1844.5
－123720.8	－122830.0	68132.5	133140.1
－146852.0	－145680.6	40138.2	118976.0
21617.7	21190.5	26226.6	13459.4
1513.5	1660.1	1767.7	704.7

8－16 限额以上零售业法人财务指标(2018 年)

单位:万元

指标名称 Index name	法人企业数(个) Number of Enterprises(unit)	期末资产负债 Late Assets and Liabilities 流动资产合计 Total Liquid Assets
总　计 **Total**	**907**	**11025445.3**
其中:国有控股 State－owned and State Holding	56	1941059.2
一、按零售行业小类分 **According to the Classfication of Retail Industry**		
百货零售 Department Store	50	1915825.0
超级市场零售 Super Market	18	518755.4
便利店零售 Convenience Store	3	18305.5
其他综合零售 Other Comprehensive	12	27332.1
粮油零售 Grain and Oil	2	110347.4
糕点、面包零售 Cake and Bread	6	34409.7
果品、蔬菜零售 Fruits and Vegetables	11	22297.7
肉、禽、蛋、奶及水产品零售 Wholesale of Meat, Bird, Eggs, Milk and Aquatic products	13	37203.1
营养和保健品零售 Wholesale of Health Care products	2	1156.4
酒、饮料及茶叶零售 Wholesale of Alcohol, Drinks and Tea	20	20893.8
烟草制品零售 Wholesale of Tobaccos	5	51748.5
其他食品零售 The Other foods Wholesale	11	198151.4
纺织品及针织品零售 Textiles and Knitwear	6	9091.0
服装零售 Clothing	54	320564.0
鞋帽零售 Shoes and Hats	6	30028.9
化妆品及卫生用品零售 Cosmetics and Hygiene	2	719.7
厨房用具及日用杂品零售 Kitchen Utensils and Daily Sundries	5	4983.5
钟表、眼镜零售 Clocks, Watch and Glasses	8	20804.7
箱、包零售 Luggage and Bags	2	1369.2
其他日用品零售 Other Daily Necessities	6	5432.5
文具用品零售 Stationery	10	14703.7
体育用品及器材零售 Sports Goods	1	15.2
图书、报刊零售 Books and Newspapers	9	76070.6

FINANCIAL INDICATORS OF ENTERPRISES ABOVE DESIGNATED SIZE IN RETAIL(2018)

(10 000 yuan)

期末资产负债 Late Assets and Liabilities				损益及分配 Increase, Decrease and Assgning	
固定资产原价 Original Price of Fixed Assets	资产总计 Total Assets	负债合计 Total Liabilities	所有者权益合计 Total Interests of Own	营业收入 Sales Revenue	营业成本 Sales Cost
4561318.0	**17370240.0**	**12584873.0**	**4800056.7**	**29597875.6**	**25868518.8**
2243559.0	5012520.1	3040402.5	1972117.6	7163143.9	6083473.5
1613590.1	4396010.8	2879582.1	1516428.7	4447552.2	3478659.5
627957.7	1144104.6	716777.5	427327.1	2296245.8	1750543.7
2423.5	21941.4	18025.2	3916.2	33336.7	26662.1
5560.4	32586.3	34046.9	-1460.6	105501.5	90462.0
86969.7	182916.5	7391.7	175524.8	19889.3	14736.2
8966.1	39761.4	32946.9	6814.5	87540.4	52272.3
5413.6	28114.2	26821.6	1292.6	110644.5	104512.9
10352.2	51765.9	30788.3	20977.6	156345.3	131062.3
1477.5	2401.3	830.6	1570.7	3746.1	3055.1
8064.5	37898.3	20061.6	17836.7	74480.1	51574.4
14948.9	77531.3	17043.3	60488.0	70244.0	55745.8
20485.7	262512.8	103000.8	159512.0	560982.5	397159.0
165.8	9198.8	7018.4	2180.4	24391.1	22303.4
151564.4	524596.1	383047.4	141548.7	647129.3	516846.1
5284.8	33726.0	17671.8	16054.2	111999.9	83831.2
1.6	719.8	1060.8	-341.0	2144.7	1347.3
783.5	5374.1	1721.4	3652.7	11081.1	9175.9
2550.7	26787.6	15891.6	10896.0	37372.2	28549.1
156.4	1463.2	1256.0	207.2	6284.0	5625.7
247.1	5616.0	5128.7	487.3	18935.3	15903.5
838.7	15418.9	13012.5	2406.4	40266.1	36550.5
70.7	19.2	14932.6	-14913.4	1198.2	1025.9
42707.6	112635.8	75856.6	36779.2	68571.1	54804.3

8-16 续 表 1

单位:万元

指标名称 Index name	法人企业数（个） Number of Enterprises(unit)	期末资产负债 Late Assets and Liabilities 流动资产合计 Total Liquid Assets
珠宝首饰零售 Bijouterie	16	86258.4
工艺美术品及收藏品零售 Arts and rafts and Collections	3	4424.5
乐器零售 Musical Instruments	4	7118.4
照相器材零售 Photographic Equipment	1	228.1
其他文化用品零售 Other Cultural Activities	8	55933.2
西药零售 Western Medicine	40	239173.9
中药零售 Traditional Chinese Medicine	7	19936.4
动物用药品零售 Animal Drugs	1	76.4
医疗用品及器材零售 Medical Supplies and Equipment	5	14485.2
保健辅助治疗器材零售 Assistive Devices of Health Care	1	129.1
汽车新车零售 New Cars	285	3975549.4
汽车零配件零售 Auto Parts	12	26641.5
摩托车及零配件零售 Motocycle and Spare Parts	4	3076.2
机动车燃油零售 Motor Fuel	37	387555.2
机动车燃气零售 Motor Vehicle Gas	2	20059.2
家用视听设备零售 Home Auto - visual and Electronic Products Equipment	12	262417.5
日用家电零售 Household Appliances	32	236446.7
计算机、软件及辅助设备零售 Computer, Software and Auxliary Equipment	38	90263.0
通信设备零售 Communication Equipment	22	485272.2
其他电子产品零售 Other Electronic Products	5	3208.0
五金零售 Hardware	14	38857.5
灯具零售 Lamps and Lanterns	6	7947.5
家具零售 Furniture	25	513535.0
卫生洁具零售 Sanitary ware	6	12218.7
木质装饰材料零售 Wood Decoration	3	1643.8
陶瓷、石材装饰材料零售 Ceramic and Stone	4	11341.5
其他室内装饰材料零售 Other interior Decoration Materials	8	14071.0

8-16 Continued 1

(10 000 yuan)

期末资产负债 Late Assets and Liabilities				损益及分配 Increase, Decrease and Assgning	
固定资产原价 Original Price of Fixed Assets	资产总计 Total Assets	负债合计 Total Liabilities	所有者权益合计 Total Interests of Own	营业收入 Sales Revenue	营业成本 Sales Cost
5600.5	92778.8	65846.6	26932.2	101701.8	83939.8
682.7	4884.8	2504.6	2380.2	11951.2	11452.6
132.0	7269.8	6399.2	870.6	8870.3	7821.7
0.0	228.1	102.6	125.5	840.5	814.5
310.5	56124.3	53171.1	2953.2	72212.4	41387.1
24504.8	287085.8	237107.7	49978.1	457482.4	344365.4
4898.2	26108.8	27268.8	-1160.0	42584.1	32212.9
2.5	124.1	25.6	98.5	492.9	411.1
274.8	14568.0	12110.6	2457.4	28454.5	23904.6
2.5	130.1	117.6	12.5	327.7	300.9
1105237.5	5555561.9	4249472.0	1320779.6	9691388.8	8981385.1
4150.2	29435.0	22281.6	7153.4	49673.1	46063.6
997.1	7730.4	8495.2	-764.8	16124.8	14737.8
417232.8	967196.7	726067.9	241128.8	2516346.3	2413657.5
20663.3	33855.2	5114.0	28741.2	36054.3	25757.9
180242.4	465831.5	286172.7	179658.8	820555.4	673196.4
7859.4	252684.3	139116.6	113567.7	341767.5	307901.9
4380.1	93436.3	54905.1	38531.2	214162.4	179180.2
6563.6	498380.4	461024.9	37355.5	1373639.4	1305168.9
562.4	3684.9	977.8	2707.1	5610.1	4464.7
4841.2	76073.3	62134.2	13939.1	28780.4	24095.9
43.9	7967.9	7369.2	598.7	11743.0	11072.0
111345.6	672590.3	594940.0	77650.3	166241.3	96184.5
357.3	13098.0	9435.7	3662.3	22789.1	20889.3
502.4	1763.5	853.1	910.4	4382.6	3651.5
421.6	12285.1	5002.1	7283.0	7444.9	6396.3
1875.2	62925.8	50710.1	12215.7	27184.0	18489.3

8-16 续 表 2

单位:万元

指标名称 Index name	法人企业数(个) Number of Enterprises(unit)	期末资产负债 Late Assets and Liabilities 流动资产合计 Total Liquid Assets
互联网零售 Internet	30	1029580.7
邮购及电视、电话零售 Mail Order and TV, Telephone	2	4617.0
自动售货机零售 Vending Machine	1	12258.1
生活用燃料零售 Domestic Fuel	5	4998.8
其他未列明零售业 Other not Listed	6	15914.2
二、按登记注册类型分 Grouped by Registration		
内资企业 Domestic - funded Enterprises	874	9509292.2
国有企业 State - owned Units	10	167613.6
集体企业 Collective - owned Units	4	17888.8
股份合作企业 Share - holding Cooperative	3	3768.0
有限责任公司 Companies of Limited Liabilities	345	5551620.8
国有独资公司 Companies with State - owned Exclusive Investment	7	38995.4
其他有限责任公司 Other Compaines of Limited Liabilities	338	5512625.4
股份有限公司 Comparies of Share - holding with Limited Liabilities	21	1261493.0
私营企业 Private - owned Units	491	2506908.0
私营独资企业 Private Exclusive Investment	13	7408.1
私营合伙企业 Private Partnership	2	595.2
私营有限责任公司 Private Compaines of Limited Liabilities	466	2461388.6
私营股份有限公司 Private Companies of Limited Liabilities with Share Holding	10	37516.1
港、澳、台商投资企业 Enterprises funded by Entepreneurs from HongKong, Macao & Taiwan	15	566098.1
与港澳台商合资经营企业 Joint Ventures with HongKong, Macao and Taiwan	2	15334.9
港澳台商独资企业 HongKong and Marcro, Taiwan Owned	13	550763.2
外商投资企业 Foreign - funded Enterprises	18	950055.0
中外合资经营企业 Sino - Foreign Cooperative Economic Units	1	2023.5
外资企业 Enterprises with Foreign Exclusive Investment	16	938795.4
外商投资股份有限公司 Foveign Investment Limited Company	1	9236.1

8-16 Continued 2

(10 000 yuan)

期末资产负债 Late Assets and Liabilities				损益及分配 Increase, Decrease and Assgning	
固定资产原价 Original Price of Fixed Assets	资产总计 Total Assets	负债合计 Total Liabilities	所有者权益合计 Total Interests of Own	营业收入 Sales Revenue	营业成本 Sales Cost
22790.6	1058044.0	1029132.1	28911.9	4548208.5	4215324.4
2660.6	7602.7	6860.0	742.7	9587.7	7575.4
11228.9	17051.9	14612.9	2439.0	6059.6	4911.0
7521.4	12705.9	5707.7	6998.2	17859.5	14435.6
2850.8	17932.1	15919.4	2012.7	21473.7	14960.8
4088036.7	15367704.5	11018541.0	4363853.2	25690536.5	22567582.3
102358.4	265292.0	37580.8	227711.2	73742.1	61443.5
72066.0	63591.8	47359.5	16232.3	51170.5	40735.1
4292.4	6807.9	1891.6	4916.3	10837.4	9603.4
1851079.4	8324148.8	6487183.9	1851654.6	15614148.3	14092054.8
164612.9	301488.9	152560.3	148928.6	816928.4	819759.6
1686466.5	8022659.9	6334623.6	1702726.0	14797219.9	13272295.2
1606227.4	3519057.3	2085105.3	1433952.0	4027577.6	3108470.3
452013.1	3188806.7	2359419.9	829386.8	5913060.6	5255275.2
6661.4	14975.7	4642.2	10333.5	40009.1	35283.9
1076.0	1437.4	367.0	1070.4	3956.4	3494.6
432015.7	3071475.4	2309367.9	762107.5	5773637.4	5134477.0
12260.0	100918.2	45042.8	55875.4	95457.7	82019.7
149358.2	703085.5	535923.6	167161.9	1744221.6	1432881.2
62402.6	78028.4	66041.0	11987.4	29636.5	25101.3
86955.6	625057.1	469882.6	155174.5	1714585.1	1407779.9
323923.1	1299450.0	1030408.4	269041.6	2163117.5	1868055.3
249.5	2175.1	1525.1	650.0	1931.6	1018.9
322810.6	1287799.3	1025919.4	261879.9	2150000.5	1860380.6
863.0	9475.6	2963.9	6511.7	11185.4	6655.8

8-16 续 表 3

单位:万元

指标名称 Index name	损益及分配 Increase, Decrease and Assgning 税金及附加 Taxes and Extras	其他业务利润 Profits of Other Business
总 计 Total	**109432.1**	**429133.0**
其中:国有控股 State - owned and State Holding	43008.6	116866.8
一、按零售行业小类分 According to the Classfication of Retail Industry		
百货零售 Department Store	40560.9	295790.2
超级市场零售 Super Market	11362.9	17327.6
便利店零售 Convenience Store	44.8	1684.2
其他综合零售 Other Comprehensive	223.9	0.0
粮油零售 Grain and Oil	207.2	0.0
糕点、面包零售 Cake and Bread	562.6	0.0
果品、蔬菜零售 Fruits and Vegetables	108.7	0.0
肉、禽、蛋、奶及水产品零售 Wholesale of Meat, Bird, Eggs, Milk and Aquatic products	490.2	0.0
营养和保健品零售 Wholesale of Health Care products	48.8	0.0
酒、饮料及茶叶零售 Wholesale of Alcohol, Drinks and Tea	237.3	0.0
烟草制品零售 Wholesale of Tobaccos	368.7	0.0
其他食品零售 The Other foods Wholesale	2513.1	21673.6
纺织品及针织品零售 Textiles and Knitwear	84.7	0.0
服装零售 Clothing	3525.8	2953.2
鞋帽零售 Shoes and Hats	505.0	1185.8
化妆品及卫生用品零售 Cosmetics and Hygiene	11.4	0.0
厨房用具及日用杂品零售 Kitchen Utensils and Daily Sundries	79.7	0.0
钟表、眼镜零售 Clocks, Watch and Glasses	176.1	407.2
箱、包零售 Luggage and Bags	11.4	0.0
其他日用品零售 Other Daily Necessities	32.0	225.6
文具用品零售 Stationery	71.7	281.6
体育用品及器材零售 Sports Goods	4.0	0.0
图书、报刊零售 Books and Newspapers	186.1	3640.4

8－16 Continued 3

(10 000 yuan)

损益及分配 Inctease, Decrease and Assgning		人工成本及增值税 Labor Cost and Value Added Tax	
营业利润 Operating Profit	利润总额 Total Profits	应付职工薪酬 （本年贷方累计发生额） Employee Compensation	应交增值税 Value added Tax Payable
646972.7	**648123.3**	**1238120.9**	**441739.4**
230235.4	217973.6	377811.4	113663.3
337706.7	332482.0	228645.3	88302.8
68948.1	63038.7	222066.2	40789.9
－2211.4	－2314.3	3208.3	334.2
－2574.0	－2486.0	9697.6	1245.4
4302.5	4302.5	234.3	1473.7
3426.7	3464.6	12653.0	4256.6
－359.1	－236.0	3165.6	393.2
6456.4	6595.8	8445.7	3391.1
262.8	262.8	604.7	99.5
14133.6	14230.2	4511.1	1051.9
1390.4	1431.7	6864.3	2123.2
36208.2	37024.9	30622.1	18443.4
－611.3	－597.8	1194.6	873.5
1702.5	1951.4	46001.2	19472.3
9322.8	9333.6	13003.0	4231.5
96.0	96.1	543.5	12.8
227.4	207.5	631.5	481.5
1836.5	1863.5	4503.1	1342.4
8.6	8.6	557.7	78.2
－9.9	－10.5	1498.8	254.6
186.8	204.3	1302.5	431.9
161.6	140.9	6.9	27.9
－204.1	834.6	8141.5	479.8

8－16 续 表 4

单位:万元

指标名称 Index name	损益及分配 Increase, Decrease and Assgning 税金及附加 Taxes and Extras	其他业务利润 Profits of Other Business
珠宝首饰零售 Bijouterie	1659.3	0.0
工艺美术品及收藏品零售 Arts and rafts and Collections	78.8	0.0
乐器零售 Musical Instruments	30.5	0.0
照相器材零售 Photographic Equipment	2.0	0.0
其他文化用品零售 Other Cultural Activities	430.8	86.8
西药零售 Western Medicine	1649.3	2835.6
中药零售 Traditional Chinese Medicine	143.2	0.0
动物用药品零售 Animal Drugs	5.1	0.0
医疗用品及器材零售 Medical Supplies and Equipment	71.3	8.9
保健辅助治疗器材零售 Assitive Devices of Health Care	0.4	0.0
汽车新车零售 New Cars	26048.7	37698.0
汽车零配件零售 Auto Parts	69.7	0.0
摩托车及零配件零售 Motocycle and Spare Parts	149.3	0.0
机动车燃油零售 Motor Fuel	3442.1	3702.1
机动车燃气零售 Motor Vehicle Gas	141.3	0.0
家用视听设备零售 Home Auto－visual and Electronic Products Equipment	3173.5	11.1
日用家电零售 Household Appliances	737.6	903.0
计算机、软件及辅助设备零售 Computer, Software and Auxliary Equipment	553.8	382.2
通信设备零售 Communication Equipment	1741.3	2708.2
其他电子产品零售 Other Electronic Products	16.7	0.0
五金零售 Hardware	198.1	0.0
灯具零售 Lamps and Lanterns	11.4	139.9
家具零售 Furniture	1594.0	6.4
卫生洁具零售 Sanitary ware	41.6	0.0
木质装饰材料零售 Wood Decoration	12.9	0.0
陶瓷、石材装饰材料零售 Ceramic and Stone	11.7	113.8
其他室内装饰材料零售 Other interior Decoration Materials	218.1	0.0

8－16 Continued 4

(10 000 yuan)

损益及分配 Inctease, Decrease and Assgning		人工成本及增值税 Labor Cost and Value Added Tax	
营业利润 Operating Profit	利润总额 Total Profits	应付职工薪酬（本年贷方累计发生额） Employee Compensation	应交增值税 Value added Tax Payable
1319.2	1329.5	6485.8	2919.0
145.0	145.0	337.2	29.9
63.1	63.1	419.3	252.0
2.7	2.7	19.3	2.0
3025.3	2908.8	2064.9	12764.9
1400.9	1617.8	47819.1	9058.8
2984.6	2981.2	3482.9	908.5
3.8	3.8	102.0	1.5
818.2	802.7	1723.9	599.2
0.5	0.5	55.0	0.9
86782.6	96993.4	338864.7	118802.4
323.6	323.1	1366.9	384.3
531.1	530.8	317.0	398.7
-14447.5	-16424.9	39930.8	14687.3
4127.8	4117.3	3544.9	2360.0
30898.8	31721.5	24421.4	15326.1
1057.0	1304.1	14410.5	5682.8
18105.5	18269.8	14803.3	3993.1
4648.1	4483.1	17748.9	6368.4
42.7	48.8	716.9	161.6
431.4	426.7	1461.6	522.2
109.5	108.5	296.3	82.3
7257.3	7470.6	17691.9	7882.5
404.0	408.4	929.7	212.0
149.3	149.1	396.5	133.8
251.2	261.2	364.5	86.6
2265.8	2262.8	1838.9	396.2

8-16 续 表 5

单位:万元

指标名称 Index name	损益及分配 Increase, Decrease and Assgning	
	税金及附加 Taxes and Extras	其他业务利润 Profits of Other Business
互联网零售 Internet	5631.8	32589.2
邮购及电视、电话零售 Mail Order and TV, Telephone	17.8	0.0
自动售货机零售 Vending Machine	3.9	17.2
生活用燃料零售 Domestic Fuel	59.9	116.7
其他未列明零售业 Other not Listed	69.2	2644.5
二、按登记注册类型分 Grouped by Registration		
内资企业 Domestic - funded Enterprises	97802.3	241121.5
国有企业 State - owned Units	434.2	320.5
集体企业 Collective - owned Units	237.2	0.0
股份合作企业 Share - holding Cooperative	98.3	0.0
有限责任公司 Companies of Limited Liabilities	41794.6	110163.6
国有独资公司 Companies with State - owned Exclusive Investment	1167.6	0.0
其他有限责任公司 Other Compaines of Limited Liabilities	40627.0	110163.6
股份有限公司 Comparies of Share - holding with Limited Liabilities	35121.4	109019.6
私营企业 Private - owned Units	20116.6	21617.8
私营独资企业 Private Exclusive Investment	215.0	0.0
私营合伙企业 Private Partnership	17.9	0.0
私营有限责任公司 Private Compaines of Limited Liabilities	19503.5	21617.8
私营股份有限公司 Private Companies of Limited Liabilities with Share Holding	380.2	0.0
港、澳、台商投资企业 Enterprises funded by Entepreneurs from HongKong, Macao & Taiwan	4387.8	173103.8
与港澳台商合资经营企业 Joint Ventures with HongKong, Macao and Taiwan	477.5	94.4
港澳台商独资企业 HongKong and Marcro, Taiwan Owned	3910.3	173009.4
外商投资企业 Foreign - funded Enterprises	7242.0	14907.7
中外合资经营企业 Sino - Foreign Cooperative Economic Units	14.7	0.0
外资企业 Enterprises with Foreign Exclusive Investment	7146.5	14907.7
外商投资股份有限公司 Foveign Investment Limited Company	80.8	0.0

8-16 Continued 5

(10 000 yuan)

损益及分配 Inctease, Decrease and Assgning		人工成本及增值税 Labor Cost and Value Added Tax	
营业利润 Operating Profit	利润总额 Total Profits	应付职工薪酬 (本年贷方累计发生额) Employee Compensation	应交增值税 Value added Tax Payable
11258.2	11474.9	83754.1	46899.9
-715.7	-720.6	922.6	109.1
169.4	61.8	533.6	251.4
1766.2	1773.7	1249.4	324.7
1385.3	1395.0	1944.6	546.0
481712.2	482886.6	1082172.2	391629.9
4543.3	4429.0	4629.0	1753.3
-1301.7	-1273.5	3001.3	1142.6
665.0	665.0	1625.2	152.2
144777.7	152045.7	533744.9	202562.0
-44967.5	-45235.9	14516.4	3646.3
189745.2	197281.6	519228.5	198915.7
242558.3	231984.1	310770.9	87640.3
90469.6	95036.3	228400.9	98379.5
2289.9	2408.1	1413.0	706.9
160.5	160.5	179.8	104.8
80697.7	85183.6	221454.0	95422.4
7321.5	7284.1	5354.1	2145.4
108811.9	109752.2	76257.5	18672.5
-5199.8	-5197.7	2011.8	1598.3
114011.7	114949.9	74245.7	17074.2
56448.6	55484.5	79691.2	31437.0
372.8	321.7	155.1	128.1
55011.9	53979.9	77833.1	30605.9
1063.9	1182.9	1703.0	703.0

8－17 限额以上住宿业法人财务指标(2018年)

单位:万元

指标名称 Index name	法人企业数(个) Number of Enterprises(unit)	期末资产负债 Late Assets and Liabilities 流动资产合计 Total Liquid Assets
总计 Total	**249**	**368455.1**
其中:国有控股 State Holding	23	85880.4
一、按住宿业行业小类分 Grouped by Small Class		
旅游饭店 Traveling Hotel	124	293444.4
经济型连锁酒店 Budget Hotel Chain	40	14716.1
其他一般旅馆 Other Generel Hotel	81	48265.5
其他住宿业 Other Accomodation Service	4	12029.1
二、按登记注册类型分 Grouped by Registration		
内资企业 Domestic－funded Enterprises	238	330300.0
国有企业 State－owned Units	7	9897.2
集体企业 Collective－owned Units	3	16701.3
联营企业 Joint Venture	1	2535.2
国有联营企业 State－owned Joint Venture	1	2535.2
有限责任公司 Companies of Limited Liabilities	95	184707.7
国有独资公司 Companies with State－owned Exclusive Investment	3	15368.1
其他有限责任公司 Other Companies of Limited Liabilities	92	169339.6
股份有限公司 Companies of Share－holding with Limited Liabilities	7	9597.6
私营企业 Private－owned Units	125	106861.0
私营独资企业 Proprietorship	2	2221.6
私营有限责任公司 Private Companies of Limited Liabilities	121	104167.2
私营股份有限公司 Private Companies of Limited Liabilities with Share Holding	2	472.2
港、澳、台商投资企业 Enterprises funded by Entepreneurs from HongKong, Macao & Taiwan	7	21565.0
与港澳台商合资经营企业 Joint Ventures with HongKong, Macao and Taiwan	1	2670.4
港澳台商独资企业 Exclusive investment of HongKong, Macao, and Taiwan	4	10794.4
港澳台商投资股份有限公司 Manage with HongKong, Macao and Taiwan jointly	2	8100.2
外商投资企业 Foreign－funded Enterprises	4	16590.1
中外合资经营企业 sino－Foreign Cooperative Economic Units	1	10837.2
外资企业 Enterprises with Sole Foreign Investment	2	4241.7
外商投资股份有限公司 Foreign Investment Limited Company	1	1511.2

FINANCIAL INDICATORS OF ENTERPRISES ABOVE DESIGNATED SIZE IN ACCOMMODATION (2018)

(10 000 yuan)

期末资产负债 Late Assets and Liabilities				损益及分配 Increase, Decrease and Assgning	
固定资产原价 Original Price of Fixed Assets	资产总计 Total Assets	负债合计 Total Liabilities	所有者权益合计 Total Interests of Own	营业收入 Sales Revenue	营业成本 Sales Cost
954707.0	**1176622.7**	**875216.7**	**301406.0**	**458892.4**	**146506.9**
266174.6	347537.8	180186.8	167351.0	65651.7	22793.6
813140.5	961761.2	685670.0	276091.2	344582.5	111345.1
28415.1	42342.8	36919.4	5423.4	40149.8	10752.8
106446.7	149799.1	139933.5	9865.6	65740.2	22277.6
6704.7	22719.6	12693.8	10025.8	8419.9	2131.4
740829.0	1000901.1	729772.5	271128.6	387023.1	124796.3
26582.3	22693.3	7174.8	15518.5	11614.6	3406.2
45817.0	28880.0	9221.6	19658.4	11273.9	2341.5
943.6	6806.8	9044.1	-2237.3	2281.7	1331.2
943.6	6806.8	9044.1	-2237.3	2281.7	1331.2
430148.0	573026.6	403787.1	169239.5	217287.8	74155.2
108389.8	163271.7	80354.5	82917.2	14867.5	5186.9
321758.2	409754.9	323432.6	86322.3	202420.3	68968.3
61793.1	53827.4	34892.0	18935.4	14087.9	5843.2
175545.0	315667.0	265652.9	50014.1	130477.2	37719.0
11080.1	12331.6	627.4	11704.2	837.6	680.9
159420.7	291678.9	259894.4	31784.5	125386.5	36261.1
5044.2	11656.5	5131.1	6525.4	4253.1	777.0
93927.1	74141.3	68289.0	5852.3	47477.1	16981.5
3966.8	4082.3	2475.3	1607.0	8046.0	3707.3
61301.7	46859.5	38971.9	7887.6	24153.4	5785.7
28658.6	23199.5	26841.8	-3642.3	15277.7	7488.5
119950.9	101580.3	77155.2	24425.1	24392.2	4729.1
67199.2	50162.3	14693.2	35469.1	12438.6	1609.9
4146.2	23303.9	23200.7	103.2	5199.2	2511.6
48605.5	28114.1	39261.3	-11147.2	6754.4	607.6

8-17 续 表 1

单位:万元

指标名称 Index name	损益及分配 Increase, Decrease and Assgning 税金及附加 Taxes and Extras	 其他业务利润 Profits of Other Business
总 计 Total	**6952.1**	**8923.3**
其中:国有控股 State Holding	2057.8	977.6
一、按住宿业行业小类分 Grouped by Small Class		
旅游饭店 Traveling Hotel	5918.7	6390.7
经济型连锁酒店 Budget Hotel Chain	366.6	2368.4
其他一般旅馆 Other Generel Hotel	653.7	164.2
其他住宿业 Other Accomodation Service	13.1	0.0
二、按登记注册类型分 Grouped by Registration		
内资企业 Domestic - funded Enterprises	4982.7	8923.3
国有企业 State - owned Units	182.8	1649.1
集体企业 Collective - owned Units	344.0	645.7
联营企业 Joint Venture	16.6	0.0
国有联营企业 State - owned Joint Venture	16.6	0.0
有限责任公司 Companies of Limited Liabilities	3189.6	4416.9
国有独资公司 Companies with State - owned Exclusive Investment	689.8	0.0
其他有限责任公司 Other Companies of Limited Liabilities	2499.8	4416.9
股份有限公司 Companies of Share - holding with Limited Liabilities	186.0	460.0
私营企业 Private - owned Units	1063.7	1751.6
私营独资企业 Proprietorship	3.6	0.0
私营有限责任公司 Private Companies of Limited Liabilities	982.0	1751.6
私营股份有限公司 Private Companies of Limited Liabilities with Share Holding	78.1	0.0
港、澳、台商投资企业 Enterprises funded by Entepreneurs from HongKong, Macao & Taiwan	818.1	0.0
与港澳台商合资经营企业 Joint Ventures with HongKong, Macao and Taiwan	8.5	0.0
港澳台商独资企业 Exclusive investment of HongKong, Macao, and Taiwan	665.3	0.0
港澳台商投资股份有限公司 Manage with HongKong, Macao and Taiwan jointly	144.3	0.0
外商投资企业 Foreign - funded Enterprises	1151.3	0.0
中外合资经营企业 sino - Foreign Cooperative Economic Units	593.8	0.0
外资企业 Enterprises with Sole Foreign Investment	207.2	0.0
外商投资股份有限公司 Foreign Investment Limited Company	350.3	0.0

8 - 17 Continued 1

(10 000 yuan)

损益及分配 Inctease, Decrease and Assgning		人工成本及增值税 Labor Cost and Value Added Tax	
营业利润 Operating Profit	利润总额 Total Profits	应付职工薪酬 (本年贷方累计发生额) Employee Compensation	应交增值税 Value added Tax Payable
13099.1	**13067.1**	**134497.1**	**12874.5**
3146.9	2811.0	23019.2	2310.1
13726.8	13524.6	103052.8	10212.8
1980.4	2259.9	11479.8	1048.1
-2751.5	-2864.0	16894.3	1543.6
143.4	146.6	3070.2	70.0
12239.2	11932.7	108989.2	10373.0
219.4	215.1	4923.8	387.0
694.7	725.1	3655.4	249.2
66.0	65.9	1010.0	41.6
66.0	65.9	1010.0	41.6
10856.2	10598.6	60114.1	6000.6
46.1	-36.8	4504.9	564.4
10810.1	10635.4	55609.2	5436.2
307.5	30.0	4215.3	507.5
95.4	298.0	35070.6	3187.1
102.8	102.8	85.6	3.6
-154.3	98.7	34194.2	3071.3
146.9	96.5	790.8	112.2
-103.0	275.3	17480.0	897.5
-1088.4	-1093.0	2051.0	65.8
1658.0	2065.7	9899.6	701.4
-672.6	-697.4	5529.4	130.3
962.9	859.1	8027.9	1604.0
1404.9	1334.0	4214.2	101.9
89.2	97.3	1692.2	580.3
-531.2	-572.2	2121.5	921.8

8－18　限额以上餐饮业法人财务指标(2018 年)

单位:万元

指标名称 Index name	法人企业数 (个) Number of Enterprises(unit)	期末资产负债 Late Assets and Liabilities 流动资产合计 Total Liquid Assets
总　计 Total	**420**	**790174.8**
其中:国有控股 State Holding	6	83564.6
一、按餐饮业行业小类分 Gropued by Small Class		
正餐服务 Dinner Service	390	616059.8
快餐服务 Fast Food Service	12	17670.7
咖啡馆服务 Cafe Service	3	63879.5
其他饮料及冷饮服务 Other Beverage and Related Services	1	4217.8
餐饮配送服务 Food Distribution Service	13	88038.5
小吃服务 Snack Service	1	308.5
二、按登记注册类型分 Grouped by registration		
内资企业 Domestic－funded Enterprises	401	679775.0
国有企业 State－owned Units	2	713.7
集体企业 Collective－owned Units	1	31015.2
联营企业 Joint Venture	1	17017.2
集体联营企业 Collective Joint Ventures	1	17017.2
有限责任公司 Companies of Limited Liabilities	147	203273.5
国有独资公司 Companies with State－owned Excluasive Investment	2	14605.4
其他有限责任公司 Other Companies of Limited Liabilities	145	188668.1
股份有限公司 Companies of Share－holding with Limited Liabilities	2	24116.5
私营企业 Private－owned Units	248	403638.9
私营独资企业 Privately Owned	9	1274.0
私营合伙企业 Private Partnership	2	146.6
私营有限责任公司 Private Companies of Limited Liabilities	236	397470.3
私营股份有限公司 Private Companies of Limited Liabilities with Share Holding	1	4748.0
港、澳、台商投资企业 Enterprises funded by Entepreneurs from HongKong, Macao & Taiwan	11	90194.8
与港澳台商合资经营企业 Joint Ventures with HongKong, Macao and Taiwan	3	22296.3
港澳台商独资企业 Exclusive investment of HongKong. Macao and Taiwan	8	67898.5
外商投资企业 Foreign－funded Enterprises	8	20205.0
中外合资经营企业 sino－Foreign Cooperative Economic Units	1	3329.8
外资企业 Enterprises with Sole Foreign Investment	7	16875.2

FINANCIAL INDICATORS OF ENTERPRISES ABOVE DESIGNATED SIZE IN CATERING TRADE(2018)

(10 000 yuan)

期末资产负债 Late Assets and Liabilities				损益及分配 Increase, Decrease and Assgning	
固定资产原价 Original Price of Fixed Assets	资产总计 Total Assets	负债合计 Total Liabilities	所有者权益合计 Total Interests of Own	营业收入 Sales Revenue	营业成本 Sales Cost
459544.7	**1457769.0**	**1244619.1**	**213149.9**	**1444946.8**	**714512.9**
19055.9	102032.9	75446.2	26586.7	70871.4	26997.1
337495.0	1122377.1	1017179.8	105197.3	791612.4	418898.4
92667.3	122009.3	89111.7	32897.6	429173.0	216670.7
17848.8	102486.6	60780.6	41706.0	112024.2	33287.0
959.1	6739.9	6312.7	427.2	10066.8	3494.8
10114.1	103374.1	69821.4	33552.7	101661.9	41672.5
460.4	782.0	1412.9	-630.9	408.5	489.5
312502.9	1161146.6	1045730.2	115416.4	837388.1	448853.3
1194.4	1072.1	1852.7	-780.6	1686.6	456.5
3.2	51018.2	37648.7	13369.5	5446.5	5218.2
15932.2	27749.2	5360.8	22388.4	6510.7	4746.0
15932.2	27749.2	5360.8	22388.4	6510.7	4746.0
106134.8	302537.2	268401.7	34135.5	317329.1	179918.8
8767.0	20149.7	13606.6	6543.1	13366.9	10769.2
97367.8	282387.5	254795.1	27592.4	303962.2	169149.6
3889.0	29323.5	11240.7	18082.8	42703.4	15892.2
185349.3	749446.4	721225.6	28220.8	463711.8	242621.6
2968.8	3615.7	1148.6	2467.1	11068.0	8518.9
984.0	1221.9	311.6	910.3	640.7	525.4
180415.9	734434.2	705966.0	28468.2	449670.2	232448.3
980.6	10174.6	13799.4	-3624.8	2332.9	1129.0
140626.9	263555.2	179622.8	83932.4	547787.3	237564.3
20848.5	52058.5	62163.8	-10105.3	10231.3	3087.6
119778.4	211496.7	117459.0	94037.7	537556.0	234476.7
6414.9	33067.2	19266.1	13801.1	59771.4	28095.3
52.7	3388.8	2708.5	680.3	8511.0	7430.0
6362.2	29678.4	16557.6	13120.8	51260.4	20665.3

8-18 续 表 1

单位:万元

指标名称 Index name	损益及分配 Increase, Decrease and Assgning	
	税金及附加 Taxes and Extras	其他业务利润 Profits of Other Business
总 计 Total	**7468.9**	**2858.3**
其中:国有控股 State Holding	1074.9	0.0
一、按餐饮业行业小类分 Gropued by Small Class		
正餐服务 Dinner Service	6065.9	2822.4
快餐服务 Fast Food Service	234.0	8.5
咖啡馆服务 Cafe Service	87.8	0.0
其他饮料及冷饮服务 Other Beverage and Related Services	12.0	0.0
餐饮配送服务 Food Distribution Service	1065.3	27.4
小吃服务 Snack Service	3.9	0.0
二、按登记注册类型分 Grouped by registration		
内资企业 Domestic - funded Enterprises	6887.4	2801.4
国有企业 State - owned Units	18.4	0.0
集体企业 Collective - owned Units	56.5	0.0
联营企业 Joint Venture	0.0	0.0
集体联营企业 Collective Joint Ventures	0.0	0.0
有限责任公司 Companies of Limited Liabilities	2880.1	927.4
国有独资公司 Companies with State - owned Excluasive Investment	64.0	0.0
其他有限责任公司 Other Companies of Limited Liabilities	2816.1	927.4
股份有限公司 Companies of Share - holding with Limited Liabilities	88.9	26.1
私营企业 Private - owned Units	3843.5	1847.9
私营独资企业 Privately Owned	161.6	0.0
私营合伙企业 Private Partnership	9.3	0.0
私营有限责任公司 Private Companies of Limited Liabilities	3556.6	1847.9
私营股份有限公司 Private Companies of Limited Liabilities with Share Holding	116.0	0.0
港、澳、台商投资企业 Enterprises funded by Entepreneurs from HongKong, Macao & Taiwan	489.3	48.4
与港澳台商合资经营企业 Joint Ventures with HongKong, Macao and Taiwan	162.5	48.4
港澳台商独资企业 Exclusive investment of HongKong. Macao and Taiwan	326.8	0.0
外商投资企业 Foreign - funded Enterprises	92.2	8.5
中外合资经营企业 sino - Foreign Cooperative Economic Units	19.2	0.0
外资企业 Enterprises with Sole Foreign Investment	73.0	8.5

8－18 Continued 1

(10 000 yuan)

损益及分配 Inctease, Decrease and Assgning		人工成本及增值税 Labor Cost and Value Added Tax	
营业利润 Operating Profit	利润总额 Total Profits	应付职工薪酬（本年贷方累计发生额）Employee Compensation	应交增值税 Value added Tax Payable
80662.1	**78437.0**	**366848.9**	**22533.8**
3995.5	3982.9	34970.1	864.4
36744.6	35046.8	204404.1	20631.9
16638.4	16274.2	101896.1	189.4
22581.0	22439.2	20293.7	540.0
726.3	726.4	2465.6	305.0
4181.4	4158.1	37644.9	862.8
-209.6	-207.7	144.5	4.7
28495.9	26240.8	228064.1	20741.2
-29.7	-29.7	588.5	83.1
-103.5	-103.5	648.0	321.4
116.2	116.2	940.7	0.0
116.2	116.2	940.7	0.0
4676.1	4984.9	100091.7	6549.1
82.4	84.9	4853.7	418.4
4593.7	4900.0	95238.0	6130.7
1225.7	1641.1	8891.5	604.7
22611.1	19631.8	116903.7	13182.9
688.3	688.2	1555.3	236.8
1.7	1.7	178.0	6.8
21920.0	18940.8	114483.7	12867.3
1.1	1.1	686.7	72.0
45667.2	45255.5	123155.9	1079.4
256.9	319.4	2707.0	251.0
45410.3	44936.1	120448.9	828.4
6499.0	6940.7	15628.9	713.2
603.4	627.9	1627.2	96.0
5895.6	6312.8	14001.7	617.2

8－19 亿元商品交易市场分类成交额(2018年)

项目 Item	年末出租摊位数(个) Number of Booth(unit)	成交额(万元) Sales Revenue(10 000 yuan)
总计 Total	**20134**	**5324644**
1. 粮油、食品类 grain and oil, food	4784	3137146
其中:粮油类 Among them:grain and oil	570	273376
肉禽蛋类 Poultry and eggs	137	20672
水产品类 Aquatic product category	2113	1742399
蔬菜类 Vegetables	1049	518713
干鲜果品类 Dry and fresh fruit	343	82783
2. 饮料类 drinks	124	15966
3. 烟酒类 tobacco and alcohol	15	2120
4. 服装、鞋帽、针纺织品类 clothing, footwear, textiles	9777	811585
(1)服装类 clothing	7884	642816
(2)鞋帽类 shoes and hats	1134	94140
(3)针纺织品类 textiles	759	74629
5. 化妆品类 cosmetics category	0	0
6. 金银珠宝类 gold and silver jewelry	0	0
7. 日用品类 daily necessities	21	440
其中:可穿戴智能设备 Among Them: Wearable Smart Devices	0	0
8. 五金、电料类 hardware, electrical materials	893	126210
9. 体育、娱乐用品类 sports, entertainment products	0	0
其中:照相器材类 Among them:photographic equipment	0	0
10. 书报杂志类 books and magazies	260	41050
11. 电子出版物及音像制品类 electronic publications and audio－visual products	95	18087
12. 家用电器和音像器材类 Household Appliances and Audio－visual Equipment	8	800
其中:能效等级为1和2级的商品 Among Them: Energy Efficiency Rating is a Class Ⅰ and Class Ⅱ Commodity	0	0
其中:智能家用电器和音像器材 Among Them: Smart Hone Appliances and Audio and Vedio Equipment	0	0

CLASSIFICATION TURNOVER ALL TRANSACTION OVER 100 MILLION YUAN (2018)

项　　目 Item	年末出租摊位数 （个） Number of Booth (unit)	成交额 （万元） Sales Revenue (10 000 yuan)
13. 中西药品类 Drugs	0	0
其中：西药类 Among them: Western Medicine	0	0
中草药及中成药类 Chinese Medicine	0	0
14. 文化办公用品类 Cultural office Supplies	1249	542363
其中：计算机及其配套产品 Among them: Computer and its supporting products	200	8000
15. 家具类 Furniture	89	12960
16. 通讯器材类 Communication Equipment	409	180911
其中：智能手机 Among Them: Smartphones	0	0
17. 煤炭及制品类 Coal and Products	0	0
18. 木材及制品类 Wood and Products	74	6600
19. 石油及制品类 Petroleum and Products	0	0
20. 化工材料及制品类 Chemical Materials and Products	79	1220
其中：化肥类 Among them: Chemical Fertillizer	26	320
21. 金属材料类 Metallic Materical	2107	2039134
22. 建筑及装潢材料类 Consturction and Decoration Materials	1553	166736
23. 机电产品及设备类 Mechanical and Electronic Products and Equipment	8	150
其中：农机类 Among them: Agricultural Machinery	4	80
24. 汽车类 The Car	540	258500
其中：新能源汽车 Among Them: New Energy Vehicle	0	0
25. 种子饲料类 Seed and Feed	30	500
26. 棉麻类 Cotton and Hemp	0	0
27. 其他类 Others	895	143000

8－20 亿元商品交易市场分类(2018 年)

项目 Item	市场数量(个) Number(unit)	总摊位数(个) All Booths(unit)	年末出租摊位数(个) Booths rental end of the year(year)	营业面积(平方米) Sapce of Management(m^2)	成交额(万元) Sales Revenue(10 000 yuan)
总计 Total	**41**	**26648**	**23010**	**2345498**	**7505478**
一、按市场类别分组 Group by Market					
1. 综合市场 Integration Markets	6	4598	4499	653125	1136475
综合贸易市场 Comprehensive trade Market	6	4598	4499	653125	1136475
生产资料综合市场 Integration Markets of Capital Goods	1	2171	2171	519100	305689
农产品综合市场 Integration Markets of Farming Products	5	2427	2328	134025	830786
2. 专业市场 Speciality Markets	35	22050	18511	1692373	6369003
生产资料市场 Capital Goods Markets	5	2165	2107	286033	2039134
金属材料市场 Metal Materials Market	5	2165	2107	286033	2039134
农产品市场 Farm Products Markets	4	3849	2761	201016	2323023
水产品市场 Aquatic Products Market	2	2964	2220	176241	2227829
干鲜果品市场 Dry and Fresh Fruit Markets	1	365	330	12775	82194
其他农产品市场 Other Farm Products Markets	1	520	211	12000	13000
食品、饮料及烟酒市场 Markets for Food, Berveage, Cigarette and Liquor	1	135	120	1300	15738
茶叶市场 Tea Markets	1	135	120	1300	15738
纺织、服装、鞋帽市场 Textile, Clothing, Shoe and Hat Markets	13	11912	9705	689457	810417
布料及纺织品市场 Fabric and Textile Markets	2	237	217	10674	24009
服装市场 Clothing Markets	9	10955	8921	628783	743608

THE CLASSIFICATION OF ALL TRANSACTION OVER 100 MILLION YUAN (2018)

项　　目 Item	市场数量（个） Number（unit）	总摊位数（个） All Booths（unit）	年末出租摊位数（个） Booths rental end of the year（year）	营业面积（平方米） Sapce of Management（m^2）	成交额（万元） Sales Revenue（10 000 yuan）
鞋帽市场 Shoes and Hats Markets	2	720	567	50000	42800
日用品及文化用品市场 Articles for Daily use and Cultural Products Markets	3	1202	1193	101776	580500
图书、报刊杂志市场 Books, Newspaper and Magazine Markets	1	427	420	4100	63155
其他日用品及文化用品市场 Others	2	775	773	97676	517345
电器、通讯器材、电子设备市场 Electrical Appliance, Communication Equipment and Electronic and Markets	2	635	608	29600	188905
通讯器材市场 Communication Equipment Markets	1	435	408	25000	180905
计算机及辅助设备市场 Computer and Auxiliary	1	200	200	4600	8000
家具、五金及装饰材料市场 Furniture, Hardware and Decoration Makets	5	1612	1477	206191	152786
家具市场 Funiture Makets	1	262	262	51347	38480
装饰材料市场 Decoration Materials Markets	2	729	654	108000	62056
灯具市场 Lights Markets	1	78	50	15000	10250
五金材料市场 Hardware Markets	1	543	511	31844	42000
汽车、摩托车及零配件市场 Auto, Motocycle and its Spare Parts Markets	2	540	540	177000	258500
汽车市场 Auto Markets	2	540	540	177000	258500
二、按经营方式分组 Group by way of Operation					
1. 以批发为主 Wholesale Based	32	23721	20289	1966802	7048545
2. 以零售为主 Retail Oriented	9	2927	2721	378696	456933
三、按经营环境分组 Group by Business Environment					
1. 露天式 Open air	5	3177	2404	222094	2580337
2. 封闭式 Closed	35	22928	20095	2091560	4883141
3. 其　他 Other	1	543	511	31844	42000

8-21 历年进出口人民币总值
IMPORT AND EXPORT RMB CALIBER DATA OVER THE YEARS

单位:亿元 (100 million yuan)

年份 Year	进出口总额 Total Imports and Exports	进口 Imports	出口 Exports
2000	168.9	71.5	97.4
2001	178.7	100.3	78.4
2002	182.3	92.1	90.2
2003	259.8	137.2	122.6
2004	355.0	195.2	159.8
2005	506.7	298.9	207.8
2006	641.2	338.8	302.4
2007	761.8	397.5	364.3
2008	984.3	497.7	486.6
2009	780.5	383.0	397.5
2010	1227.3	633.0	594.3
2011	1485.1	723.1	762.0
2012	1285.1	606.5	678.6
2013	1349.6	608.7	740.9
2014	1624.2	777.0	847.2
2015	1749.3	804.9	944.4
2016	1570.1	664.3	905.8
2017	1935.7	778.2	1157.5
2018	2148.4	873.2	1275.2

8-22 历年进出口美元总值
IMPORT AND EXPORT DOLLAR CALIBER DATA OVER THE YEARS

单位:亿美元 (100 million USD)

年份 Year	进出口总额 Total Imports and Exports	进口 Imports	出口 Exports
2000	20.25	8.52	11.73
2001	21.56	12.10	9.46
2002	22.03	11.13	10.90
2003	31.35	16.54	14.81
2004	42.93	23.61	19.32
2005	61.56	36.32	25.24
2006	80.13	42.34	37.79
2007	99.60	52.03	47.57
2008	140.33	70.95	69.38
2009	114.59	56.33	58.26
2010	180.79	93.25	87.54
2011	228.68	111.35	117.33
2012	203.52	96.06	107.46
2013	217.52	98.09	119.43
2014	264.29	126.38	137.91
2015	280.50	128.98	151.52
2016	237.81	100.58	137.23
2017	285.91	114.90	171.01
2018	325.19	132.47	192.72

8-23 实际利用外资
AMOUNT OF FOREIGN CAPITAL ACTUALLY UTILIZED

单位:万美元 (10 000 USD)

年份 Year	合计 Total	境外客商直接投资 Foreign Direct Investments	实际利用外资比上年增长±% Increase Rate of Foreign Capital Actually Utilized Over Last Year (%)
1990	8044	1135	2.7
1991	10187	1507	26.6
1992	21261	7138	108.7
1993	46427	29485	118.4
1994	91343	44961	96.7
1995	111514	59150	22.1
1996	92024	46730	-17.5
1997	93083	45333	1.2
1998	105618	45397	13.5
1999	116585	47550	10.4
2000	130279	75415	11.7
2001	143201	72223	10.0
2002	157602	86300	10.1
2003	176155	111147	11.8
2004	152003	116063	20.6
2005	174001	133998	14.5
2006	200143	151091	15.0
2007	225005	169763	12.4
2008	257338	193841	14.4
2009	293501	217331	14.1
2010	329265	245031	12.2
2011	376015	275400	14.2
2012	444424	342174	18.2
2013	525011	410081	18.1
2014	619858	524208	18.1
2015	734303	647553	18.5
2016	852255	755655	16.1
2017	964690	964690	13.2
2018	1092684	1092684	13.3

8-24 旅游基本情况
STATISTICS ON TOURISM

	计量单位 unit	2017 年	2018 年
国内旅游人数 Total Number of Domestic Tourists	万人次 10 000 people	25713.70	28512.47
接待入境游客人数 Number of Inbound Tourists	万人次 10 000 people	250.31	276.75
其中:外国人 Foreigners	万人次 10 000 people	203.65	223.60
港澳台同胞 Compatriots from HongKong, Macao and Taiwan	万人次 10 000 people	46.66	53.15
接待入境游客人天数 Total Number of Tourist and Days Received (10,000 person-day)	万人天 10 000 people per day	742.11	815.20
其中:外国人 Foreigners	万人天 10 000 people per day	605.45	661.14
港澳台同胞 Compatriots from Hongkong, Macao and Taiwan	万人天 10 000 people per day	136.66	154.06
旅游总收入 Total Tourism Earnings	亿元 100 million yuan	2812.82	3163.11
其中:国际旅游(外汇)收入 International Tourism Foreign Exchange Earnings	亿美元 100 million dollars	16.93	18.97
国内旅游收入 Domestic Tourism Earnings	亿元 100 million yuan	2698.53	3037.55
年末星级以上宾馆数 Number of Star-ranking and above Hotels	个 unit	71	62
其中:五星级 Five-Star	个 unit	13	13
四星级 Four-Star	个 unit	30	28
三星级 Three-Star	个 unit	25	20
旅游星级饭店客房合计 Number of Guest Rooms	间 unit	14988	12234
旅游星级饭店床位合计 Number of Beds	张 unit	23723	18953
旅游星级饭店客房实际出租间天数 Actual Number of Days Hired for Guest Rooms	间/天 unit per day	3363078	2834634
旅游星级饭店客房核定出租间天数 Checking Number of Days Hlred for Guest Rooms	间/天 unit per day	5383782	4447111
旅行社个数 Number of Travel Agencies	个 unit	357	382
年末A级旅游景区数 Number of Grade A Tourist attractions	个 unit	39	46
其中:4级及以上 Four A class and Above	个 unit	19	22

主要统计指标解释

社会消费品零售总额　指企业(单位、个体户)通过交易直接售给个人、社会集团非生产、非经营用的实物商品金额,以及提供餐饮服务所取得的收入金额。个人包括城乡居民和入境人员,社会集团包括机关、社会团体、部队、学校、企事业单位、居委会或村委会等。

商品购进额　指从本企业以外的单位和个人购进(包括从国外直接进口)作为转卖或加工后转卖的商品金额(含增值税)。本指标反映批发和零售业从国内外市场上购进商品的总价。

商品购进包括:(1)从工农业生产者、批发和零售业企业、住宿和餐饮业企业、出版社或报社的出版发行部门和其他服务业企业购进的商品;(2)从机关团体、事业单位购进的商品;(3)从海关、市场管理部门购进的缉私和没收的商品;(4)从居民收购的废旧商品等。

不包括:(1)企业为本单位自身经营用,不是作为转卖而购进的商品,如材料物资、包装物、低值易耗品、办公用品等;(2)未通过买卖行为而收入的商品,如接受其他部门移交的商品、借入的商品、收入代其他单位保管的商品、其他单位赠送的样品、加工回收的成品等;(3)经本单位介绍,由买卖双方直接结算,本单位只收取手续费的业务;(4)销售退回和买方拒付货款的商品;(5)商品溢余。

商品销售额　指对本单位以外的单位和个人出售的商品金额(包括售给本单位消费用的商品,含增值税),本指标反映批发和零售业在国内市场上销售商品以及出口商品的总量。

商品销售包括:(1)售给城乡居民和社会集团消费用的商品;(2)售给农业、工业、建筑业、服务业等国民经济各行业用于生产、经营用的商品,包括售予批发和零售业作为转卖或加工后转卖的商品;(3)对国(境)外直接出口的商品。

商品销售不包括:(1)未通过买卖行为付出的商品,如随机构变动移交给其他企业单位的商品、借出的商品、归还受其他单位委托代保管的商品、付出的加工原料和赠送给其他单位的样品等;(2)经本单位介绍,由买卖双方直接结算,本单位只收取手续费的业务;(3)购货退回的商品;(4)商品损耗和损失;(5)出售本单位自用的废旧物资。

营业额　指住宿和餐饮业单位在经营活动中因提供服务或销售商品等取得的全部收入(含增值税)。收入主要来源于提供客房、餐费服务、商品销售和其他服务,如商务服务。不包括多产业法人企业附营的其他产业活动单位的餐费收入,商品销售收入等各项收入。

连锁总店(总部)　负责连锁企业资源(商号、商誉、经营模式、服务标准、管理模式等等)的开发、配置、控制或使用等功能的企业核心管理机构。连锁经营是指经营同类商品或服务,使用统一商号的若干店铺,在同一总店(总部)的管理下,采取统一采购或特许经营等方式,实现规模效益的组织形式,包括直营连锁、特许连锁和自愿连锁三种形式。

商品交易市场　是指经有关部门和组织批准设立,有固定场所、设施,有经营管理部门和监管人员,若干市场经营者入内,常年或实际开业三个月以上,集中、公开、独立地进行生活消费品、生产资料等现货商品交易以及提供相关服务的交易场所,包括各类消赞品市场、生产资料市场等。

货物进出口总额　指实际进出我国关境的货物总金额。包括对外贸易实际进出口货物,来料加工装配进出口货物,国家间、联合国及国际组织无偿援助物资和赠送品,华侨、港澳台同胞和外籍华人捐赠品,租赁期满归承租人所有的租赁货物,进料加工进出口货物,边境地方贸易及边境地区小额贸易进出口货物(边民互市贸易除外),中外合资企业、中外合作经营企业、外商独资经营企业进出口货物和公用物品,到、离岸价格在规定限额以上的进出口货样和广告品(无商业价值、无使用价值和免费提供出口的除外),以及其他进出口货物。该指标用以观察一个国家在对外贸易方面的总规模。我国规定出口货物按离岸价格统计,进口货物按到岸价格统计。

利用外资　指我国各级政府、部门、企业和其他经济组织通过吸收外商直接投资以及用其他方式筹措的境外现汇、设备、技术等。

外商直接投资　指外方投资者在我国境内通过设立外商投资企业、合伙企业、与中方投资者共同进行石油、天然气和煤层气等资源的合作勘探开发以及设立外国公司分支机构等方式进行投资。外方投资者可以用现金、实物、无形资产、股权等投资。

旅游者人数　包括入境国际旅游者人数、出境居民人数和国内旅游者人数。

(1)入境国际旅游者人数:指来中国参观、访问、旅行、探亲、访友、休养、考察、参加会议和从事经济、科技、文化、教育、宗教等活动的外国人、华侨、港澳同胞和台湾同胞的人数。不包括外国在我国的常驻机构,如使领馆、通讯社、企业办事处的工作人员:来我国常住的外国专家、留学生以及在岸逗留不过夜人员。

(2)出境居民人数:指大陆居民因公务活动或私人事务短期出境的人数。公务活动出境居民人数包括在国际交通工具上的中国服务员工,因私出境居民人数不包括在国际交通工具上的中国服务员工。

(3)国内旅游者人数:指我国大陆居民和在我国常住1年以上的外国人、华侨、港澳台同胞离开常住地在境内其他地方的旅游设施内至少停留一夜,最长不超过6个月的人数。国际旅游(外汇)收入指入境旅游的外国人、华侨、港澳同胞和台湾同胞在中国大陆旅游过程中发生的一切旅游支出,对于国家来说就是国际旅游(外汇)收入。

Explanatory Notes on Main Statistical Indicators

Total Retail Sales of Consumer Goods refer to the amount obtained by enterprises(units, self – employed individuals) through direct sales of non – production and non – business physical commodity to individuals, social institutions, and revenue from providing catering services. Individuals include rural and urban households, population from abroad, social institutions include government agencies, social organizations, military units, schools, institutions, neighbourhood(village) committees.

Total Purchases of Commodities refer to the value of commodities(including VAT) purchased by the enterpises from other units or individuals(including dirct import from abroad) for the purpose of reselling, either with or without further processing of commodities purchased. This indicator is used to show the total value of purchases of commodities by wholesale and retail establishments from domestic and overseas market.

The total purchases include: (1) Commodities purchased from agricultural and industrial producers, wholesle and retail establishments, accommodation and catering establishments, publishers or distribution dapartment of newspaper offices, and other service establishments; (2) Commodities purchased from government agencies and public institutions; (3) Confiscated goods purchased from customs authories or market management agencies; (4) Second – hand goods and wastes purchased from residents.

Excluded are : (1) Commodities purchased by enterprises for use in their own business operation without buying or selling procedures, including material assets, packing, low – value consumables and office supplies, etc; (2) Commodities obtained without buying or selling procedures, such as goods handed over from other enterprises and institutions, borrowed goods, goods preserved for other units, samples donated by others, finished products recycled after processing, etc; (3) Commission income from brokerage in transactions whose settlement is directly handled by buyers and sellers; (4) Rejected commodities in purchase and goods which buyers refuse to pay the price; (5) Commodities overage.

Total Sales of Commodities refer to value of commodities sold by the establishments to other establishments and individuals(involving commodities sold for self consumption, including VAT). This indicator is used to show the total value of sales of commodities at domestic markets and exports.

The total sales include: (1) commodities sold to urban and rural residents and social groups for their consumption; (2) commodities sold to establishments in agriculture, industry, construction service and other professions for their production and operation, including wholessle and retail establishments for re – selling, with or without further processing; (3) commdities for direct export to other countries.

Excluded are: (1) commodities transferred without buying or selling procedures, such an goods handed over to other enterprises and institutions because of the change of the organizations, lent goods, returned good preserved for others, extended processing materials and samples donated to others, etc; (2) commission income from brokerage in transactions whose settlement is directly handled by buyers and sellers; (3) rejected commodities in the purchase; (4) loss in commodities; (5) waste and used materials used by the establishments themselves.

Business Revenue refer to revenue received from providing services or selling commodities by establishments in hotel and catering services, including income from hotel rooms, from catering services, from selling of commodities and from other services. Income from catering, selling commodities and other sources by units attached to the corporated enterprises but in other professions are excluded.

Chain Head Store(headquarter) refer to the core leading stores responsible for development , allocation, administration and utilization of resources(name of stores, brand of stores, operation model, service standard, management way, etc.) of chain stores. Chain store operation refers to the organization of stores which engaged in providing homogeneous commodities or services, using unique name of stores, under the central leadership of head store , adopting centralized purchasing or franchising or other ways in order to gain scale benefits. There are three organizations to achieve scale benefits in chain stores, including direct management, special permit, voluntary arrangement.

Commodity Trading Markets Refers to the trading places established with the approval of relevant departments and organizations, with a fixed place, facilities, management department and supervisors, in which the number of market operators trading consumer goods, means of production and other spot commodities, and providing related services independently openly with concentration for more than three months or all the year round, including all kinds of consumer goods market, production market, etc.

Total Import and Export of Goods refer to the real value of commodities imported and exported across the border of China. They include the actual imports and exports through foreign trade, imported and exported goods under the processing and assembling trades and materials, supplies and gifts as aid given gratis between governments and by the United Nations and other international organizations, and contributions donated by overseas Chinese, compatriots in Hong Kong and Macao and Chinese with foreign citizenship, leasing commodities owned by tenant at the expiration of leasing period, the imported and exported commodities processed with imported materials, commodities trading in border areas(excluding mutual exchange goods), the imported and exported commodities and articles for public use of the Sino—foreign joint ventures, cooperative enterprises and ventures with sole foreign investment. Also included is import or export of samples and advertising goods for which CIF or FOB value are beyond the permitted ceiling(excluding goods of no trading or use value and free commodities for export) , imported goods sold in China from bonded warehouses and other imported or exported goods. The indicator of the total imports and exports at customs can be used to observe the total size of external trade in a country. In accordance with the stipulation of the Chinese government, imports are calculated at CIF, while exports are calculated at FOB.

Utilization of Foreign Capital refers to remittance, equipment and technology financed from abroad, by loans, foreign direct investment and other forms undertaken by the Chinese governments at all levels, by various departments, enterprises and other economic units.

Foreign Direct Investment refer to the investments inside China by foreign enterprises and economic organizations or individuals (including overseas Chinese, compatriots from Hong Kong, Macao and Taiwan, and Chinese enterprises registered abroad), following the relevant policies and laws of China, for the establishment of ventures exclusively with foreign own investment, Sino – foreign joint ventures and cooperative enterprises or for co – operative exploration of resources with enterprises or economic organizations in China. It includes the re – investment of the foreign entrepreneurs with the profits gained from the investment and the funds that enterprises borrow from abroad in the total investment of projects which are approved by the relevant depantment of the government.

Number of Tourists (1) International tourists refer to foreigners, overseas Chinese, Chinese compatriots from Hong Kong, Macao and Taiwan coming to China for sight – seeing, visits, tours, family reunions, vacations, study tours, conferences and other activities of a business, scientifc and technolongical, cultural, educational and religious nature. It does not include representatives and employees of resident instiututions of foreign countries in China such as embassies, consulates, news agencies and offices of foreign companies and organizations, nor does it include long – term foreign experts or studentss residing in China, or persons in transition without spending a night in China.

(2) Chinese residents goning abroad refer to Chinese residents going abroad for short terms for either public business or private purposes. Chinese employees working on international transport carriers are included in those going abroad for public business purpose, not in those for private purpose.

(3) Domestic tourists refer to residents of the mainland of China who stay for one night at least but no more than 6 months at tourist facilities in other places than their permanent residece within the territory of the mainland China, including foreigners, overseas Chinese and Chinese compatriots from Hong Kong, Macao and Taiwan who have resided in China for over one year.

九、财政、金融和保险

FINANCE, BANKING AND INSURANCE

资料整理人员：张晓勇　刘　洁　肖从新　唐厚国　吴华章

STAFF FOR DATA PROCESSING：

Zhang Xiaoyong　Liu Jie　Xiao Congxin　Tang Houguo　Wu Huazhang

简要说明

本篇反映我市财政收支、金融、证券和保险业发展情况。财政收支资料来源于市财政局；反映金融经营情况的"金融机构资金来源与运用"、"银行资金来源与运用"、"金融机构年末储蓄存款余额"等资料，为中国人民银行武汉分行营业管理部整理提供；反映证券经营情况的"证券市场交易情况"，由中国证券监督管理委员会湖北监管局提供；反映保险经营情况的"历年保险业务经营情况"、"保险业务经营情况"，由中国银行保险监督管理委员会湖北监管局提供。

Brief Description

This chapter shows the government revenue and expenditure, banking, security and insurance in Wuhan. The data on government revenue and expenditure come from Wuhan Finance Bureau. Data on banks source and banks uses、cash income and expenditures of financial institutions reflecting financial business are collected and prepared on the basis of information from the Wuhan branch of People's Bank of China. Data on transactions of securities reflecting security business are provided by Hubei Regulatory Bureau of China Securities Regulatory Commission. Data on economic indicators of insurances business in various years reflecting insurance business are provided by Hubei Office of China Banking and Insurance Regulatory commission.

9－1 财政收入与支出
GOVERNMENT REVENUES AND EXPENDITURES

单位:万元 (10 000 yuan)

指标名称 Index Name	2017	2018
一般公共预算总收入 General Public Budget Revenue	26776605	29002379
其中:地方一般公共预算收入 Local General Public Budget Revenue	14029265	15286984
#税收收入 Tax Revenue	11787654	12942147
#增值税 Value Added Tax	4336031	4680243
企业所得税 Corporate Income Tax	2233522	2513604
个人所得税 Individual Income Tax	768973	851187
城建税 Tax on City Maintenance and Construction	931529	1013301
一般公共预算支出 General Public Budget Expenditure	17186158	19293075
#一般公共服务 General public services	1474771	1656874
国防和公共安全 National Defence and Public Security	1001686	1152003
教　育 Education	2669650	2599758
科学技术 Science and Technology	1158562	1344072
文化旅游体育与传媒 Culture, Tourism, Sports and Media	215457	296757
社会保障和就业 Social Security and Employment	2535327	2860646
卫生健康 Medical Health	1396359	1313480
节能环保 Energy Conservation and Environmental Protection	343066	475908
城乡社区 Affairs of Urban and Rural Community	3170646	4437717
农林水 Affairs of Agriculture, Forestry and Water	971863	851222
交通运输 Traffic and Transport	609587	633723
商业服务业等 Affairs of Commerce and Sevice Business	101799	107988
金融 Banking Expenditure	22271	12844

9-2 税收完成情况
GOVERNMENT TAXES REVENUES

单位:万元 (10 000 yuan)

指标名称	Index Name	2017	2018
国内税收收入合计	Total of Internal Revenue	25068141	27319029
1、国内增值税	Value Added Tax	8685600	9342506
2、国内消费税	Consumption Tax	3706434	3821898
3、企业所得税	Corporate Income Tax	5747164	6459945
4、个人所得税	Individual Income Tax	1922438	2127973
5、车辆购置税	Vehicle Purchase Tax	501904	615604
6、资源税	Resource Tax	901	1263
7、城建税	Tax on City Maintenance and Construction	959475	1038328
8、房产税	Tax on Real Estates	492562	545106
9、印花税	Stamp Tax	211070	222922
10、土地使用税	Tax on Use of Land	162188	164466
11、土地增值税	Land Value - Added tax	1241211	1449105
12、车船税	Tax on Use of Vehicles and Ships	97683	113741
13、耕地占用税	Tax on Occupation of Farmland	68444	77678
14、契税	Contract Tax	1216012	1302070
15、环保税	Environmental Tax	——	7459
16、其他税收	Other Tax	55055	28965

9-3 金融机构资金来源与运用

CREDIT FUNDS BALANCE SHEET OF BANKS - SOURCES AND BANKS - USES OF FINANCIAL INSTITUTIONS

单位:亿元 (100 million yuan)

指标名称 Index Name	2018
资金来源本外币 **Sources from Local and Foreign Currency**	
金融机构本外币存款 Local and Foreign Currency Deposits of Financial Institutions	26331.62
#本　币 Local Currency	25720.46
#住户存款 Households Deposits	7861.12
非金融企业存款 Non - Financial Enterprises Deposits	11956.58
广义政府存款 General Government Deposits	5256.65
非银行业金额机构存款 Non - Bank Financial Institutions Deposits	1157.90
资金运用本外币 **Uses for Local and Foreign Currency**	
金融机构本外币贷款 Local and Foreign Currency Loans of Financial Institutions	28270.77
#本　币 Local Currency	26667.03
#住户贷款 Households Loans	7881.69
短期贷款 Short - term Loans	558.33
中长期贷款 Medium & Long - term Loans	7323.36
非金融企业及机关团体贷款 Non - Financial Enterprises, Agencies and Groups Loans	19075.75
短期贷款 Short - term Loans	3548.23
中长期贷款 Medium & Loug - term Loans	13491.97
票据融资 Bill Financing	1002.79
融资租赁 Finance Lease	1018.42

9-4 证券市场交易情况
STATISTICS ON TRANSCACTIONS OF SECURITIES

单位:万元　　　　(10 000 yuan)

指标名称 Index Name	2014	2015	2016	2017	2018
一、交易量合计 Total Transcaction of Securities	379945200	945907000	553300312	598874990	464969604
(一)股票交易量 Stock Transcaction	240689700	763408700	345593460	307282874	230033654
(二)基金 Funds	7630800	34111900	24390006	18553181	15913116
(三)债券 Government Bonds	5186600	4391600	6477836	5492407	4837788
(四)债券融资回购交易 Bond Repurchase Trading	7421600	3516900	5901006	10127533	7358568
(五)债券融券回购交易 Bond Securities Repurchase Trading	118763400	139868300	170165672	254046192	203890710
(六)其他证券 Others	253100	609600	772288	3372803	2935769
二、网点数(个) Number of Network(unit)	118	136	201	227	236

9-5 历年保险业务经营情况
ECONOMIC INDICATORS OF INSURANCE BUSINESS OVER THE YEARS

单位:万元 (10 000 yuan)

年份 Year	保费收入 Premium	赔款和给付 Claim and Indemnity
1993	63081	26240
1994	67398	45657
1995	86419	53277
1996	119571	36245
1997	161036	36314
1998	187055	65972
1999	228178	48509
2000	224530	43602
2001	264023	67625
2002	398889	98151
2003	438849	107588
2004	456315	130028
2005	542889	142602
2006	554398	162084
2007	660387	254532
2008	1020521	331739
2009	1229012	277528
2010	1662284	303019
2011	1872413	407510
2012	1752754	461543
2013	2022253	604818
2014	2657141	753343
2015	3245705	995023
2016	4257617	1228951
2017	5540265	1290417
2018	6210229	1596984

9－6　保险业务经营情况(2018 年)
ECONOMIC INDICATORS OF INSURANCE BUSINESS(2018)

单位:万元　　(10 000 yuan)

项　　目 Item	保费收入 Premium	赔款、给付金额 Claim and Indemnity
全市总计	**6210229**	**1596984**
一、财产保险 Property Insurance	**1560135**	**772645**
企业财产保险 Enterprises Property Insurance	103662	35214
家庭财产保险 Family Property Insurance	7267	1558
机动车辆保险 Insurance Motor Vehicles	1094982	589040
工程保险 Construction Insurance	39046	24066
责任保险 Responsibility Insurance	69726	33647
信用保险 Credit Insurance	12439	5200
保证保险 Guarantee Insurance	174781	42891
船舶保险 Shipping Insurance	6903	4859
货运险 Cargo Insurance	17611	7645
特殊风险保险 Special Risk Insurance	6374	1347
农业保险 Agriculture Insurance	21456	23688
其它险 Other Insurance	5888	3490
二、人身保险 Life Insurance	**4650095**	**824339**
寿　　险 Common Life Insurance	3568415	534569
意外伤害险 Accident Insurance	194331	46220
健康保险 Health Insurance	887349	243550

注:本表数据为“企业会计准则 2 号解释”下新口径数据。新口径数据具体是指保险业保费收入核算采用新计量方法,投连和万能险等险种与保险风险相关的业务收入将计为保费收入,其余不相关部分将不计为保费收入。

Note:Data from this table are new statistic scrope data under No. 2 Explanation of Accounting Standards. New statistic Scrope refers to new calculating method of insurance premium accounting. Income from investment linked and universal life and other insurance related to insurance risk will be included in insurance premium and Not Relevant Parts are excluded.

主 要 统 计 指 标 解 释

财政收入　国家财政参与社会产品分配所取得的收入，是实现国家职能的财力保证。财政收入所包括的内容几经变化，目前主要包括：(1)各项税收；(2)专项收入；(3)其他收入等。

财政支出　国家财政将筹集起来的资金进行分配使用，以满足经济建设和各项事业的需要，主要包括：(1)一般公共服务支出；(2)国防支出；(3)公共安全支出；(4)教育支出；(5)科学技术支出；(6)文化体育与传媒支出；(7)社会保障和就业支出；(8)医疗卫生支出；(9)环境保护支出；(10)城乡社区事务支出；(11)农村水事务支出；(12)交通运输支出等。

信贷资金　国家银行用于发放贷款的资金叫信贷资金。中国人民银行信贷资金的来源有各项存款、对国际金融机构负债、流通中货币、银行自有资金及当年结益等。信贷资金的运用有各项贷款、黄金占款、外汇占款、财政借款及在国际金融机构中的资产等。

存款　企业、机关、团体或居民根据资金必须收回的原则，把货币资金存入银行或其他信用机构保管并取得一定利息的一种信用活动形式。根据存款对象的不同可划分为单位存款、代理财政性存款、个人存款等科目。它是银行信贷资金的主要来源。

贷款　银行或其他信用机构根据资金必须归还的原则，按一定利率，为企业、个人等提供资金的一种信用活动形式。我国银行贷款分为个人消费贷款、经营贷款、固定资产贷款等科目。

保费　又叫保险费。是保险人根据保险合同的有关规定，为被保险人取得因约定危险事故发生所造成的经济损失补偿(或给付)权利，付给保险人的代价。包括财产险和人身险储金收入。

赔款　保险事故发生后，经查证确属保险责任范围以内的保险标的损失，保险人根据保险合同的规定履行赔偿义务，给予被保险人的款项叫做赔款。赔款可分为已决赔款和未决赔款两种。

Explanatory Notes on Main Statistical Indicators

Government Revenue refers to the revenue of the government finance by means of participating in the distribution of the social products, which is the financial resources for ensuring the government to function。 The contents of government revenue have been changed several times. Now it includes the following main items: (1) Various tax revenues, (2) Special revenues, (3) Other revenues.

Government Expenditure refers to the distribution and use of the funds the government finance has raised, so as to meet the needs of economic construction and various causes. It includes the following main items: (1) expenditure for general public services; (2) expenditure for national defence; (3) expenditure for public security; (4) expenditure for education; (5) expenditure for science and technology; (6) expenditure for culture, sport and media; (7) expenditure for social safety net and employment effort; (8) expenditure for medical and health care; (9) expenditure for environment protection; (10) expenditure for urban and rural community affairs; (11) expenditure for agriculture, forestry and water conservancy; (12) expenditure for transportation.

Credit Funds refer to the funds issued as loans by state banks. The sources of credit funds of the People's Bank of China included deposits, liabilities to international financial institutions, currency in circulation, self – owned fund and current retained profits, etc. The credit funds can be used in forms of loans, gold, foreign exchange, government debt and assets in the international financial institulions

Deposits is a form of credit by which enterprises, institutions, organizations or households can put money into banks and other credit institutions for safekeeping and interest earning under the principle of free withdrawal. According to different depositors, deposits are divided into enterprise deposits, treasury deposits, deposits of government agencies and organizations, capital construction deposits, urban savings deposits, rural deposits and other deposits. Deposits are major sources of the credit funds of banks.

Loan is a form of credit by which banks and other credit institutions provide funds at certain interest rate to enterprises and individuals in the light of the principle of unconditional repayment. Loans from Chinese banks include circulating capital loans, fixed assets-loans, loans to urban and rural individuals engaged in industrial and commercial business and agricultural loans.

Premium refers to the fee paid by the insurant to the insurer for the rights to gain compensation of economic loss from the insurer after accidents in the range have happened, according to the relevant items on insurance contract. It includes the income from the deposit of property insurance and personal insurance.

Claim is the compensation paid by the insurant to the insurance in accordance with the insurance contract for the loss which has been checked and found to be in the range of liability of the insurance after all accident has happened to the insured property or to a person who has insured his life. It iS further divided into settled and unsettled claim.

十、物价指数和人民生活

PRICE INDICES AND PEOPLE'S LIVELIHOOD

资料整理人员：方　芳　李忠明　李玉兰　杨晓东　胡红九　赵国雄　唐均祥

STAFF FOR DATA PROCESSING:

Fang Fang　Li Zhongming　Li Yulan　Yang Xiaodong　Hu Hongjiu　Zhao Guoxiong　Tang Junxiang

简要说明

本篇资料反映我市生产、流通与消费等环节的价格变动趋势和幅度以及我市城乡居民收入、消费及其他生活状况。价格变动趋势和幅度的数据主要包括居民消费价格指数、商品零售价格指数、工业生产者出厂价格指数和工业生产者购进价格指数;城乡居民生活状况主要内容包括居民现金和实物收支情况、住户成员及劳动力从业情况、住房和耐用消费品拥有情况等。

居民消费、商品零售价格指数根据国家统计局统一组织的分层抽样调查方法,经过对调查点的选定、代表规格品的选择,采用“三定一直”原则,即定点、定时、定人用 PDA 直接采集价格,取得资料后,按住户调查的居民家庭消费支出构成和社会消费品零售额统计确定的权数分别进行计算得到。工业生产者价格包括工业企业产品第一次出售时的出厂价格和企业作为中间投入的原材料、燃料、动力购进价格(简称工业生产者购进价格)。该项调查按照国家统计局工业生产者价格统计调查制度规定,采用重点调查和典型调查相结合的调查方法,其价格指数由选定的企业按确定的代表产品采用联网直报的形式上报资料,按工业销售产值、投入产出数据及工业企业产品权数调查数据确定的权数计算。重点调查对象为年主营业务收入 2000 万元以上的工业企业,采用主观选样的方法选择调查企业;典型调查对象为年主营业务收入 2000 万元以下的工业企业作为抽样,采用随机抽样的调查方法选择企业。

城乡居民生活状况数据来源于国家统计局武汉调查队住户收支与生活状况调查,是对城乡居民家庭抽样调查汇总评估的结果。住户收支与生活状况调查由国家统计局武汉调查队组织实施,调查小区、调查住宅均由国家统计局按《住户收支与生活状况调查方案》统一抽选。抽样以省为总体,在对市县级调查网点代表性进行评估的基础上,采用分层、多阶段随机抽样方法抽选调查住宅,确定调查户;抽中调查小区五年内保持不变,抽中住宅每年轮换一半。调查对象为中华人民共和国境内的所有住户,无论是本地户籍还是外地户籍,无论是农业户籍还是非农业户籍,也无论是家庭形式居住还是以集体形式居住。基础数据的采集方式采用日记账和问卷调查相结合的方式。我市目前按上述方法在 7 个中心城区和 6 个新城区共计 113 个调查小区,约 1200 户中开展住户收支与生活状况调查。调查员采用入户访问形式调查搜集城乡居民家庭收入、消费及其他生活状况等资料。调查资料经审核汇总后上报国家统计局湖北调查总队,由湖北调查总队评估核定反馈数据,根据湖北总队反馈数据形成我市城镇常住居民可支配收入、支出和农村常住居民可支配收入、支出等指标。

Brief Description

This information is reflected in the price fluctuation trend and range of production, circulation and consumption, and the income, consumption and other living conditions of urban and rural residents in Wuhan. The price fluctuation trend and amplitude data mainly include consumer price index. commodity retail price index, industrial producer price index and producer price index. The main contents of urban and rural residents living conditions include the residents' cash and real income, housing and labor employment, housing and consumer durable goods.

Consumer price index and commodity retail price index: According to the stratified sampling method that the State Statistical Bureau unified organized, after the choice of the survey point and representative specification, designated person use a PDA direct acquisition price at appointed time in designated place. Then, according the weight calculated through Household consumption expenditure composition and retail sales of social consumer goods, the consumer price index and the commodity retail price index could be calculated. Industrial producer prices: Industrial producer prices include the first factory price of enterprise products and purchase price of raw materials. ruel and power as the middle input. (Abbreviation is Industrial producer purchased price). Provisions on State Statistical Bureau's system of investigation about Industrial producer price statistics, using the survey method based on key investigation and typical investigation, through the Representative products' s data submitted by designated enterprise, according Industrial sales value, input - output data, and the weight of industrial products, we calculated Industrial producer prices. Key research object are the industrial enterprises selected by subj ective sample method in which annual main business income is more than 20000000 yuan. Typical survey object are the industrial enterprises selected by random sampling method in which annual main business income is less than 20000000 yuan.

Living condition data of urban and rural residents inspired from Household income and living conditions survey data by Wuhan investigation team of State Statistical Bureau collected. this is a result through carrying out sampling investigation to urban and rural residents. Household income and living conditions survey is arranged by Wuhan investigation team of State Statistical Bureau. investigated district and investigated residential were United selected according the "Plan of household income and living condi. tions survey" formulated by State Statistical Bureau. Investigation housing were selected by the method of random sampling of different levels and stages, based on the assessment of the representative of the county survey network, taking the province as the main body. Selected cells will be kept on 5 years. selected residents will be changed a half yearly. Investigation object are all residents in the territory of the people, s Republic of China. Whether they are local household or field. Whether they are agricultural household or non Agricultural household. whether their residential style are families or groups. The Basic Data is selected by means of the combination of journalizing and qucstionnaires. In accordance with the above method, We conducted investigation in about 1 200 households distributing in 11 3 investigated district of 7 central areas and 6 new urban areas. The investigators collected information about household income and consumption and other living conditions through a home visit. Feedback is responsed from Hubei Investigation Corps of State Statistical Bureau. after the survey data is sent to them and assessed by them. Then we get the data of resident disposable income and expenditure according the feedback.

10－1 历年居民消费价格指数
CONSUMER PRICE INDEX OVER THE YEARS

年份 Year	上年＝100 preceding year＝100		1952 年＝100 Year 1952＝100		1978 年＝100 Year 1978＝100	
	居民消费价格指数 General Consumer Price Index	商品零售价格指数 General Retail Price Index	居民消费价格指数 General Consumer Price Index	商品零售价格指数 General Retail Price Index	居民消费价格指数 General Consumer Price Index	商品零售价格指数 General Retail Price Index
1950	198.3	198.3				
1951	112.6	116.0				
1952	105.7	106.7	100.0	100.0		
1953	101.9	101.6	101.9	101.6		
1954	100.7	100.9	102.6	102.5		
1955	100.2	100.4	102.8	102.9		
1956	100.2	100.2	103.0	103.1		
1957	104.1	103.9	107.2	107.1		
1958	99.2	99.1	106.3	106.1		
1959	101.2	101.4	107.6	107.6		
1960	103.1	103.0	110.9	110.8		
1961	123.5	126.0	137.0	139.6		
1962	99.0	98.8	135.6	137.9		
1963	98.7	98.6	133.8	136.0		
1964	97.3	97.2	130.2	132.2		
1965	94.3	93.9	122.8	124.1		
1966	98.9	99.8	121.4	123.9		
1967	100.2	100.6	121.6	124.6		
1968	100.2	100.3	121.8	125.0		
1969	100.6	100.0	122.5	125.0		
1970	99.6	99.5	122.0	124.4		
1971	99.7	99.6	121.6	123.9		
1972	100.1	100.1	121.7	124.0		
1973	100.3	100.3	122.1	124.4		
1974	99.9	100.3	122.0	124.8		
1975	99.9	99.9	121.9	124.7		
1976	100.1	100.1	122.0	124.8		
1977	100.1	100.1	122.1	124.9		
1978	100.8	100.7	123.1	125.8	100.0	100.0
1979	102.5	102.8	126.2	129.3	102.5	102.8
1980	106.6	107.2	134.5	138.6	109.3	110.2
1981	101.2	101.3	136.1	140.4	110.6	111.6
1982	101.2	101.1	137.7	141.9	111.9	112.8
1983	101.1	101.1	139.2	143.5	113.1	114.0

10-1 续 表 Continued

年 份 Year	上年=100 preceding year=100		1952年=100 Year 1952=100		1978年=100 Year 1978=100	
	居民消费价格指数 General Consumer Price Index	商品零售价格指数 General Retail Price Index	居民消费价格指数 General Consumer Price Index	商品零售价格指数 General Retail Price Index	居民消费价格指数 General Consumer Price Index	商品零售价格指数 General Retail Price Index
1984	104.1	104.0	144.9	149.2	117.7	118.6
1985	111.1	111.6	161.0	166.5	130.8	132.4
1986	106.2	105.8	171.0	176.2	138.9	140.1
1987	108.2	108.2	185.0	190.6	150.3	151.6
1988	120.5	121.8	222.9	232.2	181.1	184.6
1989	113.4	113.9	252.8	264.5	205.4	210.3
1990	103.0	102.5	260.4	271.1	211.6	215.6
1991	107.3	106.7	279.4	289.3	227.0	230.0
1992	111.4	110.0	311.3	318.2	252.9	253.0
1993	119.8	118.8	372.9	378.0	303.0	300.6
1994	126.3	124.1	471.0	469.1	382.7	373.0
1995	118.4	114.0	557.7	534.8	453.1	425.2
1996	112.2	106.0	625.7	566.9	508.4	450.7
1997	103.1	100.7	645.1	570.9	524.2	453.9
1998	97.4	96.2	628.3	549.2	510.6	436.7
1999	96.1	93.7	603.8	514.6	490.7	409.2
2000	100.6	97.4	607.4	501.2	493.6	398.6
2001	99.5	96.0	604.4	481.2	491.1	382.7
2002	98.6	97.7	595.9	470.1	484.2	373.9
2003	102.3	100.4	609.4	472.0	495.3	375.4
2004	103.3	101.0	629.5	476.7	511.6	379.2
2005	102.7	100.9	646.5	481.0	525.4	382.6
2006	101.4	100.7	655.6	484.4	532.8	385.3
2007	104.1	103.0	682.5	498.9	554.6	396.9
2008	105.7	105.1	721.4	524.3	586.2	417.1
2009	99.4	98.4	717.1	515.9	582.7	410.4
2010	103.0	103.1	738.6	531.9	600.2	423.1
2011	105.2	104.7	777.0	556.9	631.4	443.0
2012	102.8	102.3	798.8	569.7	649.1	453.2
2013	102.4	100.9	818.0	574.8	664.7	457.3
2014	101.9	100.5	833.5	577.7	677.3	459.6
2015	101.4	100.0	845.2	577.7	686.8	459.6
2016	102.4	101.3	865.5	585.2	703.3	465.6
2017	101.9	100.1	881.9	585.8	716.7	466.1
2018	101.9	101.4	898.7	594.0	730.3	472.6

10－2 居民消费价格分类指数
CONSUMER PRICE INDEX BY CATEGORY

（上年＝100） （Preceding year＝100）

项目	Item	2018
居民消费价格总指数	**General Consumer Price Index**	**101.9**
非食品价格指数	Non－Food Consumer Price Index	101.9
服务价格指数	Serving Price Index	102.3
扣除鲜菜鲜果价格指数	Price Index Excluding Fresh Vegetables and Fruits	101.6
消费品价格指数	**Consumer Price Index**	**101.6**
一、食品烟酒	**Food**	**101.9**
1.食　　品	Grain	101.7
2.茶及饮料	Tee and Beverage	100.4
3.烟酒	Tobacco and Liquor	100.4
4.在外餐饮	Outside Catering	103.0
二、衣　　着	**Clothing**	**101.7**
1.服　　装	Garments	100.9
2.服装材料	Clothing Materials	101.6
3.其他衣着及配件	Other clothing and accessories	99.7
4.衣着加工服务费	Clothing Processing charge	107.8
5.鞋类	Shoes	103.3
三、居住	**Housing Condition**	**102.0**
1.租赁房房租	Rent	101.4
2.住房保养维修及管理	House maintenance and management	103.9
3.水电燃料	Water, electricity and fuel	101.7
4.自有住房	Self－owned house	101.5
四、生活用品及服务	**Daily necessities and Services**	**102.1**
1.家具及室内装饰品	Furnitures and interior decorations	103.8
2.家用器具	Home appliance	99.3
3.家用纺织品	Home Textile	100.3
4.家庭日用杂品	Daily groceries	102.0
5.个人护理用品	Personal care supplies	101.5
6.家庭服务	Household services	111.0
五、交通和通信	**Means of Transport and Communication**	**102.2**
1.交　通	Means of Transportation	104.1
2.通　信	Means of Communication	99.3
六、教育文化和娱乐	**Recreation, Education, Culture Articles**	**101.1**
1.教　育	Education	102.2
2.文化娱乐	Articles for Cultural, Recreational Use	99.6
七、医疗保健	**Health Care**	**103.0**
1.药品及医疗器具	Medicine and Medical appliances	101.0
2.医疗服务	Medical Service	104.2
八、其他用品和服务	**Other Supplies and services**	**100.4**
1.其他用品类	Other Supplies	97.8
2.其他服务类	Other Services	102.6

10－3 商品零售价格分类指数
RETAIL PRICE INDICES BY CATEGORY OF COMMODITIES

（上年＝100） (preceding year＝100)

项目	Item	2018
商品零售价格总指数	**General Retail Price Index**	**101.4**
一、食　品	**Food**	**101.8**
1.粮　食	Grain	99.9
2.薯　类	Potato	113.8
3.豆　类	Bean	99.9
4.食用油	Edible oil	98.5
5.菜	Vegetables	107.0
6.畜肉类	Meat	96.8
7.禽肉类	Poultry	103.5
8.水产品	Aquatic Products	95.9
9.蛋　类	Eggs	107.1
10.奶　类	Milk	103.5
11.干鲜瓜果类	Dried and Fresh Melons and Fruits	107.3
12.糖果糕点类	Cake, Biscuit and Bread	100.7
13.调味品	Flavoring	103.6
14.其他食品类	Other Foods	99.3
15.在外餐饮	Outside Catering	103.0
二、饮料、烟酒	**Beverage, Tobacco & Liquor**	**100.6**
1.茶及饮料	Tea and Beverage	100.4
2.烟　草	Tabacco	100.0
3.酒　类	Liquor	101.1
三、服装、鞋帽	**Garments, Shoes and Hats**	**101.4**
1.服　装	Garments	101.2
2.鞋帽袜	Shoes and Hats	102.2
3.其它衣着配件	Other accessories	101.4
四、纺织品	**Textiles**	**100.8**
1.服装材料	Clothing Material	101.6
2.床上用品	Bedding	100.3
五、家用电器及音像器材	**Household Appliances and Audio Equipment**	**98.6**
1.家庭设备	Household Facilities	99.4
2.文娱用耐用消费品	Durable Consumer goods for Cultural Entertainment	97.3
3.专业用音像器材	Audio－Visual Appliances	99.1

10－3 续 表 Continued

（上年＝100） (preceding year＝100)

项目	Item	2018
六、文化办公用品	**Culture Articles**	**98.0**
七、日用品	**Articles for Daily Use**	**101.2**
1. 日用百货	Daily Use Articles	101.6
2. 厨具餐具茶具	Kitchenware, Dishware and Tea Utensils	100.1
3. 清洗用品	Washing Articles	102.6
4. 其他日用品	Other Daily Use Articles	99.9
八、体育娱乐用品	**Sports and Recreational Articles**	**101.1**
1. 体育户外用品	Sports Goods	100.5
2. 娱乐用品	Recreational Articles	101.6
九、交通、通信用品	**Articles of Transportation and Telecommunication**	**98.6**
1. 交通运输机械	Traffic Transportation Machinery	99.7
2. 通信器材	Telecommunication Appliances	97.1
十、家　　具	**Furniture**	**104.3**
十一、化妆品	**Cosmetic**	**102.1**
十二、金银饰品	**Jewelry**	**95.9**
十三、中西药品及医疗保健用品	**Chinese and Medicine and Health Care**	**101.2**
1. 医疗卫生器具	Medical Instrument and Articales	99.9
2. 中　　药	Traditional Chinese Medicine	102.0
3. 西　　药	Western Medicine	101.0
4. 保健器具及用品	Health Care Machinery and Aricles	99.8
十四、书报杂志及电子出版物	**Newpapers and Magazine**	**100.1**
1. 教材及参考书	Teaching Materials and Reference Books	100.2
2. 书报杂志	Newpapers and Magazine	100.0
3. 计算机办公软件	Computer office software	100.0
十五、燃　　料	**Fuel**	**108.3**
1. 煤炭及制品	Coal and Its Products	102.2
2. 石油及制品	Petroleum and its Products	109.2
十六、建筑材料及五金电料	**Building materials and Hardware**	**102.8**
1. 建筑装璜材料	Building Decoration Materials	101.8
2. 五金水暖	Hardware and Electrical Applicaces	105.6

10－4 工业生产者出厂、购进价格指数
PRODUCER PRICE AND PURCHASING PRICE INDICES INDUSTRIAL PRODUCTS

（上年＝100） （preceding year＝100）

年　份 Year	工业生产者 出厂价格指数 Producer Price Index for Industrial Products	工业生产者 购进价格指数 Producer Purchasing Price Index for Industrial products
1994	119.6	122.3
1995	107.9	118.6
1996	104.6	109.2
1997	98.6	101.8
1998	93.5	97.3
1999	96.1	95.3
2000	103.9	103.6
2001	98.4	100.8
2002	96.3	98.4
2003	105.5	106.5
2004	104.6	114.5
2005	102.7	110.6
2006	100.3	105.2
2007	102.5	104.2
2008	105.1	111.9
2009	94.0	92.2
2010	104.8	107.8
2011	106.0	109.2
2012	101.1	100.0
2013	102.4	98.4
2014	98.0	98.4
2015	95.2	94.4
2016	98.96	97.6
2017	104.7	107.8
2018	103.8	105.4

10－5　城镇居民家庭基本情况
BASIC CONDITIONS OF URBAN RESIDENT HOUSEHOLDS

项　　目 Item	2014	2015	2016	2017	2018
调查户数(户) Number of Households Surveyed(household)	852	857	829	816	1399
调查户人口合计(人) Total Number (person)	2251	2279	2197	2171	4081
平均每户(人) Average Number per Household(person)	2.64	2.66	2.65	2.66	2.92
可支配收入合计(元) Disposable Income(yuan)	74890770	83037644	87302189	94232255	193272079
平均每人每月(元) Per Capita Monthly Disposable Income(yuan)	2772.50	3036.33	3311.42	3617.08	3946.58
消费性支出合计(元) Living Expenditure(yuan)	49526502	54566097	58297395	61973540	127331281
平均每人每月(元) Per Capita Monthly Living Expenditures (yuan)	1833.50	1995.25	2211.25	2378.84	2600.08

注:2012 年起国家进行了住户收支调查城乡一体化改革,2014 年开始公布新口径数据,所有收支调查指标名称前均冠以城镇(农村)常住居民;2014 年以前的所有数据均为老口径。

Note:In 2012, the state has carried out reform about Household income and expenditure survey of urban and rural integration, began to publish new caliber data since 2014. All income and expenditure survey indicators are preceded by the name of the town (rural) resident. All data in this table are old caliber data before 2014.

10－6 城镇常住居民家庭平均每人每月收支情况

PER CAPITA MONTHLY CASH INCOME AND EXPENDITURES IN URBAN RESIDENT HOUSEHOLDS

单位:元 (yuan)

项目 Item	2014	2015	2016	2017	2018
#可支配收入 Disposable income	2772.50	3036.33	3311.42	3617.08	3946.58
工资性收入 Wage income	1698.10	1843.08	1987.51	2130.83	2306.42
经营性收入 Operating income	306.69	402.30	356.04	355.83	393.00
财产性收入 Property income	287.72	303.85	361.38	409.33	450.92
转移性收入 Transfer income	759.16	906.95	870.53	721.08	796.25
消费支出 Consumption Expenditure	1833.50	1995.25	2211.25	2378.84	2600.08

注:2012 年起国家进行了住户收支调查城乡一体化改革,2014 年开始公布新口径数据,所有收支调查指标名称前均冠以城镇(农村)常住居民;2014 年以前的所有数据均为老口径。

Note:In 2012, the state has carried out reform about Household income and expenditure survey of urban and rural integration, began to publish new caliber data since 2014. All income and expenditure survey indicators are preceded by the name of the town (rural) resident. All data in this table are old caliber data before 2014.

10-7 城镇常住居民家庭平均每人每月消费支出
PER CAPITA MONTHLY EXPENDITURES FOR CONSUMPTION BY CATEGORY IN URBAN RESIDENT HOUSEHOLDS

单位:元　　　　(yuan)

项　目 Item	2014	2015	2016	2017	2018
消费支出 Consumption Eexpenditure	**1833.50**	**1995.25**	**2211.25**	**2378.84**	**2600.08**
一、食品烟酒 Food, Alcohol and Tobacco	**581.32**	**629.12**	**682.50**	**704.17**	**720.17**
二、衣着 Clothing	**138.34**	**150.25**	**175.42**	**178.77**	**194.92**
三、居住 Living	**472.41**	**514.25**	**617.92**	**664.91**	**714.67**
四、生活用品及服务 Daily necessities and services	**109.02**	**113.83**	**114.33**	**135.10**	**151.42**
五、交通通信 Transportation & Communication	**188.65**	**219.88**	**245.33**	**249.91**	**302.00**
六、教育文化娱乐 Educatioomal, cultural & entertainment	**117.53**	**197.67**	**205.33**	**247.42**	**278.00**
七、医疗保健 Health care	**120.43**	**124.32**	**129.50**	**151.55**	**182.42**
八、其他用品和服务 Other supplies and services	**45.82**	**45.93**	**40.92**	**47.32**	**56.50**

注:2012 年起国家进行了住户收支调查城乡一体化改革,2014 年开始公布新口径数据,所有收支调查指标名称前均冠以城镇(农村)常住居民;2014 年以前的所有数据均为老口径。

Note: In 2012, the state has carried out reform about Household income and expenditure survey of urban and rural integration, began to publish new caliber data since 2014. All income and expenditure survey indicators are preceded by the name of the town (rural) resident. All data in this table are old caliber data before 2014.

10－8　城镇常住居民家庭每百户耐用消费品拥有量

NUMBER OF DURABLE CONSUMER GOODS OWNED PER 100 URBAN RESIDENT HOUSEHOLDS

项　　目	Item	2017	2018
1. 助力车(辆)	Helping Hand Car	26.12	43.3
2. 家用汽车(辆)	Automobile	33.60	50.0
3. 洗衣机(台)	Washing Machine(unit)	101.35	100.3
4. 电冰箱(台)	Refrigerator(unit)	107.22	106.1
5. 彩色电视机(台)	Color Television Set(unit)	141.33	138.3
6. 计算机(台)	Computer(unit)	102.95	92.8
7. 其它中高档乐器(含钢琴)(架)	Other musical Instruments of Medium and High Grade induding Piano(set)	4.29	10.1
8. 微波炉(台)	Microwave Oven	66.63	58.9
9. 空调器(台)	Air Conditioner(unit)	213.68	215.4
10. 淋浴热水器(台)	Shower(unit)	81.56	101.6
11. 洗碗机(台)	Dishwasher	2.66	2.8
12. 健身器材(台)	Healthy Equipment	3.69	8.5
13. 移动电话(部)	Mobile Telephone(unit)	257.32	246.8

10-9 历年城镇常住居民年人均可支配收入与消费支出
ANNUAL PER CAPITA DISPOSABLE INCOME OF CONSUMPTION EXPENDITURE OF URBAN RESIDENT HOUSEHOLDS OVER THE YEARS

单位:元 (yuan)

年份 Year	可支配收入 Dispasable Income	消费支出 Comsumption Expenditure	年份 Year	可支配收入 Dispasable Income	消费支出 Comsumption Expenditure
1951			1985	778.44	713.76
1952			1986	964.80	881.76
1953			1987	1071.96	955.44
1954			1988	1261.08	1220.04
1955			1989	1407.12	1285.08
1956	195.60	174.36	1990	1555.80	1406.16
1957	210.12	189.00	1991	1771.68	1652.04
1958	201.60	184.68	1992	2116.73	1844.28
1959	230.64	201.00	1993	2872.90	2551.08
1960			1994	3769.80	3318.24
1961			1995	4453.90	4058.76
1962	300.48	228.12	1996	4915.86	4455.84
1963	297.12	223.56	1997	5573.04	4719.12
1964	248.40	222.36	1998	5912.52	5264.40
1965	240.12	212.76	1999	6262.08	5452.80
1966			2000	6760.68	6074.76
1967			2001	7305.00	6342.24
1968			2002	7820.28	6833.40
1969			2003	8524.56	7251.36
1970			2004	9564.05	7792.63
1971			2005	10849.72	8234.48
1972			2006	12359.98	9182.04
1973			2007	14357.64	10600.00
1974			2008	16712.44	11432.97
1975			2009	18385.02	12710.29
1976			2010	20806.32	14490.07
1977	293.28		2011	23738.09	17140.96
1978	359.04	320.64	2012	27061.00	18813.14
1979	401.64		2013	29821.22	20157.32
1980	537.84	467.04	2014	33270.39	22002.22
1981	508.68	458.28	2015	36436.00	23943.05
1982	540.12	475.56	2016	39737.00	26535.00
1983	554.28	498.84	2017	43405.00	28546.00
1984	636.00	546.72	2018	47359.00	31201.00

注:2012 年起国家进行了住户收支调查城乡一体化改革,2014 年开始公布新口径数据,所有收支调查指标名称前均冠以城镇(农村)常住居民;2014 年以前的所有数据均为老口径。

Note: In 2012, the state has carried out reform about Household income and expenditure survey of urban and rural integration, began to publish new caliber data since 2014. All income and expenditure survey indicators are preceded by the name of the town (rural) resident. All data in this table are old caliber data before 2014.

10－10　农村常住居民家庭基本情况
BASIC CONDITIONS OF RURAL RESIDENT HOUSEHOLDS FOR SAMPLING SURVEY

项　　目 Item	2014	2015	2016	2017	2018
调查户数(户) Number of Households Surveyed(unit)	270	269	264	261	370
家庭常住人口(人) Permanent Residents(person)	741	726	735	733	1046
常住人口中劳动力(人) Full－time & Part－time Laborers(person)	559	553	566	546	766
农业劳动力(人) 　Agriculture Laborers(person)	211	195	186	456	689
非农业劳动力(人) 　Non－agriculture Laborers(person)	348	358	380	90	77

注:2012 年起国家进行了住户收支调查城乡一体化改革,2014 年开始公布新口径数据,所有收支调查指标名称前均冠以城镇(农村)常住居民;2014 年以前的所有数据均为老口径。

Note:In 2012, the state has carried out reform about Household income and expenditure survey of urban and rural integration, began to publish new caliber data since 2014. All income and expenditure survey indicators are preceded by the name of the town (rural) resident. All data in this table are old caliber data before 2014.

10－11 农村常住居民人均收入情况
COMPOSITION OF PER CAPITA ANNUAL NET INCOME OF RURAL RESIDENT HOUSEHOLDS

单位:元 (yuan)

项 目 Item	2014	2015	2016	2017	2018
总收入 Total revenue	**20581.68**	**22407.76**	**24399.29**	**26846.00**	**28708.64**
工资性收入 Wage income	7625.93	8489.55	9201.00	10095.00	11001.00
经营性收入 Operating income	7710.77	8203.76	8613.78	9453.48	10253.69
第一产业经营收入 First industry operating income	6011.50	4782.67	4813.57	5383.39	5646.08
第二产业经营收入 Second industry operating income	68.53	62.56	239.71	263.75	429.14
第三产业经营收入 Third industry operating income	1630.74	3358.54	3560.51	3806.34	4178.47
财产性收入 Property income	825.84	830.35	965.99	1084.90	1111.42
转移性收入 Transfer income	4419.14	4884.09	5618.52	6212.62	6342.53

注:2012 年起国家进行了住户收支调查城乡一体化改革,2014 年开始公布新口径数据,所有收支调查指标名称前均冠以城镇(农村)常住居民;2014 年以前的所有数据均为老口径。

Note: In 2012, the state has carried out reform about Household income and expenditure survey of urban and rural integration, began to publish new caliber data since 2014. All income and expenditure survey indicators are preceded by the name of the town (rural) resident. All data in this table are old caliber data before 2014.

10－12 农村常住居民人均可支配收入构成情况
THE DISPOSABLE INCOME OF RURAL RESIDENT

单位:元 (yuan)

项　　目 Item	2017	2018
可支配收入 Disposable income	20887	22652
工资性收入 Wage income	10095.00	11001
1、工　资 Wages	9472.32	10328
2、实物福利 Physical Benefits	192.22	227
3、其　他 Other	430.46	446
经营净收入 Net Operating Income	4959.00	5276
第一产业经营净收入 Net Income of the First Industry	2596.90	2482
第二产业经营净收入 Net Income of Second Industry	159.08	365
第三产业经营净收入 Net Income of Third Industry	2203.02	2429
财产净收入 Net Property Income	1025.00	1095
转移净收入 Net Transfer Income	4808.00	5280

10－13　农村常住居民人均支出情况
COMPOSITION OF PER CAPITA EXPENDITURE OF RURAL RESIDENTS

单位:元　　　　　　　　　　　　　　　　　　　　　　　　　　　　　　　　　(yuan)

项　　目 Item	2014	2015	2016	2017	2018
消费支出 Consumption expenditure	11671.78	12939.52	14750.00	15812.00	17520
1、食品烟酒 food alcohol and tobacco	3713.86	4127.79	4646.00	4833.00	5043
2、衣　　着 clothing	633.60	653.91	679.45	782.00	908
3、居　　住 housing	3222.42	3616.36	4313.95	4421.00	4632
4、生活用品及服务 daily necessities and services	642.44	674.73	746.68	853.00	916
5、交通通信 communication	1161.67	1375.46	1542.54	1560.00	1974
6、教育文化娱乐 educational and cultural entertainment	844.00	970.31	1112.07	1354.00	1620
7、医疗保健 health care	1199.95	1252.26	1462.35	1704.00	2055
8、其他用品和服务 other supplies and services	253.85	268.69	247.96	305.00	372
生产经营费用支出 Production and operating expenses	3398.46	2941.31	2143.58	2690.73	2088.69
第一产业经营费用支出 First industry operating expenses	3163.52	2027.72	1330.14	1866.73	1858.47
第二产业经营费用支出 Second industrial operating expenses	0.22	0.04	100.84	10.30	7.62
第三产业经营费用支出 Third industrial operating expenses	234.72	913.55	712.61	813.70	222.60

注:2012 年起国家进行了住户收支调查城乡一体化改革,2014 年开始公布新口径数据,所有收支调查指标名称前均冠以城镇(农村)常住居民;2014 年以前的所有数据均为老口径。

Note:In 2012, the state has carried out reform about Household income and expenditure survey of urban and rural integration, began to publish new caliber data since 2014. All income and expenditure survey indicators are preceded by the name of the town (rural) resident. All data in this table are old caliber data before 2014.

10－14 农村常住居民家庭每百户耐用消费品拥有量
NUMBER OF DURABLE CONSUMER GOODS OWNED PER 100 RURAL RESIDENT HOUSEHOLDS

项　　目	Item	2014	2015	2016	2017	2018
洗衣机(台)	Washing Machine(unit)	83.4	83.5	83.2	88.30	90.4
电冰箱(台)	Refrigerator(unit)	98.2	98.9	95.9	97.15	98.7
空调机(台)	Air－Conditioner(unit)	89.0	93.5	100.9	109.53	115.1
抽油烟机(台)	Smoke Absorber(unit)	46.5	46.7	43.5	45.00	54.3
微波炉(台)	Micro－Wave Over(unit)	24.7	25.3	25.4	25.03	25.1
热水器(台)	Water Heater(unit)	85.5	87.5	87.5	89.50	92.5
摩托车(辆)	Motocycle(unit)	58.2	58.7	45.2	51.25	52.5
固定电话(部)	Telephone(set)	45.6	45.9	35.9	26.56	20.5
移动电话(部)	Mobile Telephone(set)	229.1	232.5	235.0	244.13	243.4
彩色电视机(台)	Color TV Set (unit)	125.2	125.8	126.6	121.10	118.3
家用计算机(台)	Computer(unit)	37.5	36.9	33.7	33.39	38.6
中高档乐器(架)	Medium and High Grade Musical Instruments(unit)	0.8	0.0	1.1	1.92	3.2

注:2012 年起国家进行了住户收支调查城乡一体化改革,2014 年开始公布新口径数据,所有收支调查指标名称前均冠以城镇(农村)常住居民;2014 年以前的所有数据均为老口径。

Note:In 2012, the state has carried out reform about Household income and expenditure survey of urban and rural integration, began to publish new caliber data since 2014. All income and expenditure survey indicators are preceded by the name of the town (rural) resident. All data in this table are old caliber data before 2014.

主 要 统 计 指 标 解 释

总收入 指调查户在调查期内获得的工资性收入、经营性收入、财产性收入、转移性收入的总和,不包括非收入所得和借贷性所得。

可支配收入 指调查户在调查期内获得的、可用于最终消费支出和储蓄的总和,即调查户可以用来自由支配的收入。可支配收入既包括现金,也包括实物收入。按照收入的来源,可支配收入包含四项,分别为:工资性收入、经营净收入、财产净收入和转移净收入。计算公式为:

可支配收入 = 工资性收入 + 经营净收入十财产净收入 + 转移净收入

其中:经营净收入 = 经营收入一经营费用一生产性固定资产折旧一生产税

财产净收入 = 财产性收入一财产性支出

转移净收入 = 转移性收入一转移性支出

总支出 指调查户在调查期内全部实际支出,包括消费支出、生产经营费用支出、财产性支出、转移性支出、部分商业保险支出、购置资产及非经常性转移支出、借贷性支出。

消费支出 指住户用于满足家庭日常生活消费需要的全部支出,包括用于消费品的支出和用于服务性消费的支出。根据用途不同,消费支出可划分为食品烟酒、衣着、居住、生活用品及服务、交通通信、教育文化娱乐、医疗保健、其他用品及服务八大类。根据来源不同,消费支出可划分为现金消费支出、实物消费支出(含自产自用、来自单位、来自政府和其他社会组织)。

Explanatory Notes on Main Statistical Indicators

Total revenue: The summation of Wage income, Operating income, Property income, Transfer income that Survey households got in Investigation period, not include loan income.

Disposable income: The income could be used for Final expenditure and consumption that Survey households got in Investigation period. That iS the income Survey households can Free control. Disposable income could be cash or Material object. According to the source of income, disposable income include 4 items: Wage income, Operating income, Property income, Transfer income. Calculation formula is:

Disposable income = Wage income + Operating net income + Property net income + Transfer net income

Among them: Operating net income = Operating income − Operating expenses − Deperciation of productive fixed assets − Production tax

Property net vncome = Property income − Property expenses

Transfer net income = Transfer income − Transfer expenditure

Total expenditure: The summation of all expenditure that Survey households expended in Investigation period, include Consumption, Production and operating expenses, Property expenses, Transfer expenses, Part of commercial insurance expenses, Asset purchase expenditure, Non recurrent transfer expenses, Bloan expenses.

Consumption expenditure: The all expenditure that households must pay for the needs of family daily life. including expenses for consumption goods and services. According to different uses, consumption expenditure Is divided into Food alcohol and tobacco, Clothing, Living category, Daily necessities and services, Communications and transportation, Education and culture and entertainment, Medical and health care, Other supplies and services. According to the source of expenditure, consumption expenditure is divided into cash expenses and material object expenses. (include Self occupied, from company, from govern ment, from the other organization)

十一、科技、教育、文化、卫生及其他

SCIENCE, TECHNOLOGY, EDUCATION, CULTURE, HEALTH AND OTHERS

资料整理人员: 胡　增　金　英　刘　江　陈　巍　李　晖　史　瑾　张　瑾　汪　冲

STAFF FOR DATA PROCESSING:

Hu Zeng　Jin Ying　Liu Jiang　Chen Wei　Li Hui　Shi Jin　Zhang Jin　Wang Chong

简要说明

本篇资料反映科技、教育、文化、卫生、体育、民政、公检法、环境保护各项社会事业发展情况。

科技统计资料包括高新技术产业发展情况和规模以上工业企业科技活动情况,资料提供单位为武汉市科技局;教育统计资料内容包括高等教育、普通中等教育、初等教育、幼儿教育、特殊教育、职工教育,资料提供单位为武汉市教育局、武汉市人力资源和社会保障局和湖北省人力资源和社会保障厅;文化统计资料内容包括各类文化事业机构、人员、经费和主要业务活动情况,资料提供单位为武汉市文化和旅游局、湖北省文化和旅游厅、湖北广播电视局;体育统计资料内容包括体委系统职工情况、运动员教练员情况、运动会举办情况等,资料提供单位为武汉市体育局、湖北省体育局;民政统计资料内容包括优抚和救济情况、福利企事业机构、床位、业务情况、婚姻登记情况,资料提供单位为武汉市民政局;公检法统计资料内容包括刑事案件情况、交通和火灾事故情况、检察机关办案情况、以及律师、公证、调解情况,资料提供单位为武汉市公安局、武汉市检察院、武汉市司法局;卫生统计资料包括医疗机构人员、疾病、对居民保证程度等情况,由武汉市卫生健康委员会提供。

Brief Description

Data in this chapter mainly show the development of Science and technology、education culture public health sports、Civil administration、Public security organs、Environmental protectionetc.

The content of Science includes development of high technology industry and science – technology conditions in above designated size inclustrical enterprises. These data are provided by Wuhan city bureau of science and technology. The content of education statistics includes advanced education、regular secondary education、elementary education、kindergarten education、special education、education for staff and workers. These data are provided by Wuhan city bureau of education、Wuhan city bureau of works and social security、Hubei province bureau of works and social security. The content of culture statistics includes number of institutions、personnel and cost and other main activity. These data are provided by Wuhan Cultural and Tourism Bureau, Hubei Provincial Department of Culture and Tourism, Hubei Provincial radio and television Bureau. The content of sports statistics includes staff and worker of Sports Commissions、Sportsman and coach and run of sports meeting. These data are provided by wuhan city bureau of sport、hubei province bureau of sport. Data of Civil administration statistics include persons enjoying favoured treatment and receiving special pensions、number of social welfare enterprises、number of beds、statistics on marriages. These data are provided by wuhan city bureau of Civil administration. Data of public security statistics include criminal and offense cases、traffic accidents and fire cases handled、procuratorial organ inuestigcotiens lawyer、Notarial documents and Civil disputes mediated. These data are provided wuhan city bureau of public security administration、Wuhan city office of procuratorate、wuhan city bureau of justice. Health statistics include medical institutions, personnel, disease, security degree to the resiclerts. Provided by Wuhan Municipal Health Commission.

11-1 高新技术产业发展情况
STATISTICS ON NEW AND HIGH TECHNIC INDUSTRY DEVELOPMENT IN WUHAN

单位:万元 (10 000 yuan)

指标名称 Index Name	2007	2008	2009	2010	2011	2012
总产值 Total Output Value	13801172	17341131	20549913	26380353	34489139	45560041
增加值 Value Added	4747603	6017362	7110270	8830955	10741142	13534010
#电子信息 Electronic Information	1197520	1657625	2176018	2711109	3462841	3742258
先进制造 Advanced Manufacturing	1241271	1387088	2056036	2849183	3891344	5013158
新材料 New Materials	1046049	1521088	1237953	1551093	1602444	1430334
生物医药和医疗器械 Bio-technology and medical Appliance	405962	348295	406313	319263	344720	496650
产品出口交货值 Value of Delivery for Export	920808	1189337	1284882	1947344	3767699	5546199
产品销售收入 Sales Revenue of Products	12559066	15953841	19383916	25753287	38172227	45103564
利税总额 Total Value of Profits and Taxes	1553558	1570285	2222988	2944291	3297328	3516910

指标名称 Index Name	2013	2014	2015	2016	2017	2018
总产值 Total Output Value	56044728	65996966	74992058	84461112	94796394	101733074
增加值 Value Added	17001874	19949152	21851004	23436104	26705729	29837381
#电子信息 Electronic Information	4464821	4885293	4621875	4566055	4257601	3548971
先进制造 Advanced Manufacturing	6113839	7546989	8358013	8548626	9495793	7493310
新材料 New Materials	1662238	1715856	1672231	20402901	2568573	4195248
生物医药和医疗器械 Bio-technology and medical Appliance	613295	679403	677498	803062	970240	1332202
产品出口交货值 Value of Delivery for Export	4529562	5264094	5921431	8513473	7557726	6234172
产品销售收入 Sales Revenue of Products	49589496	50668563	56913967	65336889	75512654	77587122
利税总额 Total Value of Profits and Taxes	3949666	4065001	5571862	6725150	6653245	7382760

11－2 规模以上高新技术产业工业各技术领域主要经济指标(2018)

MAJOR ECONOMIC INDICATORS ON TECHNIC FIELDS OF HIGH NEW AND TECHNIC INDUSTRY ABOVE DESIGNATED SIZE(2018)

项 目 Item	企业数 (户) Number of Entepries (Unit)	从业人员 (人) Employees (person)	总产值 (千元) Total Output Value(1 000 yuan)	增加值 (千元) Volue Added (1 000 yuan)
总 计 Total	1204	381276	821059088	179072201
电子信息 Electronic Information	211	103416	201018085	35489705
先进制造 Advanced Manufacturing	509	154295	358304033	74933100
新材料 New Materials	224	54030	164483822	41952476
新能源与高效节能 New Energy and Efficient Energy Saving	66	8607	16874639	3741943
生物医药与医疗器械 Bio－technology and New Medicine and Medical Applicnce	92	39796	39643403	13322022
环境保护 Environment Protection	35	3875	8416719	1830727
农业 Agriculture	53	6957	23511459	5788039
其他 Other	14	10300	8806928	2014189

项 目 Item	产品销售收入 (千元) Sales Revenue of Products (1 000 yuan)	利税总额 (千元) Total Value of Profits and Taxes (1 000 yuan)	应交增值税 (千元) Value added Tax Payable (1 000 yuan)	出口交货值 (千元) Delivery Value of Export (1 000 yuan)
总计 Total	775871220	73827598	16613062	62341717
电子信息 Electronic Information	203873458	10476627	2616889	47945287
先进制造 Advanced Manufacturing	332432443	35553966	5349711	6450724
新材料 New Materials	150432549	17523118	5588746	3550597
新能源与高效节能 New Energy and Efficient Energy Saving	13257143	806864	204073	1433744
生物医药与医疗器械 Bio－technology and New Medicine and Medical Applience	38535143	7045004	2254005	1667488
环境保护 Environment Protection	8015770	512805	142733	412093
农业 Agriculture	21232815	1335017	161940	184587
其他 Other	8091899	574197	294965	697197

11－3 规模以上高新技术产业工业主要指标及构成情况(表一)(2018)
MAJOR INDICATORS AND COMPOSITION ON NEW AND HIGH TECHNIC INDUSTRY ABOVE DESIGNATED SIZE(TABLE 1)(2018)

项　　目 Item	企业数 (户) Number of Enterprises (unit)	从业人数 (人) Employees (person)	总产值 (千元) Total Output Value(1 000 yuan)	增加值 (千元) Value Added (1 000 yuan)
总　计 **Total**	**1204**	**381276**	**821059088**	**179072201**
一、按企业规模分组 **Grouped by Enterprise Scale**				
大型 Large	74	216699	533314561	112883344
中型 Medium－Sized	225	86792	161711952	36300562
小型 Small－Sized	884	76951	125426932	29756927
微型 Micro－Sized	21	834	605643	131368
二、按登记注册类型分组 **Grouped by Type of Registration**				
内资企业 Domestic Funded Enterprises	1018	268545	501391434	113334515
国有企业 State－owned	11	4268	1827531	404857
集体企业 Collective－owned	1	10	25635	5373
股份合作企业 Cooperative Enterprises of Share Holding	1	113	438972	102632
联营企业 Joint－owned				
国有联营企业 State－owned Joint Venture				
集体联营企业 Collective State－owned				
国有与集体联营企业 Joint State and Colleaive－owned				
其他联营企业 Other Joint－owned				
有限责任公司 Companies of Limited Liabilities	488	158750	324102072	72429824
国有独资公司 Companies State－owned Excluasive Investment	37	32623	68606443	17764911
其他有限责任公司 Other Companies of Limited Liabilities	451	126127	255495629	54664913
股份有限公司 Share Holding Co,Ltd	109	59167	84122758	21242964

11-3 续 表 一 Continued 1

项目 Item	企业数（户） Number of Enterprises (unit)	从业人数（人） Employees (person)	总产值（千元） Total Output Value(1 000 yuan)	增加值（千元） Value Added (1 000 yuan)
私营企业 Private - owned	408	46237	90874466	19148865
私营独资企业 Private Exclusive Investment	1	141	451279	90842
私营合伙企业 Private Partnership				
私营有限责任公司 Private Companies of Limited Liabilities	352	40022	83043246	17305552
私营股份有限公司 Private Companies of Limited Liabilities with Share Holding	55	6074	7379941	1752471
其他企业 Others				
港、澳、台商投资企业 Enterprises funded by Entepreneurs from HongKong, Macao and Taiwan	35	29464	41324884	7390429
合资经营企业(港或澳、台资) Joint Ventures with HongKong, Macao and Taiwan	17	21212	31445491	4851830
合作经营企业(港或澳、台资) Cooperative Enterprises with HongKong, Macao and Taiwan				
港、澳、台商独资经营企业 HongKong, Macao and Taiwan owned Enterprises	14	7920	9258982	2379492
港、澳、台商投资股份有限公司 Companies of Share HongKong funded by Entrepreneurs from HongKong Macao and Taiwan	2	76	503280	127656
其他港澳台投资企业 Others	2	256	117131	31451
外商投资企业 Foreign Invested Enterprises	151	83267	278342770	58347257
中外合资经营企业 Chinese Foreign Equity Joint Ventures	80	52712	234259257	48089765
中外合作经营企业 Chinese Foreign Equity Cooperative Enterprises	1	304	545673	141548
外资企业 Foreign Enterprise	60	25160	34618438	8048860
外商投资股份有限公司 Foveign Investment Limited Company	6	4562	8239848	1923596
其他外商投资企业 Other Foreign - Invested Enterprises	4	529	679554	143488

11－4 规模以上高新技术产业工业主要指标及构成情况(表二)(2018)
MAJOR INDICATORS AND COMPOSITION ON NEW AND HIGH TECHNIC INDUSTRY ABOVE DESIGNATED SIZE (TABLE 2)(2018)

项　目 Item	企业数 (户) Number of Enterprises (unit)	从业人数 (人) Employees (person)	总产值 (千元) Total Output Value(1 000 yuan)	增加值 (千元) Value Added (1 000 yuan)
总　计 Total	**1204**	**381276**	**821059088**	**179072201**
按国民经济行业大类分组 Grouped by Sector				
开采专业及辅助性活动 Mining Professional and Auxiliary Activities	1	319	2671626	557836
其他采矿业 Mining of Others Ores	1	100	7762	1427
农副食品加工业 Farm and Sideline Food Processing	38	4640	18092818	4203860
食品制造业 Food Production	17	2264	3686607	955147
酒、饮料和精制茶制造业 Liquor, Beverage and Refined Tea Production	5	4559	5387227	1504934
烟草制品业 Tobacco Processing	1	271	405611	259469
纺织业 Textile Industry	8	1460	1368344	328972
纺织服装、服饰业 Carments, Shoes and Hats Products	11	2308	2347061	544810
木材加工和木、竹、藤、棕、草制品业 Timber Processing, Bamboo, Cane, Palm Fiber and Straw Products	7	366	1003736	217993
家具制造业 Furniture Manufacturing	5	381	40277	9788

11－4 续 表 一 Continued 1

项 目 Item	企业数（户） Number of Enterprises（unit）	从业人数（人） Employees（person）	总产值（千元） Total Output Value（1 000 yuan）	增加值（千元） Value Added（1 000 yuan）
造纸和纸制品业 Papermaking and Paper Products	5	1129	2960388	676798
印刷和记录媒介复制业 Printing and Record Processing	20	2819	4196404	1330790
文教、工美、体育和娱乐用品制造业 Cultural, Educational and Sports Goods	6	855	3359518	766865
石油加工、炼焦和核燃料加工业 Petroleum Processing, Coking and Nucless Fuel Processing	3	1598	29822843	9435947
化学原料和化学制品制造业 Raw Chemical Material and Chemical Products	71	8488	24188747	6529327
医药制造业 Medical and Pharmaceutical Products	58	34476	34541595	11716011
化学纤维制造业 Chemical Fiber Manufacturing	1	158	316110	25858
橡胶和塑料制品业 Rubber and Plastic Products	33	4496	14040485	3363343
非金属矿物制品业 Non－metal Material Products	67	5987	10855281	2716567
黑色金属冶炼和压延加工业 Smelting and Pressing of Ferrous Metals	7	23616	74137116	17309082
有色金属冶炼和压延加工业 Smelting and Pressing of Ferrous Metals	8	342	1733894	365495
金属制品业 Metal Products	58	13947	20120841	4243148

11-4 续 表 二 Continued 2

项　　目 Item	企业数 (户) Number of Enterprises (unit)	从业人数 (人) Employees (person)	总产值 (千元) Total Output Value(1 000 yuan)	增加值 (千元) Value Added (1 000 yuan)
通用设备制造业 General Purpose Machinery Manufacturing	86	14584	14343164	3253007
专用设备制造业 Special Purpose equipment Manufacturing	116	23102	27281163	7106577
汽车制造业 Automobile Industry	196	81902	249316306	51631308
铁路、船舶、航空航天和其他运输设备制造业 Railway, Ship, Aerospace and Other transportation Equipment	21	10060	15392908	3038291
电气机械和器材制造业 Eletric Machinery and Equipment	161	45901	83429481	15965296
计算机、通信和其他电子设备制造业 Computer, Telecommunication and Other Electronic Devices	126	80580	164157584	27969062
仪器仪表制造业 Instruments and Meters Machinery	53	8692	5979820	1395010
其他制造业 Other Industry	3	184	228536	41534
废弃资源综合利用业 Utilization of Discard Resource and Material	5	705	2968517	738169
金属制品、机械和设备修理业 Mineral Products, Machinery and Repair of Equipment	3	846	1555553	393971
电力、热力生产和供应业 Electric, Heat Pouer Production and Supply	2	98	93310	62350
水的生产和供应业 Tap Water Production and Supply	1	43	1028455	414159

11－5　规模以上工业企业科技活动情况

项　目 Item	R&D 活动企业（个）Number of Enterprises with R&D Activities (unit)			R&D 人员合计（人）R&D Personels (person)		
	2018	2017	增幅%	2018	2017	增幅%
总　计 Total	**708**	**659**	**7.4**	**48302**	**40179**	**20.2**
一、按企业规模分组 Grouped by Enterprise Scale						
大型 Large	61	56	8.9	27402	20764	32.0
中型 Medium	143	130	10.0	9442	9265	1.9
小型 Small	493	467	5.6	11338	10103	12.2
微型 Micro	11	6	83.3	120	47	155.3
二、按登记注册类型分组 Grouped by Type of Registration						
内资企业 Domestic Enterprises	626	581	7.7	37803	34363	10.0
国有企业 State－owned Enterprises	4	7	－42.9	3162	253	1149.8
集体企业 Collective－owned Enterprises						
股份合作企业 Cooperative Enterprises						
联营企业 Joint－owned Enterprises						
有限责任公司 Companies of Limited Liabilities	283	314	－9.9	19999	20576	－2.8
股份有限公司 Share Holding Co.，Ltd	86	89	－3.4	9222	9875	－6.6
私营企业 Private－owned Enterprises	253	171	48.0	5420	3659	48.1
其他企业 Other Domestic－funded Enterprises						
港、澳、台商投资企业 Hongkong，Macao and Taiwan－invested Enterprises	25	24	4.2	5459	1734	214.8
外商投资企业 Foreign－invested Enterprises	57	54	5.6	5040	4082	23.5
三、按国民经济行业分组 Grouped by Sector						
其他采矿业 Other Minerals Mining and Processing						
农副食品加工业 Food and Sideline Food Processing	18	18	0.0	223	305	－26.9
食品制造业 Food production	12	12	0.0	200	289	－30.8
酒、饮料和精制茶制造业 Wine，Drinks and Refined Tea Processing	2	4	－50.0	54	206	－73.8
烟草制品业 Tobacco Processing	2	2	0.0	637	409	55.7
纺织业 Textile Industry	4	3	33.3	45	41	9.8
纺织服装、服饰业 Textile，Garments，Shoes and Hats Products	5	3	66.7	377	23	1539.1

SCIENCE AND TECHNONOGY ACTIVITIES OF INDUSTRIAL ENTERPRIESE ABOVE DISIGNATED SIZE

R&D 经费内部支出 (万元) Funding for R&D Expenditure (10 000 yuan)			新产品开发经费支出 (万元) Funding for New Product Development Expenditures (10 000 yuan)			新产品销售收入 (万元) Revenue of New Product Sales (10 000 yuan)			专利申请数 (件) Amount of Applications Examined (unit)		
2018	2017	增幅%	2018	2017	增幅%	2018	2017	增幅%	2018	2017	增幅%
1821553	**1493485**	**22.0**	**2229115**	**1673454**	**33.2**	**19885145**	**18795686**	**5.8**	**11714**	**9321**	**25.7**
1114938	1065620	4.6	1311238	1127991	16.2	14685857	14679772	0.0	5879	4943	18.9
241927	244270	-1.0	314407	279374	12.5	3115090	2598548	19.9	1712	1674	2.3
463502	183174	153.0	600724	265354	126.4	2061819	1509272	36.6	4102	2693	52.3
1186	420	182.3	2746	734	274.1	22379	8094	176.5	21	11	90.9
1524597	1129357	35.0	1817342	1290509	40.8	14624039	10031065	45.8	10599	8375	26.6
50028	5679	780.9	67375	4827	1295.8		47401		74	58	27.6
755513	771872	-2.11	948044	840604	12.8	10333075	6150076	68.0	6984	5440	28.4
584257	290866	100.9	594804	349118	70.4	3207824	3149376	1.9	2053	1902	7.9
134800	60940	121.2	206798	95960	115.5	1083139	684212	58.3	1488	975	52.6
94649	54725	73.0	117435	54581	115.2	260337	440708	-40.9	286	246	16.3
202307	309403	-34.6	294338	328364	-10.4	5000769	8323913	-39.9	829	700	18.4
			232	143					1	1	0.0
4601	5614	-18.1	9252	8774	5.4	118870	44982	164.3	45	40	12.5
3242	2256	43.7	5406	2360	129.1	29554	21379	38.2	48	73	-34.2
418	4950	-91.6	7415	5120	44.8	143941	709	20202.0	36	7	414.3
19227	17111	12.4	22772	11748	93.8	491609	531709	-7.5	481	313	53.7
1338	248	439.5	1908	1441	32.4	13932	45711	-69.5	24	18	33.3
4695	1096	328.4	12433	7207	72.5	165357	103242	60.2	82	24	241.7

11－5 续 表

项 目 Item	R&D活动企业（个） Number of Enterprises with R&D Activities (unit)			R&D人员合计（人） R&D Personels (person)		
	2018	2017	增幅%	2018	2017	增幅%
皮革、毛皮、羽毛及其制品和制鞋业 Leather, Furs, Down and Related Products						
木材加工和木、竹、藤、棕、草制品业 Timber Processing, Wood, Bamboo, Cane, Palm and Straw Products	2	3	－33.3	29	78	－62.8
家具制造业 Furniture Manufacturing	1	2	－50.0	7	7	0.0
造纸和纸制品业 Papermaking and Paper Products	2	1	100.0	18	7	157.1
印刷和记录媒介复制业 Printing and Record Processing	12	14	－14.3	327	468	－30.1
文教、工美、体育和娱乐用品制造业 Culture, Education, Art, Sports and Recreation Products	5	5	0.0	59	29	103.4
石油加工、炼焦和核燃料加工业 Petroleum Processing, Coking Products and Nuclear Fuel Processing	4	3	33.3	40	63	－36.5
化学原料和化学制品制造业 Raw Chemical Material and Chemical Products	39	44	－11.4	971	1134	－14.4
医药制造业 Medical and Pharmaceutical Products	48	49	－2.0	3328	3180	4.7
化学纤维制造业 Chemical Fiber Manufacturing						
橡胶和塑料制品业 Rubber and Plastic Products	12	13	－7.7	345	331	4.2
非金属矿物制品业 Nonmetal Material Products	30	29	3.4	652	496	31.5
黑色金属冶炼和压延加工业 Smelting and Pressing of Ferrous Metals	5	4	25.0	1762	3755	－53.1
有色金属冶炼和压延加工业 Smelting and Pressing of Non－ferrous Metals	2	3	－33.3	27	41	－34.1
金属制品业 Metal Products	39	25	56.0	2039	1408	44.8
通用设备制造业 General Piopose Machinery Manufacturing	44	43	2.3	1734	1843	－5.9
专用设备制造业 Special Purpose equipment Manufacturing	72	73	－1.4	2160	2585	－16.4
汽车制造业 Automobile Industry	105	81	29.6	8707	5369	62.2
铁路、船舶、航空航天和其他运输设备制造业 Railway, Ship, Aerospace and Other transportation Equipment	19	14	35.7	4619	1153	300.6
电气机械和器材制造业 Eletric Machinery and Equipment	95	79	20.3	3967	4459	－11.0
计算机、通信和其他电子设备制造业 Telecommunication Equipment, Computer and Other Electronic Equipment Manufacturing	83	85	－2.4	14484	11206	29.3
仪器仪表制造业 Instruments, Meters, Machinery	35	35	0.0	1021	859	18.9
其他制造业 Other Manufacturing	2	3	－33.3	43	83	－48.2
废弃资源综合利用业 Vtilization of Discard Resource and Material	4	3	33.3	100	72	38.9
金属制品、机械和设备修理业 Mineral Products, Machinery and Repair of Equipment	3	3	0.0	258	206	25.2
电力、热力生产和供应业 Electric, Steam and Hot Water Production and Supply	2	3	－33.3	69		
水的生产和供应业 Water Production and Supply						

11 -5 Continued

R&D 经费内部支出 (万元) Funding for R&D Expenditure (10 000 yuan)			新产品开发经费支出 (万元) Funding for New Product Development Expenditures (10 000 yuan)			新产品销售收入 (万元) Revenue of New Product Sales (10 000 yuan)			专利申请数 (件) Amount of Applications Examined (unit)		
2018	2017	增幅%	2018	2017	增幅%	2018	2017	增幅%	2018	2017	增幅%
463	399	16.0	718	1233	-41.8				14		
400	79	405.7	668	94	610.6	2872	1213	136.7	6		
1406	62	2168.2	1474	85	1634.1	195	1503	-87.0	17	2	750.0
6237	6281	-0.7	14802	9179	61.3	69306	25795	168.7	352	447	-21.3
4095	225	1719.8	5396	938	475.3	14537	11481	26.6	32	83	-61.4
2087	837	149.4	2184	235	829.1				9	8	12.5
20200	16948	19.2	31752	19820	60.2	203475	255733	-20.4	254	217	17.1
157425	106875	47.3	173190	127249	36.1	998934	1106551	-9.7	296	323	-8.4
13304	13550	-1.8	30496	24840	22.8	217024	170294	27.4	115	110	4.5
17013	7391	130.2	25822	8921	189.5	117131	91248	28.4	131	72	81.9
24980	134294	-81.4	105441	97730	7.9	988466	986066	0.2	350	574	-39.0
314	1943	-83.8	5156	831	520.5	36521	58466	-37.5	21	7	200.0
53735	30007	79.1	70420	33569	109.8	934146	806663	15.8	702	545	28.8
36981	26771	38.1	49076	39629	23.8	323318	325854	-0.8	368	317	16.1
50142	58970	-15.0	70708	71973	-1.8	449682	498532	-9.8	734	482	52.3
380478	266179	42.9	415496	309445	34.3	3610929	7472137	-51.7	1195	837	42.8
81864	26040	214.4	102469	19945	413.8	333876	218728	52.6	730	341	114.1
132936	129547	2.6	204274	151000	35.3	3193671	2716075	17.6	1060	890	19.1
774958	606279	27.8	826420	685625	20.5	7167962	3167807	126.3	4309	3227	33.5
18116	20596	-12.0	24509	28137	-12.9	108243	93510	15.8	248	290	-14.5
966	1322	-26.9	1490	1429	4.3	13650			4	2	100.0
777	475	63.6	235	173	36.0	4149	10830	-61.7	7	15	-53.3
8681	6839	26.9	6112	3971	53.9	133796	29457	354.2	35	30	16.7
475	304	56.3		609					2	3	-33.3
			1391						5		

11－6　三大战略性新兴产业主要统计数据
STATISTICS ON THREE STRATEGIC EMERGING INDUSTRIES

年　份 Year	信息技术产业 Information Technology Industry		生命健康产业 Biotech &health Industry		智能制造产业 Intelligent Manufacturing Industry	
	营业收入 (亿元) Revenues (100 million yuan)	增幅(%) Increase over the previous year (%)	营业收入 (亿元) Revenues (100 million yuan)	增幅(%) Increase over the previous year (%)	总产值 (亿元) Output Value (100 million yuan)	增幅(%) Increase over the previous year (%)
2015	3005.44	17.1	1291.00	9.6	736.48	12.4
2016	3325.76	21.1	1531.13	18.6	1035.89	17.2
2017	2670.41	18.2	1817.00	18.7	1073.59	22.0
2018			2166.77	19.2		

注:2017年四季度,根据国家对新一代信息技术的统计要求,科技局修订了信息技术的制度以及企业名录库,信息技术营业收入统计口径较2015、2016年有所变更。

Note:In the fourth quarter of 2017, according to the state's statistical requirements for the new generation of information technology, the Bureau of Science and Technology revised the information technology system and the enterprise directory database. The caliber of information technology revenue statistics is different from that in 2015 and 2016.

11－7　专利申请、授权与有效量情况
EXAMINED AND GRANTED PATENT APPLICATIONS

单位:件　　(unit)

指标名称 Index Name	2014	2015	2016	2017	2018
专利申请 Patent Applied					
专利申请量 Amount of Applications Examined	27802	33620	44826	49726	60511
#发　明 Creations and Inventions	11871	15077	20643	23243	29095
实用新型 Utility Models	13783	16158	20504	22916	27516
外观设计 Appearance	2148	2385	3679	3567	3900
专利授权 Granted Patents					
专利授权量 Amount of Applications Granted	16553	21740	22967	25528	32397
#发　明 Creations and Inventions	3874	6003	6514	8444	8807
实用新型 Utility Models	10871	13609	13977	14260	20238
外观设计 Appearance	1590	2128	2476	2824	3352
PCT 申请 PCT Applied		387	712	1217	1475

11－8　各级各类教育分年度基本情况
BASIC STATISTICS ON INSTITUTIONS OF EDUCATION

单位：人　　　　person

指标名称 Index Name	2014	2015	2016	2017	2018
学校数(所) Number of Innstitutions(unit)	1216	1205	1209	1194	1235
普通高等院校 Institutions of Higher Eucation	80	82	84	84	84
普通中学 Regular Secondary Schools	365	361	367	367	374
技工学校 Technical Schools	33	28	25	28	23
中等职业学校 Vocationcl Secondary Schools	141	134	130	105	124
小　学 Primary Schools	588	591	594	601	621
盲、聋、哑学校 Schools for the Blind and the Deaf－wute	9	9	9	9	9
毕业生数 Number of Graduates	489382	475196	473509	482710	465214
普通高等院校 Institutions of Higher Eucation	265978	261988	261669	266299	251781
普通中学 Regular Secondary Schools	106385	102437	100448	99138	98951
技工学校 Technical Schools	8927	7135	6607	8973	5262
中等职业学校 Vocational Secondary Schools	43382	38153	34308	35128	33117
小　学 Primary Schools	64428	65215	70167	72933	75759
盲、聋、哑学校 Schools for the Blind and the Deaf－wute	282	268	310	239	344
招生数 New Student Enrollment	500522	501802	515163	536618	556717
普通高等院校 Institutions of Higher Eucation	269177	264636	263142	274404	283732
普通中学 Regular Secondary Schools	100220	100421	106901	109507	113290
技工学校 Technical Schools	8230	6983	10166	11594	8156
中等职业学校 Vocational Secondary Schools	38529	37683	38723	38819	35000
小　学 Primary Schools	84069	91805	95911	102001	116139
盲、聋、哑学校 Schools for the Blind and the Deaf－wute	297	274	320	293	400

11－8 续 表 Continued

指标名称 Index Name	2014	2015	2016	2017	2018
在校学生数 Students Enrollment	1849746	1863010	1886302	1942573	1998206
普通高等院校 Institutions of Higher Eucation	962106	956789	948768	947651	969323
普通中学 Regular Secondary Schools	306581	302803	308295	315723	328361
技工学校 Technical Schools	21426	19580	19805	29361	19604
中等职业学校 Vocational Secondary Schools	113181	108139	104893	113222	100155
小　学 Primary Schools	444528	473922	502611	534646	578681
盲、聋、哑学校 Schools for the Blind and the Deaf and dumb	1924	1777	1930	1970	2082
教职员工数 Number of Teachers and Staff	173055	171387	173434	175052	173797
普通高等院校 Institutions of Higher Eucation	90607	90840	92746	93286	91853
普通中学 Regular Secondary Schools	39456	38622	38951	39431	40398
技工学校 Technical Schools	2871	2979	2677	3032	2175
中等职业学校 Vocational Secondary Schools	11382	10265	9952	9311	8223
小　学 Primary Schools	28415	28391	28810	29698	30833
盲、聋、哑学校 Schools for the Blind and the Deaf－mute	324	290	298	294	315
专任教师 Full－time Teachers	125427	125306	125507	128047	129491
普通高等院校 Institutions of Higher Eucation	56494	57205	57803	58285	59008
普通中学 Regular Secondary Schools	31523	31207	31293	31286	31711
技工学校 Technical Schools	2236	2249	1725	2232	1662
中等职业学校 Vocational Secondary Schools	7979	7391	6897	6955	6296
小　学 Primary Schools	26931	27019	27561	29063	30576
盲、聋、哑学校 Schools for the Blind and the Deaf－mute	264	235	228	226	238

注：不包含研究生教育机构、成人教育高校及民办教育机构等。

Note：Postgraduate Education Institutions，Adult Education Colleges and Non－governmental Education Organizations are not inducled.

11－9 普通中学、小学专任教师学历情况(2018 年)

BASIC STATISTICS ON ACADEMIC CREDENCIALS OF FULL－TIME TEACHERS IN REGULAR SECONDARY SCHOOLS AND PRIMARY SCHOOLS(2018)

单位:人 (person)

项目	Item	普通中学 Regular Secondary Schools 合计 Subtotal	高中 Senior	初中 Junior	小学 Primary Schools
专任教师总计	**Total Number of Full－time Teachers**	**31711**	**11623**	**20088**	**30576**
高等学校本科毕业及以上	Graduated from Regular College Course and above	30069	11554	18515	21674
高等学校专科毕业	Graduated from Specialized Subject(three Years)	1634	69	1565	8327
高中毕业及以下	Graduated from Senior Secondary Schools and below	8	0	8	575
比　重(%)	**Proportion of Full－time Teachers(%)**				
高等学校本科毕业及以上	Graduated from Regular College Course and above	94.82	99.41	92.17	70.89
高等学校专科毕业	Graduated from Specialized Subject(three Years)	5.15	0.59	7.79	27.23
高中毕业及以下	Graduated from Senior Secondary Schools and below	0.03	0.00	0.04	1.88

11－10 平均每一专任教师负担的学生数情况

THE RATIO OF STUDENTS AND FULL－TIME TEACHERS

单位:人 (person)

项目	Item	2014	2015	2016	2017	2018
普通高等学校	Institutions of Higher Education	21.58	21.00	18.32	16.26	16.55
中等专业学校	Specialized Secondary Schools	14.18	14.63	15.21	16.28	15.91
技工学校	Technical Schools	18.19	13.56	12.39	13.15	12.63
普通中学	Regular Secondary Schools	9.58	9.70	9.85	10.09	10.35
#高　中	Senior	9.42	9.24	9.13	9.16	9.35
初　中	Junior	9.91	9.98	10.28	10.64	10.94
小　学	Primary Schools	16.51	17.54	18.24	18.40	18.93

11－11 平均每万人口在校学生数情况
STUDENT ENROLLMENT PER 10 000 POPULATION

单位：人 (person)

项目	Item	2018
高等教育	Higher Education	999
中等职业教育	Secondary Vocational Education	75
普通高中	Regular High School	101
义务教育	Compulsory Education	742
学前教育	Pre－primary Education	295

11－12 幼儿园基本情况
BASIC STATISTICS ON KINDERGARTENS

单位：人 (person)

项目	Item	2014	2015	2016	2017	2018
幼儿园数(所)	Number of Kindergartens(unit)	1097	1184	1303	1391	1511
在园幼儿数	Student Enrollment	240162	268747	284141	302075	318026
教职员工数	Number of Staff and Teachers	29141	32701	37050	41073	46181
#园　长	Chiefs of Kindergartens	1894	1964	2185	2353	2514
教　师	Teachers	14032	15758	17798	19903	22021
保健员	Health Workers	7701	8292	8859	9406	10571
平均每一教养员负担幼儿	Ratio of Students and Kindergarten Teachers	17.12	17.05	15.96	15.18	14.44

11－13 普通中小学和职业中学校舍情况
BASIC STATISTICS ON SCHOOLHOUSE OF REGULAR SECONDARY SCHOOLS, PRIMARY SCHOOLS AND VOCATIONAL SCHOOLS

单位:万平方米 (10 000sq. m)

项目	Item	2014	2015	2016	2017	2018
学校数(所)	Number of Schools(unit)					
普通中学(所)	Regular Secvondary Schools(unit)	365	361	367	367	374
小　学(所)	Primary Schools(unit)	588	591	594	601	621
学校占地面积	Area of Schools					
普通中学	Regular Secondary Schools	1309.86	1295.31	1309.88	1317.26	1374.66
职业中学	Vocational Secondary Schools	409.62	331.98	336.86	257.27	249.17
小　学	Primary Schools	858.49	876.03	906.8	919.24	970.58
校舍建筑面积	Floor Space of School Building					
普通中学	Regular Secvondary Schools(unit)	587.46	582.5	588.16	600.31	642.85
职业中学	Vocational Secondary Schools	224.51	192.18	185.8	176.91	171.76
小　学	Primary Schools	332.77	342.59	366.58	380.98	407.33
本年新增面积	Newly Increased Floor Space of Building					
普通中学	Regular Secvondary Schools(unit)	8.72	4.26	9.63	16.11	56.39
小　学	Primary Schools	4.56	9.54	23.59	29.92	38.02
危险房屋面积	Floor Space of Buildings with Danger of Collapse					
普通中学	Regular Secvondary Schools(unit)	0.48	0.02	0	0.241	0
小　学	Primary Schools	0.03	0.01	0	0	0

11-14 文化产业机构和人员情况
NUMBER OF INSTTUTIONS AND PERSONNEL IN CULTURAL INSTITUTIONS

项　　目		机　构　数(个) Number of Institutions(unit)		从 业 人 员 数(人) Number of Persons Engaged(person)	
	Item	2017	2018	2017	2018
总　计	**Total**	**3218**	**2921**	**32603**	**35718**
艺术业	Art Institutions	31	31	2706	2464
图书馆业	Libraries	17	16	682	670
群众文化业	Mass Culture	185	185	770	761
艺术教育业	Art Education	2	2	528	515
娱乐业	Recreation	2843	2550	23731	27205
文艺科研	Art Research	2	2	67	67
文物业	Cultural Relics	87	87	1809	1850
其他文化产业	Other Cultural Units	49	48	2218	2186

11－15 艺术表演机构和人员情况
STATISTICS ON INSTITUTIONS AND PERSONNEL IN ART PERFORMANCE

项目 Item	机构数(个) Number of Institutions(unit)		从业人员数(人) Number of Persons Engaged(person)	
	2017	2018	2017	2018
总计 Total	31	29	2706	2412
一、艺术表演团体 Art Performance Troupes	18	16	2176	1896
1.话剧、儿童剧、滑稽剧团 Drama, Children, Plays and Comedy Troupes	3	2	276	239
2.歌剧、舞剧、歌舞剧团 Opera, Ballet and Dance Troupes	3	3	350	346
3.歌舞团、轻音乐团 Song and Dance Group、Pops Orchesrta	2	2	353	338
4.乐　团 Philharmonic Troupes	0	0	0	0
5.戏曲剧团 Local Opera Troupes	2	2	308	304
其中:京　剧 Local Beijing Opera Troupes	2	2	308	304
6.曲、杂、木、皮剧团 Recitation and Ballad Troupes, Acrobatics and Circus Troupes, Pupet Show Troupes and Shadow Play Troupes	6	6	638	635
7.综合艺术表演团体 Comprehensive Art Troupes	1	1	35	34
二、艺术表演场所 Art Centers	13	13	530	516

11－16 文化部门艺术表演团体基本情况(2018年)
STATISTICS ON INSTITUTIONS AND PERSONNEL OF ART PERFORMANCE IN CULTURAL DEPARTMENT(2018)

项目 Item	剧团数(个) Number of Troupes (unit)	本年新排上演剧目(个) Newly Rehearsal and Performance Plays in the Year(play)	国内演出场次(千场) Number of Domestic Performances (10 00 shows)	国内观众(千人次) Number of Domestic Spectators (1000 person－times)	本年收入合计(千元) Total Income (1000 yuan)	本年支出合计(千元) Total Expenditures (1000 yuan)
总计 Total	**14**	**20**	**0.638**	**3774.14**	**395800**	**375254**
话剧、儿童剧、滑稽剧团 Drama, Children, Plays and Comedy Troupes	1	5	0.036	294.34	40889	35372
歌剧、舞剧、歌舞剧团 Opera, Ballet and Dance Troupes	3	3	0.068	985	76440	78969
歌舞团、轻音乐团 Song and Dance Group、Pops Orchestra	1		0.01	37.5	172	2767
乐　团 Philharmonic Troups	0		0	0	0	0
戏曲剧团 Local Opera Troupes	2	1	0.254	512.84	99540	88554
#京　剧 Local Beijing Opera Troupes	2	1	0.254	512.84	99540	88554
曲、杂、木、皮剧团 Recitation and Ballad Troupes, Acrobatics and Circus Troupes, Puppet Show Troupes and Shadow Play Troupes	6	11	0.264	1874.46	173729	164401
综合性艺术表演团体 Comprehensive Art Troupes	1		0.006	70	5030	5191

11－17 文化部门艺术表演场所演出情况
BASIC STATISTICS ON PERFORMANCE OF CULTURAL DEPARTMENT

指标名称	Index Name	2017	2018
剧　　场(个)	Theaters(unit)	13	13
剧场座席(万个)(10000)	Seating－room of Theaters(10 000 seats)	1.3299	1.2399
演出场次(万场)(10000)	Number of Performances(10 000 shows)	0.343	0.158
#艺术场次(万场)	Number of Art Performances(10 000 shows)	0.128	0.122
观众人次(万人次)(10000)	Number of Spectators(10 000 person－times)	147.886	114.37
#艺术观众(万人次)	Number of Spectators for Art	126.359	81.319
总收入(万元)(10000)	Total Income(10 000 yuan)	13373.6	13322.3
#艺术演出收入	Income From Art Performances	5561.4	5417.7
总支出(万元)(10000)	Total Expenditures(10 000 yuan)	12988.9	12576.4

11－18 群众艺术馆、文化馆
STATISTICS ON MASS ART CENTERS AND CULTURAL CENTERS

指标名称 Index Name	2014	2015	2016	2017	2018
机构数(个) Number of Institutions(unit)	15	15	15	15	15
举办展览个数(个) Number of Exhibitions(unit)	137	126	122	167	167
组织文艺活动次数(次) Art Performances and Culture Sessions(times)	1551	1180	6276	1353	1503
举办培训班(个) Training Courses(times)	413	509	542	707	1274
结业人次数(千人次)(1000) Number of Persons Completing Courses(1000 person－times)	0.55	0.15	0.216	15.4	9.56
组织品牌节庆活动(个) Number of Brand Festival Activities(unit)			58	62	63

11－19 公共图书馆基本情况
BASIC STATISTICS ON PUBLIC LIBRARIES

指标名称 Index Name	2014	2015	2016	2017	2018
机构数(个) Number of Institutions(unit)	17	17	17	17	16
藏　书(万册)(10000) Collections(10 000 volumes)	1325.82	1445.24	1549.36	1627.44	1676.236
发放借书证数(万个)(10000) Number of Library Cards Distributed(10 000 units)	52.35	67.69	75.47	88.07	105.63
图书流通人次(万人次)(10000) Total Number of Circulation(10 000 person－times)	627.73	648.90	713.08	778.15	800.683
为读者举办各种活动(次) Service Activities Provided for Readers(times)	1364	1211	1814	1970	1662
参加人次(万人次)(10000) Number of Readers Involved(10 000 person－times)	106.25	83.29	117.23	96.39	90.123
本年新购图书(万册)(10000) Number of Books Purchased During the Year(10 000 Volumes)	97.18	117.66	95.11	93.28	89.305
公用房屋建筑面积(万平方米)(10000) Floor Space of Public Building(10 000sq. m)	17.36	17.79	18.37	18.68	18.955
阅览室座席数(万个)(10000) Seats of Reading Rooms(10 000 seats)	1.06	1.16	1.22	1.22	1.2193

11－20 广播电视基本情况
BASIC STATISTICS ON BROADCASTING AND TELEVISION

指标名称 Index Name	2014	2015	2016	2017	2018
广播电台(座) Broadcasting Stations(seat)	1	1	1	1	1
电视台(座) Television Stations(seat)	1	1	1	1	1
广播电视台(座) Radio Television Stations(seta)	4	6	6	6	6
调频转播发射台(座) Number of Broadcast Transmission Stations(seat)	7	7	7	8	7
电视转播发射台(座) Number of Television Transmission Stations(seat)	5	5	5	5	5
广播节目套数(套) Number of Broadcasting Programs(seat)	19	9	9	9	9
公共广播节目每日播出时间(时、分) Average Public Broadcasting Hours per Day (hour、minute)	120:11:00	119:06:00	128:41:00	137:51:00	152:12:23
电视节目套数(套) Number of Television Programs(seat)	11	11	11	11	11
公共电视节目每日播出时间(时、分) Average Public Television Hours per Day(hour、minute)	193:46:00	192:05:00	194:32:00	144:36:15	210:42:52

11－21　图书、杂志、报纸出版数量
NUMBER OF BOOKS、MAGAZINES AND NEWSPAPERS PUBLISHED

指标名称 Index Name	2014	2015	2016	2017	2018
图　书 Books					
出版社图书种数合计(种) Books from Publishing House(species)	16043	15939	15105	13590	13419
#出版新图书(种) #New Books Published(species)	9662	8932	7911	7404	6852
总印数(万册)(10000) Impression(10 000 copies)	27193	26299.74	27044.43	22972.55	26834.91
总印数(万张)(10000) Printed Sheets(10 000 species)	2288053	2245605.03	2236382.5	1883287.73	2099492.7
杂　志 Magazine					
种数(种) Class(unit)	364	365	369	370	372
平均期印数(万册)(10000) Number of Average Impression(10 000 copies)	1087.93	926.7	741.96	610.48	498.69
总印数(万册)(10000) Impression(10 000 copies)	27621.07	24714.65	18168	13961	11710.74
总印张(千印张)(1000) Printed Sheets(1 000 unit)	1637791.57	1438680.18	1010981	741768.43	586973
报　纸 Newspaper					
种数(种) Class	65	64	64	64	64
平均期印数(万册)(10000) Number of Average Impression(10 000 copies)	651.63	523.85	409.05	350.7	288.44
总印数(万册)(10000) Impression(10 000 copies)	153146.28	119031.2	91622	78182.4	63891.5
总印张(千印张)(1000) Printed Sheets(1 000 unit)	7317979.09	4530878.41	2799400.13	2381765.27	1879944.25

11－22　博物馆基本情况
STATISTICS ON MUSEUMS

指标名称 Index Name		2014	2015	2016	2017	2018
机构数(个)	Number of Centers(unit)	56	57	65	74	74
全部职工人数(人)	Total Number of Staffs(person)	1242	1266	1342	1527	1586
藏　　品(件)	Cultural Relics of Collection(case)	739256	550465	537275	606995	633040
参观人次(万人次)	Vistors(10 000 person－times)	963.59	945.05	1012.519	1325.414	1677.636
总收入(万元)	Total Income(10 000 yuan)	34151.10	33058.80	60142.1	45860.9	71645.1
总支出(万元)	Total Expenditures(10 000 yuan)	34362.2	34031.1	71667.8	55384.3	63401.5

11－23　卫生事业机构数
NUMBER OF HEALTH INSTITUTIONS

单位:个　　(unit)

指标名称 Index Name		2014	2015	2016	2017	2018
合　计	**Total**	**2782**	**3695**	**3839**	**4368**	**4639**
医　　院	Hospitals	197	303	317	354	398
社区卫生服务中心	Community Health Service Centers	129	133	133	133	133
卫生院	Health Centers	69	69	69	67	84
门诊部	Out－patoent Departrment	204	747	893	1129	1298
急救中心	First－aid Centers	1	2	2	1	1
采供血机构	Blood Centers	1	1	1	1	1
妇幼保健机构	Maternity and Child Care Centers	14	16	16	16	18
专科防治机构	Special Prevention and Treatment Centers or Stations	19	17	17	20	21
疾病控制机构	Disease Controling Centers	19	19	19	17	17
卫生监督机构	Sanitation supervision Centers	14	17	17	17	16
医学培训机构	Physic Training Centers	2	2	2	2	4
其他卫生机构	Other Health Care Institutions	10	7	9	8	11
诊　　所	Clinics	1695	1842	1826	1920	2140
卫生所医务室	Clinic Infirmary	101	201	201	360	209
社区卫生服务站	Community Health Service Stations	307	317	317	323	288

11 －24 医疗机构基本情况(2018 年)
STATISTICS ON MEDICAL INSTITUTIONS(2018)

项目	Item	诊疗人次(千次) Total Number of Patients Treated (1000 person－times)	入院人数(千人) Hospital Admissions (1000 patients)	病床周转次数(次) Turnover of Beds (times)	病床使用率(%) Utilization Rate of Beds (%)
合计	**Total**	**77107.30**	**3023.80**	**34.40**	**88.90**
一、医院	Hospitals	47509.75	2709.67	35.80	94.22
综合医院	General Hospitals	35014.67	1998.53	38.30	97.64
中医医院	Hospitals of Chinese Medicine	4061.20	186.64	32.20	84.93
中西医结合医院	Hospitals of Chinese and Westen Medicine	2773.23	143.09	31.30	87.65
专科医院	Specialized Hospitals	5660.65	379.98	29.00	87.02
二、疗养院	Sanatoriums	0.00	0.00	0.00	0.00
三、社区卫生服务中心(站)	Community Health Service Centers	9512.57	79.36	14.10	39.99
四、卫生院	Health Centers	3604.72	123.93	30.00	63.02
街道卫生院	Urban Township Hospitals	389.77	9.49	32.50	65.38
乡镇卫生院	Rural Township Hospitals	3214.94	114.44	29.80	62.83
五、门诊部	Out－pactient Department	1707.89	2.75	0.00	0.00
六、妇幼保健机构	Maternity and Child Care Centers	2928.57	96.54	53.20	95.77
七、疾病预防控制机构	Disease Prevention and Treatment Centers	－	－	－	－
八、专科疾病防治机构	Specialized Disease Prevention & Treatment Centers	144.07	11.55	19.80	37.29

11 －25 卫生事业床位数
NUMBER OF BEDS IN HEALTH INSTITUTIONS

单位:张 (unit)

项目	Item	2014	2015	2016	2017	2018
合计	**Total**	**72827**	**80726**	**87408**	**91635**	**95277**
医院	Hospitals	60127	67550	74453	78447	81765
卫生院	Health Centers	4077	4226	4443	4530	4495
社区卫生服务中心	Community Health Service Centers	6086	6175	6174	6215	6440
门诊部、所	Clinics	77	50	36	32	89
专科防治所、站	Special Prevention and Treatment Centers or Stations	904	959	531	534	608
妇幼保健所、站	Maternity and Child Care Centers	1556	1766	1771	1877	1880

11－26 医疗卫生事业对居民的保证程度
NUMBER OF BEDS AND PERSONS ENGAGED IN MEDICAL AND HEALTH INSTITUTIONS PER 1000 POPULATION

单位:张、人 (unit, person)

项目 Item	2014	2015	2016	2017	2018
每千人口卫生床位数 Number of Beds per 1000 population	8.85	7.61	8.12	8.41	8.60
#每千人口医院床位数 Number of Hospital beds per 1000 population	7.31	6.36	6.92	7.2	7.38
每千人口卫生工作人员数 Number of Medical Personnel per 100 population	11.83	10.78	11.42	11.7	12.30
#每千人口卫生技术人员数 Number of Medical Technical Personnel per 1000 population	9.54	8.65	9.13	9.41	9.89
每千人口医生数 Number of Doctors per 1000 population	3.59	3.1	3.23	3.33	3.57
每千人口护师、护士数 Number of Senior and Junior Nurses per 1000 population	4.41	4.26	4.56	4.71	4.91

11－27 医疗机构所属人员情况(2018 年)

单位:人

项目 Item	合计 Total	各类卫生技术人员 All Health Technicians		
		小计 Total	执业助理医师 Certified Assistant Doctors	其中:执业医师 Certified Doctors
总计 Total	**136314**	**109589**	**39566**	**36861**
医院 Hospitals	98795	80238	26533	25765
社区卫生服务中心(站) Community Health Service Centers	9924	8344	3263	2976
卫生院 Health Centers	5424	4439	1923	1210
门诊部 Out－patient Department	7289	5865	3030	2623
诊所卫生所医务室 Clinics	4789	4581	2509	2290
疾病预防控制中心 Centers for Disease Control and Prevention	1485	1109	559	511
专科疾病防治院(所、站) Specialized Hospitals for Disease Control and Prevention	147	109	68	66
健康教育所(站、中心) Institute for Health Education	3700	3277	1097	1068
妇幼保健院(所、站) Maternity and Child Health Care	2573	2357	696	696
急救中心(站) First Aid Center	178	77	48	46
采供血机构 Blood Services	345	282	39	27
卫生监督所(中心) Health Supervision Institution	388	368	0	0
医学科学研究机构 Medical Scientific Reserach Instvtutions	27	11	7	7
医学在职培训机构 Medical Institutions of on－the－job Training	43	20	14	13
临床检验中心(所、站) Clinical Test Center	10	4	0	0
其他 Others	80	26	11	11

注:本表总计含计划生育技术服务机构、村卫生室人员及乡村医生和卫生员

Note:The table contains a total of family planning technical services village health staff and rural doctors and health workers.

THE NUMBER OF EMPLOYED PERSONNEL IN MEDICAL INSTITUTIONS(2018)

(person)

各类卫生技术人员 All Health Technicians				其他技术人员 Others	管理人员 Adinistrative Staff	工勤技能人员 Ground Skilled Staff
注册护士 Enrolling Nurses	药剂人员 Junior Pharmacists	技师(士) laboratory Technicians	其 他 Other Technicians			
54434	**4683**	**5406**	**5500**	**6306**	**7756**	**9956**
42612	3377	3820	3896	4726	5907	7924
3766	532	403	380	482	480	618
1547	292	238	439	328	299	358
2390	144	226	75	289	555	580
1806	176	52	38	30	86	92
115	16	318	101	187	96	93
23	3	14	1	15	14	9
1712	87	255	126	150	128	145
1387	52	152	70	55	68	93
27	1	0	1	5	38	58
172	4	32	35	23	25	15
0	0	0	368	0	17	3
0	0	2	2	8	3	5
3	0	2	1	14	6	3
4	0	0	0	2	3	1
3	0	0	12	13	34	7

11 -28 居民死亡十种主要疾病构成情况(2018 年)

THE COMPOSITION OF TEN MAIN DISEASES CAUSING DEATH OF RESIDENTS(2018)

项 目 Item	病 名		死亡率 1/10 万 Death Rate (per 100000 Persons)	构 成(%) Constitution
合 计 Total	恶性肿瘤	Malignant Tumour	192.14	28.68
	脑血管病	Cerebrovascular Disease	153.57	22.92
	心脏病	Heart Trouble	128.85	19.23
	呼吸系统疾病	Respiratory Disease	61.26	9.14
	损伤中毒	Trauma and Toxicosis	37.62	5.62
	内分泌营养代谢疾病	Discase about endocrine, nutritionl and metabolic	22.87	3.41
	消化系统疾病	Digestive Disease	16.27	2.43
	神经系统疾病	Nervous System Disease	9.7	1.45
	泌尿生殖系统疾病	Urinary Disease	7.33	1.09
	精神障碍	Mental Disorders	2.85	0.43
男 性 Male	恶性肿瘤	Malignant Tumour	245.41	32.36
	脑血管病	Cerebrovascular Disease	162.93	21.48
	心脏病	Heart Trouble	131.33	17.32
	呼吸系统疾病	Respiratory Disease	76.55	10.09
	损伤中毒	Trauma and Toxicosis	42.5	5.6
	内分泌营养代谢疾病	Discase about endocrine, nutritionl and metabolic	21.55	2.84
	消化系统疾病	Digestive Disease	19.41	2.56
	神经系统疾病	Nervous System Disease	9.66	1.27
	泌尿生殖系统疾病	Urinary Disease	8.19	1.08
	精神障碍	Mental Disorders	2.26	0.3
女 性 Female	脑血管病	Cerebrovascular Disease	143.88	24.87
	恶性肿瘤	Malignant Tumour	137	23.68
	心脏病	Heart Trouble	126.27	21.83
	呼吸系统疾病	Respiratory Disease	45.43	7.85
	损伤中毒	Trauma and Toxicosis	32.57	5.63
	内分泌营养代谢疾病	Discase about endocrine, nutritionl and metabolic	24.25	4.19
	消化系统疾病	Digestive Disease	13.01	2.25
	神经系统疾病	Nervous System Disease	9.74	1.68
	泌尿生殖系统疾病	Urinary Disease	6.44	1.11
	精神障碍	Mental Disorders	3.48	0.6

11－29　体育事业基本情况
BASIC STATISTICS ON SPORTS AFFAIRS

指标名称 Index Name	2017	2018
体育局系统职工人数(人) Number of staff and Workers in Sports Bureau(person)	767	604
#市　属(人) Municipal Units(person)	322	389
优秀运动队人数(人) Number of Personnel of Excellent Sports Teams(person)	81	49
等级裁判员人数(人) Number of Referees in Grades(person)	101	88
等级运动员发展人数(人) Number of Newly Increased Athletes in Grades(person)	429	472
少年儿童业余体校(所) Sparetime Sports Schools for Children(unit)	14	12
在校学生人数(人) Students Enrollment(person)	6129	4040
全市举办运动会次数(次) Number of Games Held in the City(times)	22	19
参加运动会运动员人数(人) Number of Atheltes Involved in the Games(person)	205900	85000

注:体育局系统职工人数中,不含省直在汉部分数据。

Note:Number of staff and workers in Sports Bureau doesnt include provincial government employees who work in Wuhan.

11－30　十三五时期妇女儿童发展规划监测主要指标
KEY INDICATORS FOR MONITORING THE DEVELOPMENT OF WOMEN AND CHILDREN IN 13th FIVE－YEAR

监测名称 Index Name	计算单位	2016	2017	2018
1、妇女人均预期寿命 Per Capita Life Expectancy of Women(year)	岁	83.68	84.24	83.93
2、孕产妇死亡率 Maternal Actual(1/100000)	1/10万	9.34	12.88	9.94
3、剖宫产率 Cesarean Section Rate(%)	%	54.88	55.57	54.3
4、婴儿死亡率 Infant Actual(%)	‰	2.59	2.66	1.95
5、5岁以下儿童死亡率 Mortality of Children Under 5 Years of Age(%)	‰	3.08	3.25	2.45
6、出生缺陷发生率 Incidence of Birth Defects(%)	‰	7.85	8.04	7.79
7、学前三年儿童毛入园率 Three Years of Preschool Children's Admission Rate(%)	%	88.95	89.11	90.05
8、高等教育毛入学率 Higher Education Gross Enrolment Ratio(%)	%	54.61	64.5	98.16
9、九年义务教育巩固率 Consolidation Rate of Nine Years Compulsory Education(%)	%	99.93	99.89	99.83
10、高中阶段毛入学率 Gross Enrollment Rate in High School(%)	%	97.17	97.74	98.16
11、普通高中在校生中女生所占比例 Proportion of Female Students in Ordinary High Schools(%)	%	48.23	48.23	47.65
12、普通高校在校生中女性比例 Proportion of Female Students in Colleges and Universities(%)	%	47.29	47.26	47.05
13、妇女就业人员占全部就业人员的比例 The Proportion of Women Employed Personnel Accounts for The Total Number of Employed Persons(%)	%	47.4	47.4	47.4
14、城市最低生活保障平均标准 Average Standard of Urban Minimum Living Standard(yuan/person, month)	元/人、月	600	670	715
15、农村最低生活保障平均标准 Average Standard of Uural Minimum Living Standard(yuan/person, month)	元/人·年	4320	6000	6960
16、流浪未成人救助保护机构数 Number of Rescue and Protection Agencies for Vagrants(Unit)	个	7	7	7
17、以城乡社区为单位养老服务(各类养老院)覆盖率 Coverage rate of Old－age Services (all kinds of nursing homes) in Urban and Rural Communities(%)	%	97.73	98.18	99.82
18、妇女获得法律援助次数 Number of Women Receiving Legal Aid(person－time)	人次	33691	41042	48797
19、获得法律援助的未成年人受援人数 Number of Juveniles Receiving Legal Aid(person)	人	3544	4052	4904

11－31 优抚和社会福利事业情况
STATISTICS ON SOCIAL WELFARE HOMES

指标名称 Index Name	2014	2015	2016	2017	2018
优抚事业 Preferential Treatment Policy					
单位数(个) Number of Homes(unit)	4	5	5	5	5
床位数(张) Number of Beds(unit)	1007	1037	1027	436	435
年末收养人员(人) Number of Persons Housed(person)	783	821	928	668	730
享受伤残抚恤金人数(人) Number of Persons Enjoying Disability Benfit(person)	5615	5750	5865	5946	6062
定期抚恤金人数(人) Number of Persons Who Have Regular Pension(person)	1175	1118	966	928	927
定期补助人数(人) Number of Persons Who Have Regular Subsides(person)	23399	23430	23097	23118	23603
社会福利 Social Welfare					
社会福利院单位数(个) Number of Social Welfare Home	16	15	15	14	14
床位数(张) Number of Beds	8820	9042	9181	10585	12464
在院总人数、天数(人、天) Number of Hospitalizations and Days	768457	712785	761306	709686	994140
#市儿童福利院(个) Number of Children's Welfare Institution	1	1	1	1	1
年末收养人员(人) Number of Persons Housed(person)	607	635	614	547	511

#少年儿童(人)
Juvenile(person)
	607	635	614	422	388

11－32 殡 葬 事 业 情 况
BASIC STATISTICS ON FUNERAL AND INTERMENT AFFAIRS

项目	Item	2014	2015	2016	2017	2018
火葬场(个)	Cremateria(unit)	7	7	7	7	7
火化炉(台)	Cremators(unit)	83	83	83	91	91
火化尸体数(具)	Corpses Cremated(unit)	49325	50937	53968	53815	54426

11－33 婚姻登记情况(2018 年)
STATISTICS ON MARRIAGES(2018)

地区	District	准予登记结婚数(对) Registered Marriages (couples)	准予离婚(对) Ratifications for Divorces (couples)
全　市	**Whole City**	**89562**	**45559**
江岸区	Jiang'an	7005	4752
江汉区	Jianghan	5168	3622
硚口区	Qiaokou	4763	3239
汉阳区	Hanyang	4776	3036
武昌区	Wuchang	11399	5777
青山区	Qingshan	3786	2338
洪山区	Hongshan	6639	3353
东西湖区	Dongxihu	3950	2214
汉南区	Hannan	3673	1634
蔡甸区	Caidian	3964	1965
江夏区	Jianxia	6124	2858
黄陂区	Huangpi	11259	4530
新洲区	Xinzhou	9396	3358
武汉经济技术开发区	Wuhan Economic Technological Development Zone		67
东湖新技术开发区	East Lake High－Tech Development Zone	7263	2651
东湖生态旅游风景区	East Lake Ecotoutism Scenic Zone	397	165
武汉化学工业区	Wuhan Chemical Indurstry Park		

11－34 市属公证、律师机构及人员
NUMBER OF NOTARIAL INSTITUTIONS AND PERSONNEL ENGAGED AT MUNICIPALITY LEVEL AND BELOW

指标名称	Index Name	2014	2015	2016	2017	2018
公证机构	Notarial Institutions					
公证机构数(个)	Number of Notarial Institutions(unit)	13	13	13	13	13
#市　级(个)	Municipality Level(unit)	7	7	7	7	7
区　级(个)	District Level(unit)	6	6	6	6	6
公证人员数(人)	Number of Notarial Personnel(person)	204	237	268	282	296
办理各类公证(件)	Number of Notarial Documnets Issued(piecces)	189672	243702	295412	274861	187003
律师事务所	Law Offices					
律师事务所(个)	Number of Law Offices(unit)	209	241	265	331	373
市　级(个)	Municipality Level(unit)	64	65	64	88	87
区　级(个)	District Level(unit)	145	176	201	243	286
律师事务所实有人数(人)	Number of Staff and Workers in Law Offices(person)	4103	4330	4416	6387	7742
#专业律师工作者(人)	Full－time Lawyers(person)	3031	3234	3446	5531	6832
兼职律师工作者(人)	Part－time Lawyers(person)	94	118	112	206	215

11－35 市属民事纠纷调解情况
STATISTICS ON CIVIL DISPUTES MEDIATED AT MUNICIPALITY LEVEL AND BELOW

指标名称 Index Name	2014	2015	2016	2017	2018
一、调解纠纷合计(件) Number of Civil Disputes Mediated(case)	52352	53186	63543	87969	83802
二、调解成功纠纷(件) Number of Cases Successfully Mediated(case)	52300	53125	63397	87652	83748
三、本年突出纠纷 Highlight Disputes in the Year					
#婚姻家庭纠纷(件) Family Disputes(case)	29716	30656	32573	43064	38672
邻里纠纷(件) Neighborhood Disputes(case)	20104	22380	23904	31312	30843
房屋纠纷(件) Housing Disputes(case)	246	205	196	151	274
四、防止民间纠纷转化为刑事案件 Preventing the Tonversion of Civil Disputes into Criminal cases(case)		192	190	134	189

11－36 社会治安及安全情况
BASIC STATISTICS ON CRIMINAL AND OFFENSE CASE

指标名称 Index Name	2014	2015	2016	2017	2018
刑事治安案件 Criminal Cases Registered					
刑事发案总数(起) Number of Criminal Cases Registered(case)	81947	105528	94267	81085	70073
刑事破案总数(起) Number of Criminal Cases Cracked(case)	27302	28714	29918	30319	26417
治安案件受理(起) Number of Offense Cases Registered(case)	88477	105812	96684	85182	81903
治安案件查处(起) Number of Offense Cases Disposed(case)	83433	95802	89967	83592	80000
交通事故 Traffic Accidents					
次　数(次) Number of Traffic Accidents(case)	2407	1919	1758	2259	2762
死　亡(人) Deaths(person)	357	343	344	809	648
伤　人(人) Injuries(person)	2481	1930	1706	1969	2738
损失折款(万元)(10000) Losses Converted into Cash(10 000 yuan)	633.4	659	486	609.15	747.17
火灾情况 Fires					
次　数(次) Number of Fires(case)	3345	2833	2653	1940	1936
死　亡(人) Deaths(person)	4	8	5	3	4
伤　人(人) Injuries(person)	2	12	1	0	0
损失折款(万元)(10000) Losses Converted into Cash(10 000 yuan)	710.1	953.6	854.3	546.27	1104

11－37　检察机关办理各类案件情况
STATISTICS ON VARIONS CASES PROCESSED BY PROCURATORATE

单位：件　　　　(unit)

指标名称 Index Name	2018
刑事执行监督工作 Supervision of Criminal Execution	
羁押必要性审查(人) Number of Persons Examined for Necessity of detention(person)	1032
对刑罚执行和监管活动违法提出书面纠正(件) Written Rectification of Illegal Punishment Execution and Supervision(case)	635
其中：已纠正(件) Total of Rectified(case)	627
民事、行政检察工作 Civil and Administrative Prosecution	
民事、行政生效裁判调解书监督(件) Supervision of Mediation Letter on Civil and Administrative Effective Judgment(case)	544
对民事、行政审判活动监督(件) Supervision on Civil and Administrative Trial(case)	170
其中：提出检察建议(件) Giving procuratorate suggestion(case)	37
对民事、行政执行活动监督(件) Supervision on Civil and Administrative Execution(case)	221
其中：提出检察建议(件) Giving procuratorate suggestion(case)	78
公益诉讼检察工作 Prosecution in Public Interest Litigation	
受理公益诉讼线索(件) Clues of Public Interest Litigation Received(case)	2272
其中：立案(件) Cases Registered(case)	2162
提起公益诉讼(件) Cases Prosecuted(case)	19
控告申诉检察工作 Prosecution in Accusation and Petition	
办理各类举报、控告、申诉事项(件) Cases of Reporting, Accusation and Petition(case)	3526
办理刑事赔偿申请(件) Application for Criminal Compensation(case)	12
办理司法救助案件(件) Cases of Judicial Relief(case)	153
未成年人检察工作 Prosecution in Juvenile criminal cases	
受理审查逮捕未成年人案件(人) Reviews Concerning the Arrest of Minors(person)	342
其中：批准逮捕(人) Authorizing Arrests(person)	200
不批捕(人) Non－arrest(person)	143
受理审查起诉未成年人案件(人) Reviews Concerning the Prosecution of Minors(person)	368
其中：提起公诉(人) Prosecuted(person)	177
不起诉(人) Non－Prosecution(person)	44
附条件不起诉(人) Conditional Non－Prosecution(person)	88

11－38　审查逮捕与审查起诉工作
ARRESTS AND LAWSUITS IN CRIMINAL CASES

指标名称 Index Name	2018
受理审查逮捕案件总数(件) Number of Arrests Appealed in Criminal Cases(case)	12213
其中:逮捕数(件) Authorizing Arrests(case)	10020
不捕数(件) Non－arrest(case)	2079
受理审查逮捕案件总数(人) Number of Persons Appealed Arresting in Criminal Cases(person)	16952
其中:逮捕数(人) Authorizing Arrests(person)	13073
不捕数(人) Non－arrest(person)	3682
受理审查起诉案件总数(件) Number of Cases Appealed Prosecutions and Exempting from Prosecutions(case)	19032
其中:起诉(件) Prosecutions(case)	13408
不起诉(件) Non－Prosecution(case)	674
受理审查起诉案件总数(人) Number of Persons Appealed Prosecutions and Exempting from Prosecutions(person)	24145
其中:起诉(人) Prosecuted(person)	17178
不起诉(人) Non－Prosecution(person)	873

11－39 环境保护基本情况
BASIC STATISTICS ON ENVIRONMENTAL PROTECTION

项目 Item	2014	2015	2016	2017	2018
一、“三废”排放情况 Discharge and Treatment of Waste Water, Waste Gas and Solid Wastes					
（一）废水排放及处理情况 Dicharge and Treatment of Waste Water					
废水排放总量（万吨） Total Volume of Waste Water Discharged（10 000 tons）	88755.35	92399.98	91018.61	91467.05	90633.33
工业废水排放量（万吨） Volume of Industrial Waste Water Discharged（10 000 tons）	17097.45	15452.85	12623.04	11931.40	13133.77
（二）废气排放总量（亿标立方米） Total Volume of Waste Gas Emission（100 million cu. m）	5873.20	6011.05	6770.49	6835.42	6909.40
废气中：二氧化硫排放量（万吨） Volume of Sulphur Dioxide Emission（10 000 tons）	9.02	8.19	2.48	2.10	1.95
工业二氧化硫排放量（万吨） Volume of Industrial Sulphur Dioxide Emission（10 000 tons）	8.45	7.50	1.79	1.41	1.26
工业二氧化硫去除量（万吨） Volume of Industrial Sulphur Dioxide Removed（10 000 tons）	19.01	16.56	17.71	17.32	21.04
工业二氧化硫去除率（%） Percentage of Industrial Sulphur Dioxide Removed（%）	69.23	68.83	90.81	92.47	94.36
烟粉尘排放量（万吨） Volume of Soot Emission（10 000 tons）	2.75	2.68	6.01	4.41	2.48
工业烟粉尘排放量（万吨） Volume of Industrial Soot Emission（10 000 tons）	2.16	2.08	5.41	4.23	2.30
工业烟粉尘去除量（万吨） Volume of Industrial Soot Removed（10 000 tons）	330.15	382.62	318.59	349.02	334.60
工业烟粉尘去除率（%） Percentage of Industrial Soot Removed（%）	99.35	99.46	98.33	98.80	99.32
（三）工业固体废弃物产生量（万吨） Volume of Industrial Solid Wastes Produced（10 000 tons）	1400.47	1334.23	1308.61	1392.70	1454.50
工业固体废弃物综合利用和处置量（万吨） Volume of Industrial Solid Wastes Utilized（10 000 tons）	1382.44	1307.00	1275.30	1403.20	1420.16
工业固体废弃物综合处置利用率（%） Percentage of Industrial Solid Wastes Utilized（%）	98.71	97.96	97.45	97.04	95.42

主 要 统 计 指 标 解 释

R&D(研究与试验发展)活动 指在科学技术领域,为增加知识总量以及运用这些知识去创造新的应用进行的系统的创造性的活动,包括基础研究、应用研究、试验发展三类活动。

基础研究 指为了获得关于现象和可观察事实的基本原理的新知识(揭示客观事物的本质、运动规律、获得新发现、新学说)而进行的实验性或理论性研究,它不以任何专门或特定的应用或使用为目的。其成果以科学论文和科学著作为主要形式。

应用研究 指为获得新知识而进行的创造性研究,主要针对某一特定的目的或目标。应用研究是为了确定基础研究成果可能的用途,或是为达到预定的目标探索应采取的新方法(原理性)或新途径。其成果形式以科学论文、专著、原理性模型或发明专利为主。

试验发展 指利用从基础研究、应用研究和实际经验所获得的现有知识,为产生新的产品、材料和装置,建立新的工艺、系统和服务,以及对已产生和建立的上述各项作实质性的改进而进行的系统性工作。其成果形式主要是专利、专有技术、具有新产品基本特征的产品,原型或具有新装置基本特征的原始样机等。在社会科学领域,试验发展是指把通过基础研究、应用研究获得的知识转变成可以实施的计划(包括为进行检验和评估实施示范项目)的过程。人文科学领域没有对应的试验发展活动。

R&D 人员 指单位内部从事基础研究、应用研究和试验发展三类活动的人员。包括直接参加上述三类项目活动的人员以及这三类项目的管理人员和直接服务人员,为研发活动提供直接服务的人员包括直接为研发活动提供资料文献、材料供应、设备维护等服务的人员。

R&D 经费支出 指调查单位在报告年度内用于内部开展 R&D 活动(基础研究、应用研究和应用发展)的实际支出。包括用于 R&D 项目(课题)活动的直接支出,以及间接用于 R&D 活动的管理费、服务费、与 R&D 有关的基本建设支出以及外协加工费等。不包括生产性活动支出、归还贷款支出以及与外单位合作或委托外单位进行 R&D 活动而转拨给对方的经费支出。

普通高等学校 指按照国家规定的设置标准和审批程序批准举办,通过国家统一招生考试,招收高中毕业生为主要培养对象,实施高等教育的全日制大学、独立设置的学院和高等专科学校、短期职业大学。

成人高等学校 指按照国家有关规定审批,招收通过全国成人高教统一招生考试的具有高中毕业或同等学历的在职从业人员利用脱产、半脱产、业余或函授等多种形式对其实施高等学历教育,培养高等教育专科或本科毕业水平的专门人才,修业年限、课程设置和总学时数均按高等学历教育要求付诸实施的学校。包括广播电视大学,职工高等学校、农民高等学校、管理干部学院。教育学院。独立设置的函授学院等。

独立研究与开发机构 指有明确的任务和研究方向,有一定学术水平的业务骨干和一定数量的研究人员,具有研究,开发、开展学术工作的基本条件,主要进行科学研究与技术开发活动,并且在行政上有独立的组织形式,财务上独立核算盈亏,有权与其他单位签订合同,在银行有单独户头的单位。包括国务院各部门、中国科学院、中国社会科学院和各省、自治区、直辖市以及地(市)以上〔含地(市)〕各部门所属的国有独立的科学研究与技术开发机构。

独立研究与开发机构职工 指在科学研究与技术开发机构工作,并由其支付工资的人员。包括长期职工和临时职工,不包括编制以外的离休、退休人员和停薪留职人员,但包括招聘人员。

专利申请量 指专利机构受理技术必明申请专利的数量,是发明专利申请量、实用新型专利申请量和外观设计专利申请量之和。

发明 指专利法及其实施细则所称的发明,指对有关产品、方法或其改进所提出的新的技术方案。

实用新型 指专利法及其实施细则所称的实用新型,指对产品的形状、构造或者其结合所提出的适于实用的新的技术方案。

外观设计 专利法及其实施细则所称的外观设计是指对产品的形状、图案、色彩或者其结合所作出的富有美感并适于工业上应用的新设计。

文化事业机构 指从事专业文化工作和为专业文化工作服务的独立建制的单位。不包括这些单位另外举办独立核算的其他机构和各部门的业余文化组织。

艺术表演团体 指从事戏曲、音乐、舞蹈、杂技等专业艺术表演,有独立帐户的单位。不包括半工半艺、半农半艺和民间职业剧团。

等级运动员人数 指经考核正式批准授予等级运动员称号的人数。运动员等级分为国际级运动健将、运动健将、一级运动员、二级运动员、三级运动员、少年级运动员。

等级裁判员人数 指经考核正式批准授予等级裁判员称号的人数。裁判员等级分为国际裁判、国家级裁判、一级裁判、二级裁判、三级裁判。

医院 指名称为医院,设有固定床位能收容病人住院并能为病人提供医疗、护理服务的医疗机构。包括县及县以上医院、农村乡卫生院、其他医院三部分。按所属性质分为卫生部门、工业及其他部门,集体经济单位三类。其中县及县以上医院按业务性质分为综合医院和专科医院。

卫生技术人员 指卫生事业机构支付工资的全部固定职工和合同制职工中现任职务为卫生技术工作的专业人员。包括中医师,西医师、中西医结合高级医师、护师、中药师、西药师、检验师,其他技师、中医士、西医士、护士、助产士、中药剂士、西药剂士、检验士、其他技士、其他中医、护理员、中药剂员、西药剂员、检验员,其他初级卫生技术人员。

医生 指经卫生部门审查合格,从事医疗工作的专业人员。分为中医医生和西医医生。包括卫生技术人员中的中医师、西医师、中西医结合高级医师、中医士、西医士和其他中医。

社会福利事业单位 指集中收养社会孤老、残、幼的机构。包括由民政部门管理的社会福利院、儿童福利院、精神病人福利院和城镇集体办的福利院,以及农村集体举办的敬老院。

社会福利事业单位收养人数 包括民政部门管理的和城镇及农村集体举办的社会福利事业单位中收养的老人、少年儿童、缺乏生活自理能力的残疾人员和精神病人。

律师 指受聘参加法律顾问处工作,担任法律顾问、刑(民)事代理人、刑事辩护人,办理非诉讼事件、解答法律询问,代写法律事务文书等主要从事律师业务的专职法律工作者和兼职律师。

公证人员 指在国家公证机关依法办理公证事务的司法人员。包括公证员、助理公证员和在公证处工作的其他人员。

办理公证文书 指公证处在一定时期内办结的公证文书件数。公证文书系按司法部规定或批准的格式制作。包括国内公证和涉外公证两部分。其中国内公证分为经济合同公证和民事法律关系公证两大类。

工业废水排放达标量 指各项指标都达到国家或地方排放标准的外排工业废水量,包括未经处理外排达标的和经过处理后外排达标的两部分。国家排放标准见 GB8978—88。

工业废气排放量 指企业厂区内燃料燃烧和生产工艺过程中产生的各种排粉空气的含有污染物的气体的总量,以标准状态〔273K,101325Pa〕计。

工业粉尘排放量 指企业在生产工艺过程中排放的颗粒物重量。如钢铁企业的耐火材料粉尘、焦化企业的筛焦系统粉尘,烧结机的粉尘、石灰窑的粉尘、建材企业的水泥粉尘等。不包括电厂排人大气的烟尘。

工业固体废物产生量 指企业在生产过程中产生的固体状、半固体状和高浓度液体状废弃物的总量,包括危险废物、冶炼陂渣、粉煤灰、炉渣、煤矸石、尾矿、放射性废物和其他废物等;不包括矿山开采的剥离废石和掘进废石(煤矸石和呈酸性或碱性的废石除外)。酸性或碱性废石是指采掘的废石其流经水、雨淋水的 pH 值小于 4 或 pH 值大于 10.5 者。

“三废”综合利用产品产值 指利用“三废”(废液、废气、废渣)作为主要原料生产的产品产值(现行价),已经销售或准备销售的,应计算产品产值;但留作生产匕自用的,不应计算产品产值。

Explanatory Notes on Main Statistical Indicators

Research and Development(R&D) refers to systematic and creative activities in the field of science and technology aiming at increasing the onowledge and using the knowledge for new application. R&D includes 3 categories of activities: basic research, applied research and experiments and development.

Basic Research Refer to experimental and theoretical researches in order to obtain new knowledge about phenomena and observable facts to the basic principle(to reveal the essence and motion law of the objective things, obtain new discoveries, new theories). It is not for the purpose of any special or specific application or use. The results forms are the scientific papers, monographs in major.

Application research Refers to creative study in order to obtain new knowledge, mainly for a particular purpose or goals. Application research is to determine the possible use of the basis results of research, or exploring new methods (the original rational) or new ways should be taken for achieving the goal. The results forms are the scientific papers, monographs, original rational model or patents for inventions in major.

Experimental Development refers to systematic work of using existing knowledge from basic research, application research and practical experience, to produce new products, materials and devices, build new technology, systems and services, and improve the production and the establishment of the above – mentioned substantial. The results forms are mainly patents, proprietary technology, products and prototypes with basic characteristics of new products, or original prototypes with basic characteristics of the new devices. In the social science area, test development refers to process of converting the knowledge obtained from basic research, application research into plans could be implemented (including the implementation of demonstration projects for inspection and assessment). Humanities area has no corresponding test development activities.

R&D Personnel Refers to personnels engaged in basic research, application research and experimental development activities in units. Including personnels directly participating in the above three kinds of project activities and management and service personnels of the three kinds of projects, and personnels providing direct service for r&d including directly provide information literature, material supply, equipment maintenance and other services.

R&D Expenditure Refers to the actual expenditure of investigation unit used for internal R&D activities (basic research, application research, development of application) in the annual report. Includeing direct spending for R&D items (projects), and indirectly spending for R&D active management, service, and the basic construction spending related to R&D activities and outsourcing processing fee, etc. productive activities expenses, and loan repayment expenses, and expenses turing to other units by cooperating with other units or entrusting other units for R&D activities.

Regular Institutions of Higher Learning refer to educational establishments set up according to the government evaluation and approval procedures, enrolling graduates from senior secondary schools and providing higher eduction courses and training for senior Drofessionals. They include full – time universities, colleges, high professional schools and short – term professional universities.

Institutions of Higher Learning for Adults refer to educational establishments, set up in line with relevant rules approved by the government ,enrolling staff and workers with senior secondary school or equivalent education, and providing higher education courses in many forms of full – time, part – time, spare – time, or correspondence for adults. In these institutions, where professionals are trained with higher education specialist or undergraduate course graduate level, length of schooling, curriculum offering and the total number of class hours are set and put into practice in accordance with the requirements of higher curricula education. Institutions of higher learning for adults include Radio and TV universities, school of high education for staff and workers and peasants, colleges for management cadres, pedagogical colleges, and independent correspondence colleges.

Independent Research and Development Institutions refor to the state – – owned institutions that have direct mission and research purpose. a certain number of core members with higher research level and a certain number of research personnel, favorable conditions for R&D and engaging in scientific research and technological development. The institutions also have their own independent organization and finance, authority to sign contracts with other units, with their own accounts in banks. Independent Research and Development Institutions contains stated – owned, independent scientific research and technology development organizations belong to ministries of State Council, Chinese Academy of Sciences, Chinese Academy of Social Sciences and ministries of provinces, autonomous regions, municipalities and others at or above the level of cities.

Personnel of independent Research and Development Institutions refers to the persons who work and receive payment inresearch and development institutions. It includes regular full – time and temporary staff and workers, but excludes retirees and persons who leave their work temporarily without payment but still retain their posts.

Patent applications refers to the number of applications for technical invention patents accepted by the patent office. It is the sum of invention applications, utility model applications and design applications.

Inventions refer to the inventions as specified by the patent law and its detailed rules and regulations for implementation. They refer to the new technical proposals to the products or methods or their modifications.

Utility Models refer to the utility models as specified by the patent law and its detailed rules and regulations for implementation. They refer to the practical and new technical proposals on the shape and structure of the product or the combination of both.

Designs refer to the designs as specified by the patent law and its detailed rules and regulation for implementation. They refer to the aesthetics and industry applicable new designs for the shape, pattern and color of the product, or their combinations.

Cultural Institutions refer to units that have their own organizational system and independent accounting system and specialize in or serve cultural development. They exclude other establishments with independent accounting system run by these cultural institutions and amateur cultural groups established by various departments.

Art Troupe refers to the troupe which is engaged in drama, opera, music, dance, acrobatics or other art performance, opens independent accounts with banks and has self supporting accounting system. excluding the troupes which are engaged partly in industrial or agricultural activities, partly in art performance and the professional troupes organized by the people.

Number of Athletes in Grades refers to the number of athletes who have been given titles through examination. The tides of athletes include international masters of sports, masters of sports, first – grade, second – grade and third – grade sportsmen and young athletes.

Number of Referees in Grades refers to he number of referees who have been given titles after examination. They are classifled as international referees. national referees and referees of the first, second and third grades.

Hospitals refer to medical institutions named as" hospital" with permanent hospital beds. which are able to take in – patients and Drovide them with medical and nursing services. Hospitals are classified into three categories: hospitals at or above the county level, hospitals of vural townships. and other hospitals. According to their ownership, hospitals can be classified into three categories: hospitals under the public health departments, hospitals under industrial and other departments and collective – owned hospitals. Hospitals at or above county 1evel are divided into comprehensive and specialized hospitals. according to business nature.

Medical Technical Personnel refers to all permanent medical staff and workers employed by medical institutions, includingdoctors 0f Chinese and Western medicine. senior doctors who integrate traditional Chinese therapeutics with Western therapeutics in practice, senior nurses, pharmacists of Chinese and Western medicine, laboratory specialists, other specialists, paramedics of Chinese and Westem medicine, nurses, midwives, druggists in Chinese and Western medicine, laboratory technicians, other technicians, other practiffoners 0f Chinese medicine. nursing attendants. pharmacological workers of Chinese and Western medicine, laboratory workers, and other primary medical personnel.

Doctors refer to qualified professional medical workers approved to practice by public health departments. They are classified in to doctors 0f Chinese medicine. doctors of Western medicine, senior doctors who integrate traditional Chinese therapeutics with Western therapeutics in practice, paramedicS of Chinese medicine and Western medicine, and other specialists of Chinese medicine.

Social Welfare Institutions refer to institutions taking care of old people without children, handicapped people and orphans, They include social weflare institutions run by civil affairs departments, children's welfare institutions, social welfare institutions for mental patients, and collective – owned old peopleS homes in rural areas.

Number of People Taken in by Social Welfare institutions refers to the number of old people, children, totally dependent handicapped people and mental patients taken in by social welfare institutions run by civil" affairs departments and those run by collective units in urban and rural areas.

Lawyers are legal workers who are employed by legal counseling firms to act as legal advisers, agents in criminal or civil lawsuits, or defenders in criminal lawsuits, or to handle non litigious legal affairs, to advise on matters of law or to write legal papers for others. Both full – time and part – time lawyers are included.

Notary Personnel refer to judicial workers of the state notary offices handling notarization work according to law.

They include notaries, assistant notaries, and other people working for notary offices.

Notarized refer to the wuinber of documents settled by notary offices in a certain period. The notarized documents are drawn up in ac – cordance with the regulations of the Ministry of Justice. including domestic documents and foreign related documents. Domestic documents are divided into two major categories。 documents on economic contracts and documents on civil legal relations.

Volume of Industrial Waste Water up to the Standard for Discharge refers to the volume of discharged industrial waste water that, with or without treatment, has come up to the national or local standards for discharge. For the national standards for discharge, plese see GB8978 – 88.

Volume of Industrial Waste Gas Emission refers to the volume waste gas emitted from burning of fuels and from production process in the area of the factory, and is weasured by standard condotion [273k, 101325Pa].

Volume of Industrial Soot Discharged refers to the volume of solid soot, in the smoke discharged in the process of fuel burning in the area of the factory.

Volurme of Industrial Dust Discharged refers to the total weight of solid dust discharged by industrial enterprises in the production process, such as dust of refractory materials from iron plants, dust from coke screening system or from sintering machines of coking plants, dust from lime kilns, cement dust from building material enterprises, etc. , but excluding smoke and dust discharged by power plants.

Volume of industrial Solid Wastes Produced refers to the total volume of solid. semi – solid or highconcentration liquid residue produced by industrial enterprises in their production process, including dangerous wastes, residues from melting, slag, powdered coal ash, gangue, chemical residues, tailings, radioactivc residues; and other residues, but excluding stripped or dug stones in mining (except gangue and acid or alkali stones which stones are washed or soaked by water with a PH value smaller than 4 or larger than 1 0.5.)

Output Value or Products Made from Utilization of Waste Gas. Waste Water and industrial Solid Wastes refers to the value of products (calculated at current prices) made by industrial enterprises using recovered waste water, waste gas or solid wastes as main raw materials. Only the value of the products that have been sold or are ready to be sold should be included. The value of the products that will be used in the production of the enterprises should not be included.

十二、分区资料

STATISTICS FOR DISTRICT

简要说明

本篇资料包括分区人口、生产总值、财政收入、规模以上工业主要经济指标、乡村人口与劳动力、耕地面积、农业投入、农林牧渔业产值、主要农作物产量、乡镇企业基本情况、固定资产投资、社会消费品零售额等。有关资料来源与计算方法详见本年鉴各相关分篇说明。

Brief Description

The data in this chapter include population by district, gross domestic product by district, government revenue by district, main economic indicators of industrial enterprises above designated size by district, rural population and labor forces by district, area under cultivation by district, consumption of agricultural producer goods by district, gross agricultural output value by district, yield of farm crops by district, basic conditions of township enterprises by district, total investment infixed assets by district, total retail sales of consumer goods by district etc. Sources and computational method related data see relevant materials in details in this yearbook.

12－1　分区户籍人口(2018 年)
STATISTICS ON HOUSEHOLD POPULATION BY DISTRICT(2018)

单位:人　　　　(person)

地　　区 District	总人口 Total	男 Male	女 Female	城镇人口 Urban population	出生人口 Borned Population
全　市 Whole City	**8837299**	**4500843**	**4336456**	**6469279**	**119430**
江　岸　区 Jiang'an	764636	378130	386506	764636	8459
江　汉　区 Jianghan	507789	254483	253306	507789	5162
硚　口　区 Qiaokou	533730	265991	267739	533730	4899
汉　阳　区 Hanyan	492212	248047	244165	492212	7154
武　昌　区 Wuchang	1056081	531599	524482	1056081	10399
青　山　区(武汉化工区) Qingshan(Wuhan Chemical Industry Par)	460506	232503	228003	460506	3519
洪　山　区 Hongshan	639223	332830	306393	639223	11536
汉　南　区 Hannan	116343	58580	57763	65645	1390
蔡　甸　区 Caidian	466731	235861	230870	141981	5570
江　夏　区 Jiangxia	632165	324683	307482	324713	10707
黄　陂　区 Huangpi	1151159	587520	563639	230353	15228
新　洲　区 Xinzhou	967929	508711	459218	313321	12795
武汉经济技术开发区 Wuhan Economic Technological Development Zone	186527	97189	89338	186527	3555
东湖新技术开发区 East Lake High－Tech Development Zone	485140	255876	229264	445502	12875
临 空 港 开 发 区(东西湖区) Wuhan Airport Economic Development Zone(Dongxihu)	335592	167864	167728	265524	5536
东湖生态旅游风景区 East Lake Ecotourism Scenic Zone	41536	20976	20560	41536	646

备注:1. 从 2015 年起,公安户籍数据调整统计口径,由原来的农业人口、非农业人口调整为乡村人口、城镇人口。

2. 江汉区人口数据包含水上分局人口数据,其中水上分局总人口 7164 人,男 6283 人,女 881 人,城镇人口 7164 人,出生人口 12 人。

Note:1. Statistic caliber of population data has changed since 2015, urban and rurall population data replacing agricultural and non－agricultural population data.

2. The population of Jianghan includes that of Water Bureau. Total Number of Water Bureau's population is 7164, in which there are 6283 men and 881 women, including 7164 people of urban population and 12 borned people

12-2 分区常住人口
STATISTICS ON PERMANET POPULATION BY DISTRICT

单位:万人 (10000 person)

地 区 District	2016	2017	2018
全 市 Whole City	**1076.62**	**1089.29**	**1108.10**
江 岸 区 Jiang'an	96.13	96.24	96.27
江 汉 区 Jianghan	72.95	72.96	72.97
硚 口 区 Qiaokou	86.71	86.85	86.87
汉 阳 区 Hanyan	64.85	65.27	66.42
武 昌 区 Wuchang	125.64	125.86	126.37
青 山 区(武汉化工区) Qingshan(Wuhan Chemical Industry Park)	57.28	57.50	57.52
洪 山 区 Hongshan	116.67	117.16	117.81
蔡 甸 区 Caidian	45.31	45.93	46.66
江 夏 区 Jiangxia	70.40	70.51	70.83
黄 陂 区 Huangpi	96.71	98.83	101.19
新 洲 区 Xinzhou	89.48	90.21	91.06
武汉经济技术开发区(汉南区) Wuhan Economic Technological Development Zone (Hannan)	39.84	41.12	43.08
东湖高新技术开发区 East Lake High - Tech Development Zone	52.16	56.14	63.92
临 空 港 开 发 区(东西湖区) Wuhan Airport Economic Development Zone	54.11	56.25	58.48
东湖生态旅游风景区 East Lake Ecotourism Scenic Zone	8.38	8.46	8.65

注:青山区含武汉化工区数据,武汉经济技术开发区含汉南数据

Note:The data of Qingshan Including Wuhan Chemical Industry Park, The data of Wuhan Economic Technological Development Zone Including Hannan

12－3 分区常住人口城镇化率
URBANIZATION RATE OF PERMANENT POPULATION

单位:%

地 区 District	2016	2017	2018
全 市 Whole City	**79.77**	**80.04**	**80.29**
江 岸 区 Jiang'an	100.00	100.00	100.00
江 汉 区 Jianghan	100.00	100.00	100.00
硚 口 区 Qiaokou	100.00	100.00	100.00
汉 阳 区 Hanyan	100.00	100.00	100.00
武 昌 区 Wuchang	100.00	100.00	100.00
青 山 区(武汉化工区) Qingshan(Wuhan Chemical Industry Park)	94.50	94.56	94.63
洪 山 区 Hongshan	96.17	96.75	97.04
蔡 甸 区 Caidian	38.01	38.03	40.05
江 夏 区 Jiangxia	52.70	53.71	55.00
黄 陂 区 Huangpi	45.52	46.64	47.92
新 洲 区 Xinzhou	51.21	52.23	53.42
武汉经济技术开发区(汉南区) Wuhan Economic Technological Development Zone (Hannan)	77.81	78.48	79.85
东湖高新技术开发区 East Lake High－Tech Development Zone	62.54	63.77	63.91
临空港开发区(东西湖区) Wuhan Airport Economic Development Zone	64.51	65.28	65.39
东湖生态旅游风景区 East Lake Ecotourism Scenic Zone	42.03	42.91	43.58

注:青山区含武汉化工区数据,武汉经济技术开发区含汉南数据

Note:The data of Qingshan Including Wuhan Chemical Industry Park, The data of Wuhan Economic Technological Development Zone Including Hannan

12－4　按行政区分常住人口

STATISTICS ON PERMANET POPULATION BY DISTRICT

单位：万人　　　　　　　　　　　　　　　　　　　　　　　　　　　　(10000 person)

地　区 District	2016	2017	2018
全　市 Whole City	**1076.62**	**1089.29**	**1108.10**
江岸区 Jiang'an	96.13	96.24	96.27
江汉区 Jianghan	72.95	72.96	72.97
硚口区 Qiaokou	86.71	86.85	86.87
汉阳区 Hanyan	64.85	65.27	66.42
武昌区 Wuchang	127.40	127.63	128.28
青山区 Qingshan	52.68	52.88	52.89
洪山区 Hongshan	160.99	163.75	167.73
东西湖区 Dongxihu	54.11	56.25	58.48
汉南区 Hannan	13.16	13.55	13.58
蔡甸区 Caidian	71.99	73.50	76.16
江夏区 Jiangxia	89.46	91.37	96.20
黄陂区 Huangpi	96.71	98.83	101.19
新洲区 Xinzhou	89.48	90.21	91.06

备注：行政区常住人口中：武昌区含东湖风景区1.92万人，洪山区含东湖高新区41.82万人、东湖风景区6.75万人和武汉化工区4.64万人，蔡甸区含武汉开发区31.3万人，江夏区含东湖高新区27.55万人。

Note：The resident population of Wuchang district includes 1.91 thousand people of East Lake Ecotourism Scenic Zone, Hongshan district includes 41.82 thousand people of to East Lake High－Tech Development Zone, 6.75 thousand people of East Lake Ecotourism Scenic Zone, 4.64 thousand people of Wuhan Chemical Industry Park. Caidian district includes 31.3 thousand people of Wuhan Economic and Technological Development Zone, Jiangxia district includes 27.55 thousand people of East Lake High－Tech Development Zone.

12－5 按行政区分常住人口城镇化率
URBANIZATION RATE OF PERMANENT POPULATION BY DISTRICT

单位:%　　　　　　　　　　　　　　　　　　　　　　　　　　　　　　　　　　　　　(%)

地　区 District	2016	2017	2018
全　市 Whole City	**79.77**	**80.04**	**80.29**
江岸区 Jiang'an	100.00	100.00	100.00
江汉区 Jianghan	100.00	100.00	100.00
硚口区 Qiaokou	100.00	100.00	100.00
汉阳区 Hanyan	100.00	100.00	100.00
武昌区 Wuchang	100.00	100.00	100.00
青山区 Qingshan	100.00	100.00	100.00
洪山区 Hongshan	85.48	85.74	86.06
东西湖区 Dongxihu	64.51	65.28	65.39
汉南区 Hannan	59.37	59.97	60.58
蔡甸区 Caidian	56.29	57.37	58.74
江夏区 Jiangxia	52.98	54.09	55.40
黄陂区 Huangpi	45.52	46.64	47.92
新洲区 Xinzhou	51.21	52.23	53.42

12-6 分区地区生产总值(一)(2018年)
GROSS DOMESTIC PRODUCT BY DISTRICT(TABLE 1)(2018)

单位:亿元 (100 million yuan)

地区 District	地区生产总值 Gross Dometic Product	比上年增长(%) Growth Rate in 2018 over 2017(%)	第一产业 Primary Industry	比上年增长(%) Growth Rate in 2018 over 2017(%)
江岸区 Jiang'an	1250.02	8.2	0.08	-54.6
江汉区 Jianghan	1313.51	8.5	0.00	
硚口区 Qiaokou	789.99	7.0	0.00	
汉阳区 Hanyang	689.68	-29.8	0.00	
武昌区 Wuchang	1385.29	9.0	0.00	
青山区(武汉化工区) Qingshan (Wuhan Chemical Indurstry Park)	799.68	7.4	7.74	
洪山区 Hongshan	958.05	9.1	1.36	-6.7
蔡甸区 Caidian	365.20	7.3	43.72	2.4
江夏区 Jiangxia	871.80	8.0	92.06	2.6
黄陂区 Huangpi	965.68	7.2	111.66	2.5
新洲区 Xinzhou	860.02	8.1	72.81	2.6
武汉经济技术开发区(汉南区) Wuhan Economic Technological Development Zone(Hannan)	1522.18	4.2	13.97	2.3
东湖高新技术开发区 East Lake High-Tech Development Zone	1703.48	9.7	3.94	2.2
临空港开发区(东西湖区) Wuhan Airport Economic Development Zone (Dongxihu)	1230.33	54.7	14.55	2.2

12-7 分区地区生产总值(二)(2018年)
GROSS DOMESTIC PRODUCT BY DISTRICT(TABLE 2)(2018)

单位:亿元 (100 million yuan)

地区 District	第二产业 Secondary Industry	比上年增长(%) Growth Rate in 2018 over 2017(%)	第三产业 Tertiary Industry	比上年增长(%) Growth Rate in 2018 over 2017(%)
江岸区 Jiang'an	216.41	6.2	1033.53	8.7
江汉区 Jianghan	91.06	3.6	1222.45	8.8
硚口区 Qiaokou	209.35	3.5	580.64	8.3
汉阳区 Hanyang	148.84	-69.2	540.84	11.2
武昌区 Wuchang	168.17	6.2	1217.12	9.4
青山区(武汉化工区) Qingshan (Wuhan Chemical Indurstry Park)	541.35	7.0	250.58	8.8
洪山区 Hongshan	209.14	4.7	747.55	10.5
蔡甸区 Caidian	165.85	6.5	155.63	9.9
江夏区 Jiangxia	385.06	7.8	394.68	9.6
黄陂区 Huangpi	375.95	6.7	478.07	9.1
新洲区 Xinzhou	452.84	6.6	334.37	11.9
武汉经济技术开发区(汉南区) Wuhan Economic Technological Development Zone(Hannan)	1053.13	0.9	455.08	14.1
东湖高新技术开发区 East Lake High-Tech Development Zone	758.17	9.2	941.37	10.2
临空港开发区(东西湖区) Wuhan Airport Economic Development Zone (Dongxihu)	725.66	118.9	490.12	6.1

12-8 分区财政收入(2018年)
GOVERNMENT REVENUE BY DISTRICT(2018)

单位:亿元 (100 million yuan)

地区 District	地方一般公共预算收入 Local General Public Budget Revenue	比上年增长(%) Growth Rate in 2018 over 2017(%)
全市 Whole City	1528.70	11.0
江岸区 Jiang'an	107.03	9.0
江汉区 Jianghan	136.51	9.4
硚口区 Qiaokou	69.62	11.9
汉阳区 Hanyang	100.39	18.6
武昌区 Wuchang	140.74	9.6
青山区(武汉化工区) Qingshan(Wuhan Chemical Indurstry Park)	57.41	15.7
洪山区 Hongshan	111.13	15.3
蔡甸区 Caidian	35.54	-2.9
江夏区 Jiangxia	80.34	10.3
黄陂区 Huangpi	64.48	10.7
新洲区 Xinzhou	42.49	12.5
武汉经济技术开发区(汉南区) Wuhan Economic Technological Development Zone(Hannan)	166.72	10.5
东湖新技术开发区 East Lake High-Tech Development Zone	149.70	11.5
临空港开发区(东西湖区) Wuhan Airport Economic Development Zone (Dongxihu)	113.11	12.8
东湖生态旅游风景区 East Lake Ecotourism Scenic Zone	8.38	25.7

12 -9 分区规模以上工业主要经济指标(2018 年)

单位:亿元

地 区 District	企业单位数(个) Number of Enterprise(unit)	流动资产合计 Total Circulating assets	固定资产净额 Net Fixed Assets	营业收入 Sales Income
全 市 Whole City	2689	7832.22	4043.84	14304.88
江 岸 区 Jiang'an	22	128.38	15.18	49.97
江 汉 区 Jianghan	17	35.27	6.77	51.45
硚 口 区 Qiaokou	29	169.45	99.79	221.59
汉 阳 区 Hanyang	53	532.28	79.31	948.39
武 昌 区 Wuchang	23	44.75	20.36	40.63
青 山 区 Qingshan	95	779.26	702.52	1704.15
洪 山 区 Hongshan	88	205.36	37.61	188.94
蔡 甸 区 Caidian	274	245.00	68.50	675.42
江 夏 区 Jiangxia	273	376.38	257.09	1356.49
黄 陂 区 Huangpi	318	140.95	87.73	855.49
新 洲 区 Xinzhou	303	214.02	174.93	659.15
武汉经济技术开发区(汉南区) Wuhan Economic Technological Development Zone(Hannan)	429	1965.50	447.34	3031.42
东湖新技术开发区 East Lake High - Tech Development Zone	440	2407.67	679.72	2369.68
临空港开发区(东西湖区) Wuhan Airport Economic Development Zone(Dongxihu)	304	519.99	142.98	926.83
武汉化学工业区 Wuhan Chemical Indurstry Park	20	51.17	119.76	235.80

MAIN INDUTRIAL INDEX BY DISTRICT(2018)

(100 million yuan)

地　　区 District	主营业务收入 Sales income from Principal Business	利税总额 Total Profit and Tax	应交增值税 Value - added Tax Payable	全部从业人员年平均人数(万人) The average number of employees (10 000 person)
全　市 Whole City	13821.92	2126.90	515.79	74.67
江　岸　区 Jiang'an	49.73	8.97	3.76	0.36
江　汉　区 Jianghan	51.35	3.95	1.08	0.82
硚　口　区 Qiaokou	218.62	23.86	7.59	2.32
汉　阳　区 Hanyang	881.77	619.88	102.78	1.75
武　昌　区 Wuchang	39.52	4.36	2.00	0.54
青　山　区 Qingshan	1692.02	195.71	60.63	5.55
洪　山　区 Hongshan	187.64	18.17	7.69	1.83
蔡　甸　区 Caidian	670.77	41.64	18.07	3.76
江　夏　区 Jiangxia	1341.47	156.09	37.78	5.52
黄　陂　区 Huangpi	854.51	115.84	25.30	4.20
新　洲　区 Xinzhou	652.16	62.90	14.54	4.14
武汉经济技术开发区(汉南区) Wuhan Economic Technological Development Zone(Hannan)	2736.75	511.98	105.53	13.93
东湖新技术开发区 East Lake High - Tech Development Zone	2322.22	185.01	61.87	16.52
临空港开发区(东西湖区) Wuhan Airport Economic Development Zone(Dongxihu)	906.63	96.48	20.41	5.79
武汉化学工业区 Wuhan Chemical Indurstry Park	230.43	37.61	8.44	0.37

12－10　分区乡村户数、人口、从业人员(2018 年)

单位:万人

项　　目 Item	武汉经济技术开发区(汉南区) Wuhan Economic Technological Development Zone(Hannan)	蔡甸区 Caidian	江夏区 Jiangxia	黄陂区 Huangpi	新洲区 Xinzhou
一、乡村户数(万户) Rural Households(10 000 Households)	**1.97**	**9.03**	**11.34**	**23.66**	**19.33**
乡村人口 Rural Population	5.99	32.99	36.48	77.55	73.46
二、乡村从业人员合计 Total Rural Laborers	**2.83**	**17.74**	**21.37**	**45.96**	**39.97**
#女　性 Female	1.34	8.31	9.80	20.53	19.40
三、国营农林牧渔场从业人员 Laborers of State－owned Farms	**0.02**	**0.16**	**0.24**	**2.30**	
1. 农业从业人员 Agricultural Laborers	0.01	0.04	0.09	0.64	
2. 非农业从业人员 Non－agricultural Laborers	0.01	0.12	0.15	1.65	

RURAL HOUSEHOLDS, POPULATION & LABOR FORCES BY DISTRICT(2018)

(10 000 person)

项　目 Item	江岸区 Jiang'an	洪山区 Hongshan	东西湖临空区(东西湖区) Wuhan Airport Economic Development Zone(Dongxihu)	其　他 Others
一、乡村户数(万户) **Rural Households(10 000 Households)**	**0.14**	**0.10**	**3.28**	**3.56**
乡村人口 Rural Population	0.35	0.42	10.13	9.64
二、乡村从业人员合计 **Total Rural Laborers**	**0.06**	**0.27**	**5.39**	**4.97**
#女　性 Female	0.03	0.13	2.57	2.43
三、国营农林牧渔场从业人员 **Laborers of State - owned Farms**				
1.农业从业人员 Agricultural Laborers				
2.非农业从业人员 Non - agricultural Laborers				

12－11 分区农业投入(2018年)
AGRICULTURAL CONSUMPTION BY DISTRICT(2018)

地区 District	农村用电量(万千瓦时) Consumption of Electricity in Rural Area (10 000 kwh)	化肥施用量(折纯) Consumption of Chemical Fertilizers (100%,ton)	塑料薄膜使用量(吨) Consumption of Plastic Film (ton)	农用柴油(吨) Consumption of Diesel Oil for Agri. Production (ton)	农药使用量(吨) Consumption of Pesticides (ton)
全市 **Whole City**	**142981.93**	**115844**	**5709**	**20587**	**3577**
江岸区 Jiang'an	2	1	1	2	
洪山区 Hanyang	768	32	5	11	11
临空港开发区(东西湖区) Wuhan Airport Economic Development Zone(Dongxihu)	4063	7523	985	1455	282
汉南区 Hongshan	4273	4530	302	1867	216
蔡甸区 Caidian	18527	11740	615	1969	493
江夏区 Jiangxia	13739	17278	640	3133	636
黄陂区 Huangpi	63512	34356	1623	5689	656
新洲区 Xinzhou	37322.83	36683	1143	6237	1092
其他 Others	775.1	3701	395	224	191

12－12 分区按当年价格计算的农林牧渔业总产值(2018 年)
GROSS AGRICULTURAL OUTPUT VALUE AT CURRENT PRICE BY DISTRICT(2018)

单位:万元 (10 000 yuan)

地区 District		合计 Total	按可比价计算的增长速度(±%) Grouth Rate According to comparable Prices(±%)	农业 Farming	林业 Forstry	牧业 Animal Husbandry	渔业 Fishery	农林牧渔服务业 Farming Forestry Animal Husbandry Fishery Services
全市	**Whole City**	**6197369**	**3.3**	**3924611**	**116594**	**668744**	**1032789**	**454631**
江岸区	Jiang'an	2053	－32.2	1403	0	0	0	650
江汉区	Jianghan							
硚口区	Qiaokou							
汉阳区	Hanyang							
洪山区	Hongshan	25241	－32.4	20860	41	0	3075	1265
临空港开发区(东西湖区)	Wuhan Airport Economic Development Zone (Dongxihu)	255499	3.1	166948	236	7396	78294	2625
汉南区	Hannan	242051	3.2	119195	1567	29657	89362	2270
蔡甸区	Caidian	732681	3.3	480997	5128	42247	173506	30803
江夏区	Jiangxia	1543433	3.5	974070	39007	230601	216755	83000
黄陂区	Huangpi	1901457	3.4	1207223	42585	224969	261680	165000
新洲区	Xinzhou	1291828	3.5	803936	27084	127376	167244	166188

12－13 分区农作物总产量(2018 年)

单位:吨

地区 District	粮食作物 Grains	夏收粮食 Summer Grains	秋收粮食 Autumn Grains	棉花 Cotton	油料 Oil－bearing Crops
全市 Whole City	**941423**	**31391**	**802798**	**11700**	**133568**
江岸区 Jiangán					
江汉区 Jianghan					
硚口区 Qiaokou					
汉阳区 Hanyang					
洪山区 Hongshan				8	100
蔡甸区 Caidian	120439	5959	113680	1000	9513
江夏区 Jiangxia	207977	1780	183304	100	27330
黄陂区 Huangpi	325721	6792	279266	3900	53140
新洲区 Xinzhou	230368	14660	172008	6600	38536
武汉经济技术开发区(汉南区) Wuhan Economic Technological Development Zone(Hannan)	23140	2000	21140	25	897
临空港开发区(东西湖区) Wuhan Airport Economic Development Zone (Dongxihu)	21816	200	21616	45	307
其他 Others	11962	0	11784	22	3745

GROSS OUTPUT OF FARM CROPS BY DISTRICT(2018)

(ton)

地　区 District	麻　类 Fiber Crops	糖　料 Sugar Crops	烟　叶 Tobacco	蔬　菜 Vegetables	瓜　类 Melons
全　市 Whole City	**2**	**19820**		**7668384**	**551506**
江岸区 Jiang'an				4450	
江汉区 Jianghan					
硚口区 Qiaokou					
汉阳区 Hanyang					
洪山区 Hongshan		30		43012	7470
蔡甸区 Caidian				844616	128593
江夏区 Jiangxia				1577050	147992
黄陂区 Huangpi		6260		2359327	113629
新洲区 Xinzhou	2	8997		1579094	57940
武汉经济技术开发区(汉南区) Wuhan Economic Technological Development Zone(Hannan)				290048	53850
临空港开发区(东西湖区) Wuhan Airport Economic Development Zone (Dongxihu)		4533		504062	31374
其　他 Others				466725	10658

12－14 分区全社会固定资产投资(2018 年)
TOTAL INVESTMENT IN FIXED ASSETS IN THE WHOLE CITY BY DISTRICT(2018)

单位:万元 (1 0000 yuan)

地区	District	比上年增长(%) Growth Rate in 2018 over 2017(%)
全市	Whole City	10.6
江岸区	Jiang'an	8.5
江汉区	Jianghan	6.4
硚口区	Qiaokou	15.7
汉阳区	Hanyang	11.0
武昌区	Wuchang	20.0
青山区(武汉化工区)	Qingshan (Wuhan Chemical Indurstry Park)	16.1
洪山区	Hongshan	12.1
蔡甸区	Caidian	6.1
江夏区	Jiangxia	12.6
黄陂区	Huangpi	12.9
新洲区	Xinzhou	12.8
武汉经济技术开发区(汉南区)	Wuhan Economic Technological Development Zone(Including Hannan)	10.6
东湖新技术开发区	East Lake High－Tech Development Zone	11.0
临空港开发区(东西湖区)	Wuhan Airport Economic Development Zone (Dongxihu)	19.8
东湖生态旅游风景区	East Lake Ecotourism Scenic Zone	76.7

12－15 分区房地产开发投资(2018 年)
THE INVESTMENT OF REAL ESTATE DEVELOPMENT BY DISTRICT(2018)

地 区 District	房地产开发投资(亿元) Investment in Real Eatate Development (100 million yuan)	比上年增长(%) Growth Rate in 2018 over 2017 (%)
全 市 **Whole City**	**2780.01**	**3.5**
江 岸 区 Jiang'an	325.80	－1.1
江 汉 区 Jianghan	290.36	－9.9
硚 口 区 Qiaokou	218.92	8.1
汉 阳 区 Hanyang	344.51	1.2
武 昌 区 Wuchang	181.09	14.0
青 山 区(武汉化工区) Qingshan (Wuhan Chemical Indurstry Park)	98.12	29.6
洪 山 区 Hongshan	332.50	2.2
蔡 甸 区 Caidian	132.02	11.2
江 夏 区 Jiangxia	137.32	8.1
黄 陂 区 Huangpi	99.30	－16.1
新 洲 区 Xinzhou	62.80	32.9
武汉经济技术开发区(汉南区) Wuhan Economic Technological Development Zone (Hannan)	101.41	16.1
东湖新技术开发区 East Lake High－Tech Development Zone	331.74	0.4
临空港开发区(东西湖区) Wuhan Airport Economic Development Zone (Dongxihu)	124.12	20.9

12－16 分区建筑业总产值(2018 年)
TOTAL GROSS OUTPUT VALUE OF CONSTRUCTION BY DISTRICT(2018)

单位:亿元　　　　(100 million yuan)

地　区 District	建筑业总产值 Gross Output Value	比上年增长(%) Growth Rate in 2018 over 2017(%)
全　市 Whole City	**9194.29**	**14.0**
江岸区 Jiang'an	633.17	11.9
江汉区 Jianghan	340.81	10.6
硚口区 Qiaokou	584.09	6.3
汉阳区 Hanyang	451.67	20.1
武昌区 Wuchang	1326.90	15.9
青山区(武汉化工区) Qingshan (Wuhan Chemical Indurstry Park)	256.65	10.1
洪山区 Hongshan	1627.78	18.6
蔡甸区 Caidian	131.68	17.8
江夏区 Jiangxia	211.61	23.5
黄陂区 Huangpi	474.30	－2.2
新洲区 Xinzhou	1460.19	8.1
武汉经济技术开发区(汉南区) Wuhan Economic Technological Development Zone (Hannan)	566.97	37.8
东湖新技术开发区 East Lake High－Tech Development Zone	364.84	15.7
临空港开发区(东西湖区) Wuhan Airport Economic Development Zone (Dongxihu)	763.63	13.6

12－17 分区建筑业增加值(2018 年)
ADDED VALUE OF CONSTRUCTION BY DISTRICT(2018)

单位:亿元 (100 million yuan)

地区 District	建筑业增加值 Added Value of Construction	比上年增长(%) Growth Rate in 2018 over 2017(%)
全市 Whole City	**1316.71**	**5.2**
江岸区 Jiang'an	105.09	3.0
江汉区 Jianghan	59.13	1.7
硚口区 Qiaokou	129.79	-0.5
汉阳区 Hanyang	70.76	10.4
武昌区 Wuchang	141.74	10.2
青山区(武汉化工区) Qingshan (Wuhan Chemical Indurstry Park)	32.17	1.3
洪山区 Hongshan	131.24	2.8
蔡甸区 Caidian	20.03	8.5
江夏区 Jiangxia	35.40	13.8
黄陂区 Huangpi	104.01	-2.5
新洲区 Xinzhou	225.10	3.1
武汉经济技术开发区(汉南区) Wuhan Economic Technological Development Zone (Hannan)	90.37	16.9
东湖新技术开发区 East Lake High－Tech Development Zone	51.53	10.0
临空港开发区(东西湖区) Wuhan Airport Economic Development Zone (Dongxihu)	120.21	6.5

注:根据四经普结果,2018 年建筑业增加值数据进行了相应修订。

Note:The value added of construction industry in 2018 were revised according to the results of the Fourth Economic Census

12－18 分区社会消费品零售额(2018 年)
TOTAL RETAIL SALES OF CONSUMER GOODS BY DISTRICT(2018)

单位:亿元　　(100 million yuan)

地区 District	社会消费品零售额 Total Retail Sales of Consumer Goods
全市 Whole City	7169.70
江岸区 Jiang'an	573.82
江汉区 Jianghan	1124.35
硚口区 Qiaokou	762.66
汉阳区 Hanyang	553.93
武昌区 Wuchang	728.37
青山区(武汉化工区) Qingshan(Wuhan Chemical Indurstry Park)	243.29
洪山区 Hongshan	567.69
蔡甸区 Caidian	134.33
江夏区 Jiangxia	335.47
黄陂区 Huangpi	602.62
新洲区 Xinzhou	550.33
武汉经济技术开发区(汉南区) Wuhan Economic Technological Development Zone(Hannan)	138.18
东湖新技术开发区 Eeast Lake High－Tech Development Zone	399.31
临空港开发区(东西湖区) Wuhan Airport Economic Development Zone(Dongxihu)	435.58
东湖生态旅游风景区 East Lake Ecotourism Scenic Zone	19.77

注:2018 年社会消费品零售额根据第四次经济普查结果修正。

Note:The retail Sales of consumer goods in 2018 were revised according to the results of the Fourth Economic Census.

12－19　分区文化及相关产业增加值

单位:亿元

各　区 District	2012 年		2013 年		2014 年	
	增加值 Added value	比重(%) proportion (%)	增加值 Added value	比重(%) proportion (%)	增加值 Added value	比重(%) proportion (%)
武汉市 Wuhanshi	224.52	2.81	277.06	3.17	360.36	3.59
江岸区 Jiang'an	20.30	2.80	48.47	7.00	48.26	6.33
江汉区 Jianghan	35.71	3.31	23.62	3.14	23.34	2.82
硚口区 Qiaokou	17.47	5.26	14.15	3.03	21.09	4.14
汉阳区 Hanyan	6.00	4.13	3.97	0.57	2.44	0.31
武昌区 Wuchang	39.75	0.98	64.80	9.02	99.47	12.50
青山区(武汉化工区) Qingshan (Wuhan Chemical Industry Par)	3.56	6.24	1.04	0.22	1.77	0.36
洪山区 Hongshan	29.91	0.79	21.88	3.53	13.14	1.94
蔡甸区 Caidian	5.01	1.75	4.41	1.42	7.74	2.21
江夏区 Jiangxia	6.36	1.90	7.18	1.28	14.40	2.47
黄陂区 Huangpi	6.91	1.33	8.15	1.76	5.31	1.02
新洲区 Xinzhou	3.02	1.76	2.75	0.61	2.10	0.41
武汉经济技术开发区(汉南区) Wuhan Economic Technological Development Zone (Hannan)	11.95		14.89		34.05	
东湖新技术开发区 East Lake High－Tech Development Zone	18.74		20.81		27.26	
临空港开发区(东西湖区) Wuhan Airport Economic Development Zone (Dongxihu)	17.29		22.19	4.47	30.99	5.33
东湖生态旅游风景区 East Lake Ecotourism Scenic Zone	2.54		18.75		29.02	

注:武汉经开区和东湖高技术开发区从2015年开始进行GDP核算,东湖风景区未开展GDP核算,无法计算文化产业增加值占GDP比重。

Added value of regional culture and related industries

(100 million yuan)

2015 年		2016 年		2017 年		2018 年	
增加值 Added value	比重(%) proportion (%)	增加值 Added value	比重(%) proportion (%)	增加值 Added value	比重(%) proportion (%)	增加值 Added value	比重(%) proportion (%)
409.31	3.88	477.28	4.14	619.10	4.73	733.19	4.91
53.51	6.29	63.47	6.71	61.32	5.81	89.00	7.12
28.66	3.25	24.97	2.54	31.10	2.81	32.60	2.48
22.63	4.08	25.53	4.21	28.65	4.23	37.00	4.68
2.44	0.30	5.90	0.73	12.25	1.38	24.06	3.49
99.89	10.76	104.54	10.47	113.92	9.81	114.94	8.30
2.56	0.40	3.03	0.47	2.86	0.40	8.15	1.02
10.28	1.66	18.46	2.66	20.28	2.55	24.39	2.55
4.16	1.56	6.89	2.36	11.35	3.50	11.60	3.18
17.92	3.03	22.19	3.29	28.54	3.74	40.28	4.62
8.44	1.21	11.35	1.46	13.79	1.61	29.18	3.02
2.00	0.33	4.99	0.75	5.63	0.76	19.67	2.29
43.43		43.52	3.45	60.44	4.34	62.06	4.08
47.43		73.76	5.54	128.71	8.75	173.37	10.18
35.31	5.47	36.54	5.43	46.54	6.20	34.25	2.78
30.65		32.14		53.71		32.64	

Note: since 2015, Wuhan Economic Development Zone and East Lake Development Zone have carried out GDP accounting. Since the East Lake scenic spot has not carried out GDP accounting, it is impossible to calculate the proportion of cultural industry added value in GDP.

12－20 分区单位GDP能耗及规模以上工业单位增加值能耗情况
ENERGY CONSUMPTION PER 10000 YUAN GDP AND PER 10000 YUAN ADDED VALUE OF INDUSTRY ABOVE SCALE BY DISTRICTS

地　　区 District	单位GDP能耗上升或下降(±%) Growth Rate of Energy consumption per 10000 yuan GDP(±%)		规模以上工业增加值能耗上升或下降(±%) Growth Rate of Energy Consumption per 10000 yuan added Value of industry above scale(±%)	
	2017	2018	2017	2018
江　岸　区 Jiang'an	－4.62	－5.19	－9.29	12.17
江　汉　区 Jianghan	－5.43	－5.37	－19.03	－26.78
硚　口　区 Qiaokou	－4.92	－4.9	2.73	1.00
汉　阳　区 Hanyang	－3.59	－4.4	1.57	0.20
武　昌　区 Wuchang	－5.89	－5.88	－31.70	3.32
青山区(武汉化工区) Qingshan (Wuhan Chemical Indurstry Park)	－	－5.35	－	－5.55
洪　山　区 Hongshan	－6.3	－5.91	－3.60	－0.07
蔡　甸　区 Caidian	－3.71	－3.8	－10.87	－3.82
江　夏　区 Jiangxia	－6.08	－3.84	－7.91	－5.76
黄　陂　区 Huangpi	－4.23	－4.03	－11.75	－12.92
新　洲　区 Xinzhou	－4.66	－2.16	－6.49	1.04
武汉经济技术开发(汉南区) Wuhan Economic Technological Development Zone (Hannan)	－	－	－5.83	0.89
东湖新技术开发区 Eeast Lake High－Tech Development Zone	－	－	11.72	5.07
临空港开发区(东西湖区) Wuhan Airport Economic Development Zone(Dongxihu)	－4.39	－3.73	－6.99	－11.05